■ "北京世界一流旅游城市建设与管理"创新团队项目成果
■ 北京市科技创新平台"企业财务行为与国际化战略研究"项目成果
■ 北京市教委市属高校创新能力提升计划项目"北京旅游形象国际整合营销与创新传播战略研究"成果
■ 北京市重点建设学科"企业管理"项目成果

U0678755

城市营销经典案例

（第二辑·国际城市篇）

李 凡 主 编
郭 斌 副主编

Case of Chunqiu Corporation

经济管理出版社
ECONOMY & MANAGEMENT PUBLISHING HOUSE

图书在版编目(CIP)数据

城市营销经典案例(第二辑·国际城市篇)/李凡主编. —北京:经济管理出版社,2014.3
ISBN 978-7-5096-2995-6

Ⅰ.①城… Ⅱ.①李… Ⅲ.①城市市场-市场营销学-案例 Ⅳ.①F713.581

中国版本图书馆 CIP 数据核字(2014)第 040980 号

组稿编辑:王光艳
责任编辑:杨国强
责任印制:黄章平
责任校对:超 凡

出版发行:经济管理出版社
(北京市海淀区北蜂窝 8 号中雅大厦 A 座 11 层 100038)
网 址:www.E-mp.com.cn
电 话:(010)51915602
印 刷:三河市延风印装厂
经 销:新华书店
开 本:720mm×1000mm/16
印 张:19.25
字 数:366 千字
版 次:2014 年 7 月第 1 版 2014 年 7 月第 1 次印刷
书 号:ISBN 978-7-5096-2995-6
定 价:58.00 元

总　序

　　"城市营销"的概念最早来源于西方的"区域营销"和"国家营销"理念。菲利普·科特勒在《国家营销》中认为，一个国家，也可以像一个企业那样用心经营。他认为，在剧烈变动和严峻的全球经济条件下，每个地区或城市都需要通过营销手段来整合自身资源，使地区或城市形成独特的风格或理念，以满足众多投资者、新企业和游客的要求与期望。城市形象影响城市顾客对该地区投资、办厂、移民、旅游、就业以及地区外市场消费者对该地区产品的态度和购买行为，因此，可通过在研究城市目标顾客群体的基础上进行市场细分、确定目标市场、进行市场定位以及通过形象传播等连续不断的过程营销城市，塑造城市形象。

　　因此，城市营销就是运用市场营销的方法，将具体城市的产品、企业、品牌、文化氛围、贸易环境、投资环境、人居环境及城市形象等在内的各种政治、经济、文化、自然资源进行系统的策划与整合，通过树立城市品牌，提高城市综合竞争力，广泛吸引更多的可用社会资源，以推动城市良性发展，满足城市居民物质文化生活需求。

　　科特勒（1993）将城市营销分为五个部分：一是地方审核（Place Audio），即营销学中所指的经营环境分析，具体分析社区现状、优势劣势、机遇威胁以及主要问题等；二是愿景与目标（Vision and Goals），即居民对于城市发展的期待是什么；三是战略框架（Strategy Fomulation），确定通过什么样的战略组合来实现目标；四是行动计划（Action Plan），即确定执行战略所需要采取的特定行动；五是执行与控制（Implementation and Control），指为保证计划成功地执行社区所要采取的行动。其实这就是营销学中所提及的"分析营销环境、确定战略目标、制定营销战略、执行营销方案、管理营销行动"的整个营销规划流程。

　　进入 21 世纪以来，在经济全球化、区域一体化的大背景下，资本、科技、文化、人才等资源，一方面实现了全球流动和全球配置，另一方面则呈现出向特定区域集聚，特别是向中心城市集聚的态势，从而推动了城市产业集群和企业集群的发展，导致了城市间在资金、技术、人才、形象等方面的激烈竞争。城市的活动已经从国内竞争扩展到国际领域，城市开始通过创新理念以及系统规划来拟定自身长期发展战略，而通过城市营销有效整合城市包括产品、企业、品牌、文化氛围、贸易环境、投资环境、人居环境及城市形象在内的资源，以促进自身的健康发展，成为诸多城市提升自身竞争力的必然选择。为了获得更大的经济效益和增长潜力，以及更广阔的发展空间和更大的成长平台，我国许多城市开始探寻城市品牌的发展道路，越来越多的城市纷纷塑造自己的城市品牌，城市经营、城市营销、品牌战略逐步成为诸多城市发展的新思路。

近年来，我国城市营销实践取得了很大发展，一些城市由于自身雄厚的经济实力增加了城市的吸引力，一些城市在历史进程中缓慢地形成了自己的城市特色，这些城市通过人为的策划和包装树立了城市品牌的新形象。北京、上海、大连、青岛、深圳、广州、成都、重庆、杭州、昆明、西安等城市通过一系列城市经营战略策略，逐渐形成了各具特色的城市品牌价值、品牌形象和品牌个性。这些不同的品牌形象构成了这些城市发展的无形资产，吸引了越来越多城市顾客的进驻，提高了城市的综合竞争能力。

但是在这一过程中也暴露出了许多问题，例如有一些城市仍然在城市营销和城市品牌塑造方面刻意模仿、盲目攀比，缺乏相关资源和产业支撑，缺乏科学的规划与管理，反而使得城市的品牌定位和形象模糊，进一步束缚了城市的可持续发展；有些城市的营销战略缺乏系统性、统一性，形象塑造和宣传朝三暮四，反而混淆了城市本身的特色品牌形象。如何基于城市的资源特色和发展定位，选择合适的、系统的营销战略策略和品牌建设规划，挖掘城市的核心特性，塑造独特的品牌形象并持续不断地传播和维护，不仅是城市营销实践中急切需要解决的难题，也是目前城市营销理论中尚待深入研究的问题。

在多年的营销研究和教学的基础上，我们推出这套"城市营销丛书"，通过系列专著、教材、案例分析等陆续发表我们的研究成果。如果这套著作中的某些观点或思路能对城市营销理论研究增砖添瓦，或者能对城市营销实践有所启迪、有所帮助，那么对我们而言就是莫大荣幸、莫大欣慰。

城市营销学是一门发展中的学科，丰富的理论内涵和综合的知识结构，以及飞速发展的社会实践，均需要对此进行不断深入研究和精心归纳。我们希望这套丛书的出版，能推进与提高城市营销理论的研究水平，为中国城市发展贡献绵薄之力。

当然，丛书中尚有许多不尽如人意的地方，希望各位读者多提宝贵意见和建议，以便于我们不断修订、完善。

是为序。

王成慧

2013 年 12 月于北京第二外国语学院

前　言

城市营销实践起源于西方欧美发达国家，最早追溯到 14 世纪的意大利，主要是为了宣传旅游胜地，提高经济收益。"城市营销"突出强调城市在营销中的竞争因素、主客体界定、形象定位、品牌策略及战略组合。在彰显城市特色的前提下，将营销思维贯穿到合理开发城市产品的层面。然而，在较长的发展阶段，城市营销基本上还一直属于城市销售或城市推销的范畴。19 世纪 30～50 年代，由于新兴城市对生产价值的诉求，需以土地、风光、房屋及制造业的城市销售为手段吸引更多的游客、移民到本地居住和生活，并引进大量资金到本地投资设厂、扩大居民就业，通常宣扬能够提供优于其他城市的商业环境、更低的商务成本、大量的政府政策支持等。而后，在 20 世纪 60～70 年代的城市发展中，开始逐渐重视城市改造更新、形象重塑及特定产业的城市推销，目的是引入资本金对传统城市产业进行升级换代，多以旅游、文化为载体，并赋予城市新的历史价值和文化内涵。但是，80 年代至今，在新技术革命和经济全球化的大背景下，国际资本跨国流动增强，经济交流日趋开放，信息、技术、人才等有限资源在全球化进程中逐渐占据支配地位。世界各地的城市为谋求自身发展纷纷展开激烈竞争。于是，作为增强城市竞争力、繁荣区域经济的有效工具，城市营销开始受到业界的关注。另外，城市科学及营销理论取得了长足进展，两者交相呼应。诸如地区经济发展、地区竞争力、城市规划及管理等城市新理论蓬勃发展，同时社会营销、文化营销、关系营销、体育营销、旅游营销、政治营销等营销新思想较为活跃，这些都为城市营销研究提供了丰富的理论资源。

与 20 世纪 80 年代以来西方欧美国家发生的公共治理变革一样，我国正处于社会经济体制的转轨期，也产生了地方政府职能重心及城市治理模式以管理公共事务为中心向以提升城市竞争力为重点的根本性转变。为了吸引外部经济发展资源，我国各级地方政府将城市营销作为全球化发展中城市竞争战略的重要工具。并且，我国的城市营销是在城市经营实践的基础上逐步发展起来的，其现状表现为政府非常重视并积极参与，大力投资城市基础设施建设，举办或参与国际化的大型会展节庆，积极招商引资等。但是，这一过程中也暴露出许多问题，例如，一些城市只重视广告宣传，缺乏相关资源和产业支撑，尚未形成科学的规划与管理，使得城市形象定位模糊，缺乏国际视野，难以给国外公众留下深刻印象，束缚了城市的可持续发展；有些城市缺少整合营销意识，仅以为进行城市改造、美化市容、改变城市形象，城市营销就成功了，还未形成从硬件到软件、从城市道路到城市精神、从城市色彩到城市文化的多角度、多结构的立体塑造过程；还有一些城市，政府重视但市民重视不足，市民风貌、文明程度、对外接待热情、服务质量、商家诚信等都有待提高。此外，城市经营没有专业的品牌规划，没有准确的品牌定位，没有鲜明的品牌形象，没有震撼的品牌口号，没有整合的品牌传播，这是当前我国城市营销策划缺失的种种表现。

如何基于城市的资源特色和发展定位，选择适合的系统营销战略和品牌塑造策略，挖掘城市的核心潜质，塑造独特的品牌形象并广泛传播？这不仅是城市营销实践中急切需要解决的难题，也是目前城市营销理论中尚待深入研究的问题。

本书立足于国内各城市对城市营销的迫切需求，对国外城市的营销现状、营销手段和未来发展趋势展开了系统的介绍。在报道各城市先进营销经验的同时，围绕城市改革和发展方面的理论及实际问题进行综合研究和介绍，其宗旨是为了促进我国城市形象工程建设及国内外城市间信息交流和经济文化联系，为建设有中国特色的社会主义现代化城市服务。

全书分为16章，分别对伦敦、阿姆斯特丹、巴黎、巴塞罗那、东京、悉尼、首尔、米兰、维也纳、纽约、慕尼黑、新加坡、日内瓦、威尼斯、雅典、迪拜16个城市的营销实践进行了深入的剖析，在对各个城市的营销手段、营销特色进行总结的基础上，对各城市所采取的营销措施进行了评价，分别总结16个国外特色城市在城市营销方面的成功经验和不足之处。同时为今后城市营销的开展提出相关建议，以期为城市未来开展营销战略的制定、营销方案的实施等营销活动提供相应的理论依据和决策支持。

本书发布后，其发行范围将覆盖国家相关部委领导，各省、市、县相关领导，城市营销权威专家、学者，新兴城市建设产业链相关企业，城市化科研单位，行业咨询顾问机构，城市营销相关大型论坛、重要会议等，对于宣传城市营销优秀案例、搭建国内外城市建设交流平台、推动城市建设快速发展都具有重要意义。

本书是团队集体力量和智慧的结晶，具体写作分工如下：第一章、第二章由祁长霄执笔，第三章、第四章由刘帅执笔，第五章、第六章由李梦吟执笔，第七章、第八章由刘沛罡执笔，第九章、第十章由徐雪萍执笔，第十一章、第十二章由朱妍执笔，第十三章、第十四章由姚静姝执笔，第十五章由李娜执笔，第十六章由夏乐执笔。全文由李凡和郭斌统一校稿。

本书的编写得到了国内很多专家学者的指导与支持，同时参考了近年来城市营销研究领域的最新成果，在此谨向相关专家和学者深表谢意！由于作者水平所限，书中难免还有疏漏和错误，敬请各位专家和读者批评指正！

李凡　郭斌

2013 年 12 月于北京

目　录

第一章 营销伦敦

——创新理念打造独特营销

伦敦作为世界级大都市,拥有丰富的景观、人力、文化等资源,这些都推进了城市营销的发展。伦敦城市营销最为关键和成功的部分,是基于对自身合理的分析而进行的独特营销,从营销机构、营销理念、营销手段等多方面规划和开展了一系列"最伦敦"的营销活动。

一、城市营销主体

伦敦城市营销的主体主要包括政府主体和社会力量,前者自上而下地进行整体规划和组织,后者自下而上地进行支撑和辅助,各方力量为伦敦品牌的宣传和推广做出努力。

(一)政府主体

伦敦各级政府在城市营销的筹划及进程中,具有重要的引导作用和榜样作用。在伦敦的城市发展战略中,大伦敦市政当局(GLA)和伦敦自治市政府均将城市营销作为重要的工作进行单独规划和支持,相关内容甚至还被提至立法层面,如在1999年《大伦敦法案》(Greater London Authority Act)的第378部分规定,伦敦市长有积极推广和发展伦敦旅游业、鼓励健全旅游设施并推进伦敦市经济和文化进步的责任①。同时,一系列的政府组织和官方机构也承担着伦敦城市营销的推广

---

① VISIT LONDON 报告: the Mayor's Plan for Tourism in London,2002(9):15.

工作,包括伦敦市长办公室、伦敦发展署(London Develop Agency)、伦敦发展促进署(London & Partners)、英国贸易与投资总署(UK Trade & Investment)、伦敦投资局(Think London)、伦敦旅游局(Visit London)、伦敦交通局(Transport for London)、伦敦教育局(London Higher)、电影伦敦(Film London)、伦敦奥组委(London 2012),以及伦敦东区、南区、西区、北区、中区发展分署等,其中伦敦发展促进署是伦敦官方的城市营销机构。这些官方组织和机构分别从商业投资、旅游发展、教育提升、影视文化和体育竞技等方面进行大伦敦地区的形象宣传和品牌塑造,并在全球范围推广。伦敦品牌机构由市长办公室直接管辖,对伦敦市政府的品牌推广活动进行统一策划,以保证不同机构的努力有统一的方向、塑造一致的品牌形象。

(二)社会力量

在伦敦的城市营销过程中,还存在着一些非政府组织和个体,致力于将伦敦品牌和伦敦文化推向全世界。如"伦敦第一"(London First)就是其中一个非官方、非营利的社会组织,它由会员进行资金资助。其会员成员涵盖伦敦几大支柱行业,诸如金融服务、房地产、交通、科技产业、创意产业服务和零售业等,同时还包括高等教育机构、学府。它的使命是将伦敦打造成为世界上最适宜投资和经商的城市[①]。正是因为有这些行业领军组织的努力,伦敦与其他城市或国家的交互更为流畅,使政府推行的城市营销收到更好的效果。伦敦的企业、学校等也在城市营销中发挥着自己的作用,在扩大对外投资和吸引外商投资、增加学术交流与扩大招生规模的过程中,越来越多的国家和城市开始了解伦敦,开始对伦敦产生兴趣,开始与这座实力雄厚的城市进行交流。

二、伦敦城市品牌资产

建立独特的城市品牌形象,可以增加城市的辨识度、认可度,为城市营销增加助力。为识别伦敦的城市品牌,伦敦政府组建伦敦品牌建设专家组,他们采用定量

---

①"伦敦第一"网站,http://londonfirst.co.uk/about/.

化的方法进行初步分析并阅读了大量的文件资料,比较伦敦与其他竞争城市的不同,找出伦敦的亮点进行品牌定位,最终建立起伦敦的价值金字塔模型①(见图1-1)。

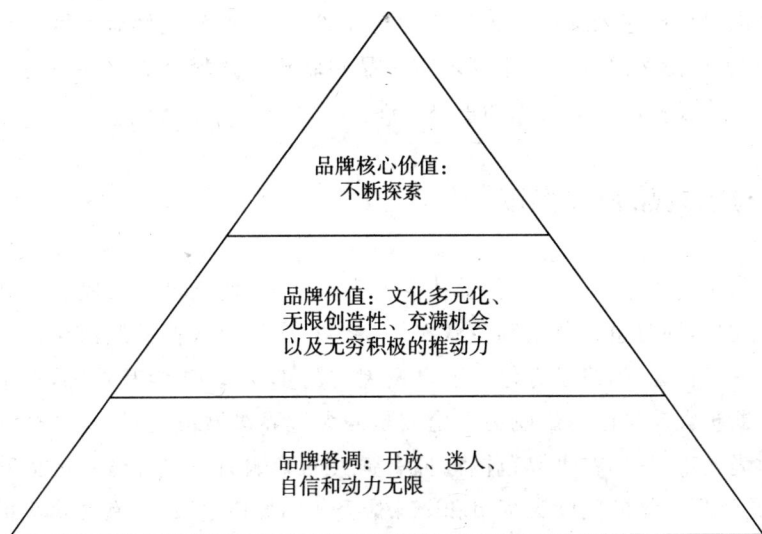

图1-1 伦敦价值金字塔模型

同时,在征集伦敦城市品牌形象设计的过程中,世界各地的设计师纷纷提交有新意和内涵的作品,联盟设计工作室 Nahim Afzal 的理念则成为最为引人注目的一个。他认为伦敦是一个有着无限特殊性和变化的城市,因此将伦敦设计成万花筒的形象,标志伦敦的包容和多元化(见图1-2)。

图1-2 Nahim Afzal 设计的伦敦品牌形象

①周丹.伦敦城市品牌是怎样打造的[J].中国报道,2007(3):120—121.

当独特的城市品牌建立起来之后,相应的品牌资产也开始发挥其营销作用。城市品牌资产,是指城市营销者在系统的城市品牌策划与传播基础上,通过消费者与城市品牌的互动沟通,使消费者因对城市形象和核心价值产生某种心理认同与情感共鸣而购买城市品牌所创造的附加值①。从合作方或游客的角度来说,城市品牌知名度给他们带来准确的再识与记忆体验,城市形象则使城市区别于其他地区,让合作方或游客可以从一系列城市产品中联想到该城市。这些是各方主体选择该城市作为投资、合作、游览的重要条件。

(一)伦敦品牌知名度

第一次工业革命不仅仅将科学技术的大门敞开,使全世界人民感受到科学技术带来的益处,同时也将英国和伦敦深深烙印在全世界人们的脑海中。英国作为工业革命的发祥地,始终没有停止自己发展的脚步,伦敦作为其首都,在全世界的关注中不断扩大着自己的影响力。伦敦是四大世界级城市之一,也是全球最著名的四大时尚城市之一,在世界范围内拥有强大的影响力。它现已发展为欧洲最大的城市,是世界顶级的国际大都市和全球最繁华的城市之一;是欧洲最大的金融中心城市,与美国纽约同为世界上最大的金融中心……这些都吸引着世界各地的公司纷纷到伦敦投资、寻求合作机会,以探寻更大的发展。

同时,伦敦一系列的标志性景观也给全世界游客留下深刻印象。白金汉宫、大本钟、伦敦眼、杜莎夫人蜡像馆、大英博物馆等都已成为伦敦的标签,广为游客所知。正是因为伦敦品牌的知名度如此之高,才使伦敦的形象得到了很好的宣传和广泛的认可、城市营销收到了良好的效果。

(二)伦敦品牌形象

英国人以"绅士风度"闻名,英式幽默也广为人们所熟知,"雾都"的称号以及常年多雨的天气成为伦敦这个城市的关键词,多个轮廓重叠在一起,一位手握长柄黑伞、极具幽默气质的英伦绅士形象即浮现在公众的脑海中。品牌形象就这样渐渐形成,造就了一个又一个独特的城市,文化内涵往往使得一个城市从方方面面的细节之处与众不同。

---

①于宁.城市营销研究——城市品牌资产的开发、传播与维护[M].大连:东北财经大学出版社,2007.

伦敦的一个重要品牌就是它闻名于世的创意产业,创意产业是伦敦仅次于金融和商业服务的第二大产业部门,这也使伦敦具有了"创意产业之都"的品牌形象。据伦敦年度经济报告显示,2005 年在创意产业部门就职的从业人员占伦敦全部从业人员的 12% 和英国创意产业总从业量的 25%。伦敦将停止运作的河畔发电站改造成闻名于世的泰特现代艺术馆,并帮助老工业区泰晤士河南岸成长为著名的创意产业集聚区,不仅使老工业区得以再生,还成功地延续了城市的文脉,提升了伦敦的国际形象以及国际信息沟通力①。

同时,影响了几代人的甲壳虫乐队和憨豆先生,著名小说《福尔摩斯探案集》中机敏的福尔摩斯,深受"80 后"年轻人追捧的哈利·波特系列电影的主角等,都成为人们认知英国和伦敦的关键词。浓厚的英式口音,总能让人们联想起英国,联想起伦敦,这已然使欧洲其他国家和伦敦的品牌形象区分开来。

三、营销手段

为了达到良好的营销效果,伦敦市可谓是采用了立体的营销方式,主要采用的传统营销手段有关系营销、形象营销、会展与节事营销,所采用的现代营销手段主要有影视营销、网络营销、体验营销。伦敦市以多种营销手段相结合、相辅助的形式,保证了它在全球范围拥有广泛影响力及正面积极的形象。

(一)传统营销手段

在利用传统营销手段进行城市宣传和推广时,关系营销有助于加深伦敦市与其他城市各种资源的互通,形象营销帮助其他国家城市的各方主体更加关注伦敦,会展与节事营销则从城市实力和管理能力的角度展现了伦敦的发展和强大。

1. 关系营销

关系营销是指在营销过程中,营销主体要与各个利益相关方发生交互作用。伦敦的关系营销在于和其他国家城市缔结为友好城市、进行长期的关系维护,以促

---

①庄德林、陈信康.国际大都市软实力内涵、塑造经验与启示[J].中国科技论坛,2010(4).

进伦敦在世界范围内的形象和地位提升,并加深、加大与其他国家城市在信息、资源上的互通。

英国考文垂和斯大林格勒缔结友好城市,拉开了伦敦与国外城市建立友好关系的现代实践的帷幕。值得一提的是,大伦敦作为英国的首都,不仅以大伦敦市政当局的身份促进与其他城市的交流沟通、加速资源和信息的共享,同时也鼓励伦敦市和各个自治市与其他国家城市建立联系,让更多的国家和城市了解伦敦,也希望借此增加伦敦的外资、人才储备等资源。截至2013年10月1日,大伦敦市政当局及伦敦33个自治市的友好城市及地区缔结情况如表1—1所示。

表1—1 与大伦敦及伦敦自治市缔结的友好城市

大伦敦及伦敦自治市	友好城市及地区
大伦敦市政当局 (Greater London Authority)	来自11个国家:中国北京,德国柏林,哥伦比亚波哥大,俄罗斯莫斯科,智利圣地亚哥,美国纽约,马来西亚吉隆坡,法国巴黎,意大利罗马,以色列德黑兰,日本东京
巴金-达根罕 (Barking and Dagenham)	来自2个国家:波兰特切夫,德国维滕
巴尼特 (Barnet)	来自8个国家:美国巴尼特,法国沙维尔镇,乌干达津加,法国勒兰西,美国蒙特克莱尔,塞浦路斯莫夫富,以色列拉马干,德国锡根-维特根施泰因县、滕珀尔霍夫
贝克斯利 (Bexley)	来自3个国家:德国阿恩斯贝格市,法国埃夫里,澳大利亚富茨克雷
布伦特 (Brent)	来自1个国家:爱尔兰都柏林南部
布伦来 (Bromley)	来自1个国家:德国诺韦德
康登 (Camden)	来自3个国家:丹麦腓特烈斯贝,卢森堡卢森堡市,博兹瓦纳莫丘迪
伦敦市 (London)	来自3个国家:阿尔及利亚阿尔及尔,德国汉堡,印度孟买
克罗伊登 (Croydon)	来自1个国家:荷兰阿纳姆

续表

大伦敦及伦敦自治市	友好城市及地区
伊灵 （Ealing）	来自3个国家：波兰比亚兰尼，法国马奇-恩-巴鲁尔，德国斯泰因福特
恩费尔德 （Enfield）	来自2个国家：法国库尔布瓦，德国格拉德贝克
格林尼治 （Greenwich）	来自3个国家：斯洛文尼亚马里博尔，赖尼肯多夫，加纳特马
哈克尼 （Hackney）	来自6个国家：南非亚历山德拉，巴巴多斯岛布里奇敦，德国哥廷根，以色列海法，俄罗斯普伦涅斯基区，法国叙雷讷
汉默史密斯-富勒姆 （Hammersmith and Fulham）	来自3个国家：比利时安德莱赫特，法国布洛涅-比扬古，德国新克尔恩
哈林盖 （Haringey）	来自6个国家：牙买加克拉伦登教区，巴巴多斯岛霍尔敦（圣雅各福群会），德国科布伦茨，塞浦路斯拉纳卡，法国利夫里-加尔冈，瑞典松德比贝里
哈洛 （Harrow）	来自1个国家：法国杜埃
黑弗灵 （Havering）	来自2个国家：法国埃丹，德国路德维希港
希灵登 （Hillingdon）	来自3个国家：德国埃姆登，法国芒特拉若利，德国石勒苏益格
豪恩斯洛 （Hounslow）	来自4个国家：法国伊西莱穆利诺，巴基斯坦拉合尔，俄罗斯列宁格勒地区，巴勒斯坦拉马拉
伊斯林顿 （Islington）	来自3个国家：塞浦路斯莱夫卡拉，俄罗斯南部行政区，格林纳达圣乔治
肯辛顿-切尔西 （Kensington and Chelsea）	来自1个国家：法国戛纳
京斯顿 （Kingston upon Thames）	来自1个国家：荷兰代尔夫特

续表

大伦敦及伦敦自治市	友好城市及地区
兰贝斯 (Lambeth)	来自 6 个国家:尼加拉瓜布卢菲尔兹,美国布鲁克林,日本东京都新宿区,牙买加西班牙城,法国文森斯,俄罗斯莫斯科河畔区
刘易舍姆 (Lewisham)	来自 3 个国家:法国安东尼,德国夏洛滕堡,尼加拉瓜马塔加尔帕
纽汉(Newham)	来自 1 个国家:德国凯泽斯劳滕
红桥(Redbrige)	来自 2 个国家:法国上诺曼底,南非德邦
里士满(Richmond)	来自 3 个国家:法国枫丹白露,德国康斯坦茨,美国弗吉尼亚州里士满
南华克 (Southwark)	来自 3 个国家:美国马萨诸塞州剑桥,法国克利希,德国朗根哈根
索顿 (Sutton)	来自 4 个国家:法国加尼,丹麦格拉德萨克斯,南非哈曼斯舍,德国明登·维尔默斯多夫
哈姆雷特塔 (Tower Hamlets)	来自 1 个国家:孟加拉国锡尔赫特
沃尔瑟姆福里斯特区 (Waltham Forest)	来自 3 个国家:安提瓜-巴布达圣约翰,法国圣芒德,德国万茨贝克
旺兹沃思 (Wandsworth)	来自 2 个国家:荷兰特丹斯希丹,埃及开罗

注:大伦敦整体由大伦敦市政当局负责规划和管理,另外与 33 个自治市政府分享地方行政权力①。

2. 形象营销

形象营销概念最初用于企业的市场营销活动,在竞争市场中分析企业。旅游地形象营销概念则更适用于城市营销分析,指在旅游地旅游形象准确定位的基础

---

①维基百科,http://en. wikipedia. irg/wiki/List ＿ of ＿ twin ＿ towns ＿ and ＿ sister ＿ cities ＿ in ＿ the ＿ United ＿ Kingdom＃See ＿ also.

上,通过各种信息发布渠道,向潜在客源市场传递有关旅游地形象的核心信息;通过激发潜在客源在认知旅游地不同阶段对旅游形象的联想吸引,实现市场培育和游客招徕;通过提升游客实际旅游过程中对旅游形象的认同度,实现良好的口碑效应,使其固化为旅游地的持久旅游形象,并继而向市场传播,实现良好形象营销效果的系统过程①。对于城市的形象营销来说,最重要的是提升该城市在本地市民、本地外来人口和外地游客心目中的形象和地位,使相关人群对该城市有较高的认可度。

伦敦在进行形象营销的实践中,相当一部分是以伦敦市长为代表的营销团队在各国进行伦敦的介绍和推广。如现任伦敦市长鲍里斯•约翰逊在 2013 年 10 月中旬来访中国,先后赴北京、上海和香港,与中国数家名企的高层进行会谈,拉拢投资;在北京高校演讲,并在"伦敦庆祝创意活动"中以骑自行车和打鼓等方式吸引中国的学子关注伦敦高校和创意产业;乘坐北京地铁,拉近与北京普通居民的距离,以亲民形象宣传伦敦……这一系列的举措,无一不为伦敦的城市营销做出贡献,使伦敦的形象更好地为其他国家的公民所熟知。当然,类似的宣传也为伦敦带来了许多商机。据官方报道和数据,仅由中国引来的较为瞩目的投资机会就包括:中国大连万达计划投入 7 亿英镑,在伦敦九榆树(Nine Elms)地区开发一个豪华酒店和公寓项目;中国开发商"总部基地"即将投资 10 亿英镑开发皇家阿尔伯特码头(Royal Albert Dock)作为"亚洲港口项目"的一部分;中融集团将以 5 亿英镑在伦敦南部重建维多利亚时代的地标建筑水晶宫(Crystal Palace)。同时,伦敦的高等教育也深受中国留学生带来的益处。分析 2012 年的数据,2012 年赴英留学的中国新生大约是 6.5 万人,因此,仅学费一项,中国留学生就为英国带来近 20 亿英镑的收入。对于一些语言未能达标的,英国大学还会提供语言课程,学费约为200~1000英镑,其中创造的直接经济收益也相当可观②。伦敦市长及其宣传团队在全世界各国所做的城市营销的努力在更大范围和程度上促进了伦敦的发展,提升了影响力。

3. 会展与节事营销

城市的管理者及活动组织者通过举办比赛赛事、会议、节庆活动等来吸引公众参与,以提升在公众中的知名度,成为城市营销的重要方式。仅仅通过宣传自己的

①刘爱利,刘敏,姚长宏.旅游地形象营销过程体系的构建及案例实证[J].技术经济与管理研究,2012(11).
②中国网,http://edu.china.com.cn/cgym/2013－10/09/content＿30236217.htm.

资源和发展水平来获得公众的认可远远不够，而通过举办各种活动可以进行间接宣传，既可以向公众展现自己的城市资源（如场地、人力资源、科技等），又可以通过活动的组织和提供的服务让参与者切身感受到该城市的公民素质和政府管理水平，整个营销过程的成本较低，宣传的效果却很好。

（1）国际赛事

截至2012年，伦敦成为世界上唯一举办过3次奥运会的城市（之后是巴黎、雅典和洛杉矶，各举办过2次奥运会）。1908年伦敦奥运会上，主办者并没有获得任何政府官方投入，整个比赛的投入估计在6万~8万英镑，相当于目前570万~760万英镑的投资，随后这些投资不仅通过捐款和门票收入完全收回，还给伦敦西部白城一带留下了整齐的街道和建筑。1948年，伦敦奥运会的预算为60万英镑（相当于今天的1850万英镑），但即使在战后配给短缺、资金紧缩的情况下，通过精打细算，组织方仍获得了至少1万英镑的利润①。正是由于前两届奥运会给伦敦和英国带来了如此大的经济收益及间接的品牌推广收益，伦敦又申请了2012年奥运会，并最终赢得举办权。

2012年，伦敦奥运会作为世界瞩目的顶级体育盛会，不负众望地为伦敦带来了声誉的提升，也为伦敦带来了许多商机。据英国贸易投资总署的报告数据表明，2012年伦敦奥运会花费约84.5亿英镑。至今，与伦敦奥运会相关的经济收益约为99亿英镑。其中，59亿英镑来自和奥运会相关的商品销售等商业活动，15亿英镑来自和奥运相关的海外高收益商业机会，25亿英镑（其中58%来自伦敦外部）为赛后新增的对英国的直接投资并创造了3.1万个就业岗位。伦敦奥运会吸引来了约4000名来自800个跨国公司的代表参与英国商务使馆举办的活动，从俄罗斯索契2014年冬奥会和2018年俄罗斯世界杯中赢来了超过60个商业合约，吸引里约奥运会和巴西世界杯和英国公司签署了价值1.2亿英镑的合同②。

伦敦奥运会对各国游客的吸引为城市宣传起到了间接作用。英国国家统计局2012年的统计数字显示，伦敦奥运会和残奥会总共吸引了海外游客59万人，其中17万人购买了门票，是专门为观看奥运会而来的。而奥运场所赛后的改建也随着奥运会的结束逐步开始，风光无限的奥林匹克公园将改造为"伊丽莎白女王公园"吸纳游客；自行车场馆则将改为一座自行车公园，并向全社会开放，供当地居民使用；最受人瞩目的"伦敦碗"接受了英超西汉姆联队的承租请求，后续的足球赛事将

---

① 新化网，http://news.xinhuanet.com/globe/2012-08/09/c__131773243.htm.
② 英国贸易投资总署报告，London 2012 Delivering the Economic Legacy，6-8.

为伦敦挣来更多的关注。

此外,温网也是伦敦不得不提的盛事。伦敦的温布尔登是四大满贯网球锦标赛的发源地,温布尔登锦标赛是四大满贯中历史最悠久的赛事。自 1877 年夏天的首届赛事至今,温网已走过了 1 个多世纪的历程。每年 6 月末 7 月初,世界各地的顶尖选手都会来到英国伦敦南部的温布尔登小镇参加比赛,大批来自世界各地的网球迷与游客也聚集在这里,一睹世界名将的风采。狂热的球迷为买到门票,往往在前一天的晚上甚至中午就扎起帐篷排队,数百至上千的帐篷形成了温网一道风景线,这种帐篷宿营的体验,也渐渐成为球迷们不可缺少的温网体验之一。这一赛事每年为伦敦和英国带来了颇为可观的旅游收益,仅以 2013 年为例,自 6 月 24 日开赛至 7 月 7 日落幕,共有 486898 人次进场观战,根据网上售票系统显示,温网通过网上售票获利 152115 英镑,而网上销售的门票仅占所有门票的一小部分。赛后温网官方宣布,会将网络售票的全部收入捐献给慈善组织,这也为温网和伦敦的声誉增加了一道光环。当然,球迷们的消费还不仅仅是门票和旅行社费用,观看比赛也带动了其他商品销量的增加,如奶油草莓作为当地传统美食,在赛事期间就卖出了 14.2 万份[①]。

关注率颇高的赛事还包括伦敦马拉松,其诞生于 1981 年,每年 4 月下旬举行,其路线极具吸引力,主要线路贯穿国会大厦、白金汉宫及伦敦的许多著名历史名胜。伦敦曾是历史上产生马拉松男女世界最好成绩最多的城市,每年约有超过 3 万人参加这一赛事,其中还包括很多马拉松明星。据法新社统计,2013 年的第 33 届年度伦敦马拉松比赛共有约 3.5 万位选手参加,70 万多名爱好者被吸引到比赛现场,优美的比赛环境、良好的赛期秩序,均为伦敦赢得了不错的声誉。众多比赛赛事让更多的游客了解和认可伦敦,更低成本地宣传伦敦的景观、风情、人文,同时也以良好的管理和商业环境吸引了大量的投资者,举办赛事已成为伦敦城市营销的重要手段之一。

(2)国际交流会议及会展

国际交流会议的举办聚集了世界范围内某领域甚至各领域专家、政要的关注,因此也成为一个城市宣传自己、获得他国良好评价的手段,在组织国际交流会议的过程中,本市的商旅、餐饮等行业的发展也会得到不同程度的拉动。根据国际大会及会议协会的报告统计,伦敦在 2008～2012 年共举办大小会议 666 场,参会总人数约为 29.2 万人,同期世界排名第六,仅 2012 年就举办了 150 场会议,与新加坡

①中国日报网,http://www.chinadaily.com.cn/micro-reading/dzh/2013-07-13/content_9573471.html.

并列世界第六。

2009 年 4 月 2 日，20 国集团的首脑会议(G20 峰会)在英国首都伦敦举行，此次会议正值经济危机稍有平息，包括美国、英国、日本、中国以及欧盟等在内的国家和组织聚集伦敦，各国领导人将就金融经济等问题作出怎样的探讨和决定更成为世界的焦点，这也使得伦敦成为公众关注的焦点。

伦敦可谓是世界博览会的发源地，首届世界博览会"伦敦万国工业产品大博览会"于 1851 年举办，主题是万国工业。该博览会历时 190 天，共有 1.8 万个参加商，提供了 10 万多件展品，参与人数则达到了 604 万人次。最后评选委员会评出 5084 奖项，其中外国人获得 3045 项，这些奖项在工业迅猛发展的当时，也是世界各国的财富。博览会后，水晶宫也向公众开放，作为伦敦的娱乐中心存在了 82 年，直到 1936 年被意外焚毁。伦敦的首届世界博览会意义非凡，不仅将当时的工业发明聚集起来，为各国交流工业发展提供了平台，同时也向各国展现了伦敦组织国际展会的能力，吸引了大量的投资和合作。

(3)大型节庆活动

大型的节庆活动营造出宏大、热闹非凡的气氛，成为公众和外国游客了解伦敦文化的一种方式。部分节庆活动中不乏明星的出席，将明星效应和城市营销相结合，成本低而且影响时间长，大规模的节庆报道将多样化的伦敦呈现在不同国家和地区的公众面前。

在 1957 年创办的伦敦国际电影节，每年年底举行，主要目的在于评价在其他电影节上得过奖的影片，同时也放映深受欢迎和有创新性的影片，大批影星身着时尚服饰参加，同时吸引了影视界和时装界的眼光。根据英国电影协会(British Film Institute)的数据，2013 年第 57 届伦敦电影节共播放了来自 74 个国家的电影及纪录片，有 670 位制片人来到现场，吸引了 15.1 万观众观看[①]。

诺丁山狂欢节开始于 1964 年，最初是聚居在伦敦诺丁山地区的西印度群岛移民用以表达思乡之情的活动，几十年后则发展成为欧洲规模最大的文化艺术节，也成为伦敦最热门的旅游项目之一。盛装游行、歌舞表演、异域美食，都成为诺丁山吸引游客的因素，2013 年第 49 届诺丁山狂欢节仅在两天的时间内就吸引了约 100 万游客前来参加，本地居民和游客都可以在狂欢节感受到伦敦多元的文化，一起用热情和欢乐渲染整个伦敦。政府也十分重视这一聚会对本地旅游产生的正向作用，在宣传工作也做出努力，在狂欢节期间，所有伦敦地铁站都可以拿到关于诺丁

---

①英国电影协会报告，57th Bfi London Film Festival Boasts "Strongest Programme in Years"，2013.

山狂欢节的传单,内有路线图和景区推荐等,从而扩大了这一盛会的影响范围。

每年一度在伦敦举行的古典音乐节——逍遥音乐会,是世界著名的音乐节之一,这一被称为世界乐坛奇迹的古典音乐会已经有100多年的历史。它之所以如此特殊,在于每场音乐会都会有1400张站票,票价足以为囊中羞涩的乐迷所接受,听众也可以随意穿着,盛装或穿着休闲的听众一样受欢迎,这就使更多人得以接触到高雅的古典乐,伦敦也因为这样有包容性的音乐节而得到众多古典乐迷的认可。

与米兰时装周、巴黎时装周和纽约时装周并称国际四大著名时装周的伦敦时装周,则将流行元素引入这座城市,它以多元化、充满活力和创造力著称,被称为四大时装周中最具创意、最不媚俗的时装周。英国时尚协会作为主办方,正在通过时装周达成他们的目标,即,联合业内资助人,在全球范围提升英国时装设计界地位。

始于2003年的伦敦设计节,从最大程度上凸显伦敦的创意产业,并在10年中慢慢发展为国际重要设计节之一,每年都有300多项活动举行,是世界设计界的盛事。2013年的伦敦设计节受到了世界各地的关注,根据伦敦设计节官方网站的统计数据,发自英国国内的与该设计节相关的新闻报道就达到了913篇,发行量达到了3.4亿份,网上还有额外的相关的1500条报道,国际的报道则超过了340条。

(二)现代营销手段

伦敦采用的现代营销手段主要是基于当代技术进步和科技发展,有效通过现代媒体渠道进行城市形象的宣传,同时将城市推广工作进行细微化的设计,使其他国家城市各主体不仅可以通过影视作品和网络信息了解伦敦的现状和未来,更让到访伦敦的游客从体验过程中产生城市认可和忠诚度。

1. 影视营销

现代的影视作品已不仅仅关注作品本身的内容和情节,也开始关注作品的取景地点是否吸引人。由此,影视作品也成为城市营销的一个重要方法手段,很多国家、城市和地区成功地通过影视作品将自己的景观和文化宣传给影迷,赢得了相当的游客规模。

伦敦典型的英式建筑群、阴霾的天气、红色公交、著名的景观,给很多"英剧迷"留下了深刻的印象,也吸引了众多影迷纷纷来到伦敦寻找电影、英剧中的情节和痕迹。关于英国城堡的作品更为常见,这为英国带来了更多的游客。据英国旅游局数据显示,来英国旅游的人中有30%会在行程中安排城堡或者故居之类的景点,这足以说明影视作品对于城市营销的作用。

电影《哈利·波特》吸引着世界各地的青少年,其著名的取景地就包括国王十字车站、圣潘克拉斯国际火车站、皮卡迪利广场、伦敦动物园爬虫馆、千禧桥和查令十字街等地。电影中具有魔幻色彩的建筑和布景,吸引了大批的游客前来观赏。据《泰晤士报》报道,自 2011 年以来,作为哈利·波特就读学校霍格沃茨原型的阿尼克城堡的游客人数增加了 230%,给当地带来了 900 万英镑(约合 8820 万元)的利润。

侦探小说迷们熟悉的神探夏洛克·福尔摩斯所居住的贝克街 221B 坐落在伦敦的西部,贝克街右侧的 221B(真正的号码是 239)建为福尔摩斯博物馆,内部按照小说的内容重新装潢过,可供游客观赏。2009 年,华纳兄弟影片公司推出《大侦探福尔摩斯》后,英国国家旅游局与华纳兄弟影片公司联手,推出短期福尔摩斯主题游,景点包括影片中的景点和与大侦探有联系的英国景点,极大地促进了伦敦的旅游业并提升了伦敦的影响力。由 BBC 出品,2010 年上映的《神探夏洛克》更是将福尔摩斯的故事带到了现代伦敦,为游客观赏伦敦、探索伦敦带来了更多媒介。

2. 网络营销

互联网的高速发展为城市营销也提供了平台,其具有极大的辐射范围,受众群体极广,网络的直接宣传、网络新闻报道、公众网络评论都成为城市营销的方式。

伦敦使用网络营销手段主要是通过大伦敦市政当局的官方网站公布政策、评估结果、发布新闻,并有一系列官方机构和组织的网站进行不同领域的辅助宣传。如伦敦的"发展促进署"网站更为注重投资政策的宣传以吸引外资,而"电影伦敦"网站则是发布和整合相关信息帮助伦敦的电影、电视、广告和交互媒体不断发展。针对不同的节庆活动,伦敦也有独立的网站进行宣传,如前文提到的伦敦国际电影节、诺丁山狂欢节、逍遥音乐节、伦敦时装周和伦敦设计节,均有其官方的网站进行活动的宣传、时间安排的公布等。网络营销既可以通过视频、文字、图片等吸引游客和投资者,也可以塑造伦敦良好的形象,维护游客和投资者对于伦敦的认知度和喜爱。

3. 体验营销

所谓体验营销,从旅游的角度来看,使游客不再仅仅是置身景观之外的"旁观者",而是使游客参与到景观宣传的互动中、参与到景观的推广和维护中、参与到文化的交互中、参与到与其他游客的分享中。从多种感官角度调动游客对目的地的体验,让游客体会到不同于以往只进行观赏的游览过程,感受并参与到当地居民的活动、生活和文化中,促使游客产生认可感。其核心的观念在于,不仅仅为游客提供满意的产品和服务,也创造和提供有价值的体验。

伦敦的体验营销已经渗透到各大小活动和场所中,为游客提供了多种参与的方式,使得游客在游览过程中可以亲身体验异域风情。比如前文提到的温网,很多粉丝在场地外搭起帐篷,已经成为一项不可缺少的体验,他们或装饰自己的帐篷,或相互交流,有的粉丝则寻找相同阵营的同伴结交好友。对于很多英国人来说,每年夏天观看温网几乎成了家庭集体活动,针对这样的群体,组织者还设置了粉丝的活动区,供小朋友们进行活动和游戏,并有机会与最顶尖、最大牌的网球明星互动,这些活动使来观看比赛的观众体验到了不一样的乐趣。又如福尔摩斯博物馆,游客进入一层,就会有身着维多利亚时代仆人服装的工作人员热情相迎,游客还可以坐在电影中福尔摩斯常坐的安乐椅士,手握福尔摩斯的烟斗,头戴福尔摩斯的帽子,感受神探的生活氛围。这些安排从不同程度上提升了游客的满意度,也易从游客一方获得良好的口碑传播。

四、伦敦城市营销评价

在全球经济发展和资源共享的背景下,各个国家和城市的联系越来越紧密,国际合作已成为不可逆转的大趋势,国际合作可以弥补本国或城市有限的资源,国际沟通和交流可以使自身的发展路径更为科学。因此,突出自己城市的独特性,提升城市竞争力和影响力,对吸引投资、扩大资源、加速发展有着重要的作用。伦敦在进行城市营销的过程中,有许多可以借鉴的方面值得中国和其他国家学习。

(一)营销主体"形散神聚"

伦敦进行城市营销的主体多种多样,政府营销机构尤其富有特色。既有市长办公室对各个分支机构进行统一的组织和规划,也有涉及不同领域的机构进行不同侧重的营销活动与宣传,将权力和管理渗透到伦敦发展的方方面面。这里不得不提的一个主体是英国广播公司(BBC),伦敦善于使用各种宣传方式,其中影响力最大的要数英国广播公司。作为世界最大的广播公司,英国广播公司由英国国民缴纳电视牌照费,向全球提供书籍、报刊、英语教学、广播和互联网等服务。在广播服务方面,它以强大的覆盖面和品牌效应,24小时不间断地向全英甚至全球的人民播报新闻、评论、娱乐等节目,极大地促进了英国文化和伦敦形象的传播,播音员优雅的英国口音,总能让世界公众对英国以及英国首都伦敦产生熟悉感和向往。

另一个值得其他城市学习的地方在于伦敦的城市营销善于动员非营利组织等社会力量,使全市的所有公民都投入城市营销的工作中,从微观层面完善伦敦的投资、旅游、就业、治学环境。这种方式可以很好地保证营销效果,而不会产生政府工作与居民生活习惯有所背离的现象,上下统一的共同理念使伦敦的宣传推广保持着高度一致性。

(二)环保理念与城市营销相结合

当今世界已将环境保护和生态平衡放在了与发展同等的地位,很多时候甚至认为环境保护重于经济的发展,这就要求各城市在规划经济发展和扩大影响力的同时,也要把环境保护和绿色增长的理念融入城市营销的战略和策略中。

对于伦敦来说,环保与城市营销相结合,仿佛是一种必然。伦敦多年来被称为"雾都",曾在1952年发生过一次严重的大气污染事件,即伦敦烟雾事件,这次事件造成多达1.2万人因空气污染而丧生。巨大的冲击使伦敦在发展过程中更为注重环境保护和环境治理,以至于一些环境保护的措施成为伦敦城市营销的一部分内容。

2010年,伦敦市长鲍里斯·约翰逊启动了公共自行车项目,计划在伦敦全市投放8000辆公用自行车,并建设相应的专用、共用车道,以鼓励市民更多利用自行车出行,改善市区交通拥堵情况,同时缓解城市里严重的尾气污染。该项目计划周期为5年,初期投资约为1亿英镑。这些举措无疑迎合了伦敦市民希望改善环境的心愿,由此获得居民和游客的好感。在伦敦内部进行项目推广的同时,伦敦市长还将环保理念推广到其他所到的国家城市。无论是与前加州州长施瓦辛格一起骑自行车宣传环保理念和伦敦的自行车租赁计划,还是在中国的北京、上海骑着标志性的自行车吸引中国投资和学子留学,或是与北京市长王安顺签订《环保合作备忘录》,都顺应了环保的大趋势,提升了伦敦在国际上的形象。为了解决奥运会结束后场所的维护成本过高问题,伦敦奥运会结束后,部分奥运场馆被拆解,拆解后的建材部分推销给了英国各地市的市政项目,另外的部分甚至被卖给了2016年奥运会举办方巴西的里约热内卢,这不仅仅是帮助伦敦处理了部分建筑垃圾、降低了运动馆的维护费用,也促进了伦敦和其他城市关于环保的沟通和互惠。

应该看到,环保的理念和城市营销相结合,一方面可以满足居民对良好环境的期望,另一方面也可以促进国与国之间、城市与城市之间交流合作,不同城市在环保科技、环保举措、环保工程建设等方面的相互帮助与促进,对全世界的环保进程也颇有益处。

(三)发展重点产业支撑城市营销

通过对伦敦各产业和经济结构的分析,政府部门选择了重点发展伦敦的旅游业和文化创意产业,这对伦敦的城市营销有着重要的指导性意义。

在发展旅游业方面,大伦敦市政当局发布过《2003～2006年伦敦市长针对旅游业的发展计划书》(Mayor's Plan for Tourism 2003-2006)、《2006～2016年旅游业发展远景策划书》(London Tourism Vision 2006-2016)及《2009～2013年的伦敦旅游行动计划书》(London Tourism Action Plan 2009-2013)等一系列的政策文件,重力发展伦敦的旅游业,以求以旅游产业带动其他产业的发展。伦敦市长鲍里斯曾表示,伦敦每年接待的2600万游客给伦敦的资本经济带来了极大的促进,因此为发展旅游产业,政府每年投入160多亿英镑、安排28.5万员工进行相关工作是值得的。根据官方统计,有47%的英国游客将伦敦作为游览目的地之一,早在2008年,海外游客在伦敦的花费就占据了伦敦所有花费的一半[1]以上,这些数据足以说明大力发展旅游产业对于伦敦发展和营销的重要性。

同时,伦敦也是文化之都、创意之都,它是全球三个广告产业中心之一,2/3以上的国际广告公司将它们的欧洲总部放在了伦敦。伦敦的文化和创意部门对推动这座城市的发展有着重要的意义,伦敦市长推行文化战略,鼓励发展文化和创意产业,对于城市营销的方向也有一定的指导作用。当局发布的《文化大都会》(Cultural Metropolis)文件,内容涵盖伦敦文化创意产业的简介、市长职责、愿景、建设内容、政策等,突出了该产业的地位。为发展创意产业,伦敦政府成立了"创意伦敦"工作协调小组,开发了一系列项目,伦敦发展署也支持开发了10个"创意中心",同时于2005年设立"创意之都基金",为伦敦创意产业中有才华的企业家或商

[1]大伦敦市政当局的报告,London Tourism Action Plan,2009—2013.

人提供原始资本投入和商业支持以激发他们的创意潜力,基金原资产净值达 500 万英镑,加上私人投资,其资产达 1 亿英镑①。根据大伦敦市政当局 2010 年的统计数据,在 2007 年,伦敦的文化创意产业共有工作人员 38.6 万人,还有 41.1 人在相关产业岗位工作,该产业为伦敦带来的净附加值高达 185.45 亿英镑②。

　　由伦敦的产业分析以及发展计划可看出,选择重点的产业进行发展,对于城市营销的效果有着极好的促进作用。同时,产业的发展也受到城市营销效果的正面影响,二者的相互促进,为城市整体实力的提升增加了动力。

---

① 上海禾滩投资管理顾问有限公司,http://www.dongtanimc.com/default/research/ldetail/did/503.
② 大伦敦市政当局的报告,Cultural Metropolis:the Mayor's Cultural Strategy -2012 and Beyond.

第●章　营销阿姆斯特丹

——广泛联结造就成功营销

阿姆斯特丹作为荷兰的首都,以自由、包容和注重商业的城市氛围闻名世界,它特有的魅力和活力吸引着众多游客、公司和其他城市政府前来游览或合作。阿姆斯特丹的声誉始于被称为"黄金时代"的 17 世纪①,现已成为世界的经济中心、文化中心和科技中心,同时也成为国际城市规划和建筑的图标。继续推进阿姆斯特丹的城市营销极为重要,将城市品牌推广到世界范围,不断优化品牌,有助于阿姆斯特丹的进一步发展。联结多个主体进行城市营销是阿姆斯特丹城市营销的一大特色,也是它成功的关键点,值得其他城市进行剖析和学习。

一、城市营销主体

阿姆斯特丹的城市营销采用公私合作模式,由公共部门、企业部门和社会团体的代表组成,它们共同组成城市营销的核心规划、领导机构,再加上本地热情洋溢的居民,可谓是动员了整个城市的力量。

(一)营销主体

阿姆斯特丹的行政当局是由市长领导的市政府和市议会组成的,因此在进行阿姆斯特丹城市营销时,市长和相关市政部门首先承担起协调和引导工作。市议

---

①荷兰的"黄金时代"是荷兰的贸易、科学、军队和艺术急速发展的时期,当时荷兰成为了欧洲航运和世界融资的中心,时间跨度大致覆盖整个 17 世纪。

会成员负责政策和方针的制定，市长则在全世界前代表阿姆斯特丹的形象。领导的魅力往往对整个团队的工作起到鼓舞作用，前阿姆斯特丹市市长约伯·科恩就是这样一个典型。他以实干作风闻名于欧洲，2005 年被《时代》评为欧洲英雄人物，2006 年在世界城市市长评比中获得第二名。在科恩 10 年的领导下，阿姆斯特丹一直保持着充满生机和宽容的氛围，期间他多次带领政府团队访问其他国家，促进阿姆斯特丹的对外宣传，以争取更多的合作机会、游客资源和人才互动。

阿姆斯特丹有专门的城市营销组织——阿姆斯特丹营销组（Amsterdam Marketing），它致力于城市推广、促进信息交互、规划研究和服务提供。营销组成员的最终目标是将阿姆斯特丹变成欧洲最吸引人的五大都市之一，让居民、游客、从商者和名人都慕名而来。同时，营销组还与多个伙伴合作，在营销组的介绍网站上提到，"阿姆斯特丹市作为我们营销的产品，需要鲜明的城市形象和足够的支持力量。这个过程中，最为关键的就是合作伙伴网络的规模和多样性"，"营销工作中的重要原则就是'团结更有力'（Together We Are Stronger）"。他们成立了阿姆斯特丹都市俱乐部（The Amsterdam Metropolitan Club），将致力于提升阿姆斯特丹长期国际声誉的合作伙伴汇集到一起，包括阿姆斯特丹市及各区的当地政府、公司、教育机构和文化部门等，这些组织和机构通过开展推广活动、发展媒体平台（如网站 www. iamsterdam. com、杂志等）、设计宣传工具等手段来推进城市营销[1]。

还有一个值得一提的营销机构就是阿姆斯特丹伙伴（Amsterdam Partners），它是公私合作的城市营销管理机构，成立于 2004 年 3 月，是阿姆斯特丹城市营销的核心力量。它设立了监督委员会、管理委员会、顾问委员会和缔约委员会等。其中，监督委员会由市长任主席，成员包括所有企业部门的代表。管理委员会的成员包括城市营销经理、节事营销经理、组织网络经理和团队项目协调人等，成员分别来自市议会、企业领导、商会领导及地区内其他城市的首脑等[2]。作为一项长期持续的城市营销工程，阿姆斯特丹伙伴每年可以得到 180 万欧元的预算[3]，拥有足够的决策权和执行权，主要负责事件营销和节事营销的政策并以 4 年为一个营销周期。该机构的中心任务是围绕阿姆斯特丹的独特定位，即"创意、创新和商业精神的结合"的理念，来推广和提升阿姆斯特丹地区的城市品牌形象。

---

① Amsterdam Marketing 官方介绍材料及 Amsterdam Marketing 网络材料，http://www. iamster-dam. com/ebooks/Amsterdam __Marketing __Partnership __Brochure __EN/index. html＃/spreadview/6/.
②刘彦平. 城市营销战略[M]. 北京：中国人民大学出版社，2005.
③陆军. 营销阿姆斯特丹：一个 360°的论证方式[N]. 中国经营报，2008－10－8.

(二)营销规划

为了更好地制定符合阿姆斯特丹的城市营销战略规划,阿姆斯特丹的城市营销研究人员使用SWOT分析法剖析了自身优劣势和竞争环境,通过访谈和召集讨论来了解公司、游客和居民对于城市特质的认知、查阅城市营销的学术文献及各种评述,提炼了阿姆斯特丹市的16个重要向度,分别为枢纽功能(Hub Function)、会议城市(Meeting Place)、运河城市(City of Canals)、首都(Capital)、商业城市(Business City)、性/毒品/摇滚(Sex/Drugs/Rock & Roll)、人(People)、居住城市(Residential City)、建筑(Architecture)、紧凑的城市(Compact City)、艺术之城(Artistic City)、夜生活(Night Life)、购物城市(Shopping City)、盛事之都(City of Events)、知识型城市(City of Knowledge)、宜居城市(Livable City)等,各向度根据城市形象建设目标、目前受众所持形象和目前自我评估形象进行打分,得出结果如图2—1所示[①]。

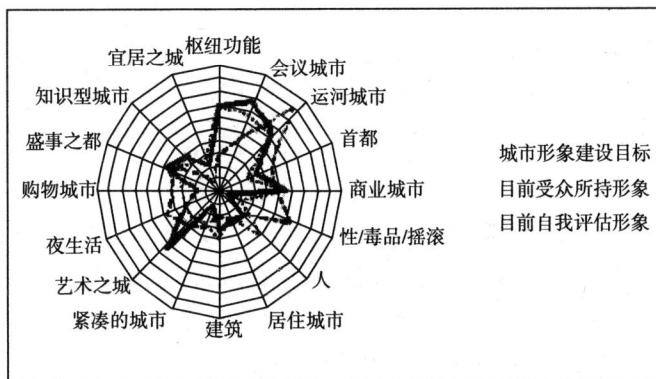

图2—1　阿姆斯特丹市形象向度及分值比较

通过向度的确定和分值的整理,可以看出阿姆斯特丹的形象优势在于商业城市、会议城市、运河城市、艺术之城、宜居之城,而分值较高的性/毒品/摇滚则不利于良好城市形象的建设,受众对该指标的印象和自我评估印象相差较大,应该加以整治。同时,研究人员还认为,阿姆斯特丹应多举办具有国际影响力的大型事件和

---

①刘彦平.城市营销战略[M].北京:中国人民大学出版社,2005.

节庆,以此向当地居民和游客、其他城市政府等主体展现阿姆斯特丹拥有良好的环境和较强的事件运作能力,从而提升城市品牌营销的效果。这些分析为阿姆斯特丹的城市营销指明了方向,帮助营销组织不断修正和优化城市形象,并进行较为准确的定位。

二、城市品牌资产

一个城市的口号、LOGO 甚至是标志性建筑和景观都可以成为该城市的品牌资产,增加其曝光度,提高辨识度和知名度。

阿姆斯特丹的城市口号是"I Amsterdam",于 2004 年 9 月由阿姆斯特丹伙伴提出,这个口号巧妙地使用了重叠,既是"'我'在阿姆斯特丹",又有"'我'代表着阿姆斯特丹"的含义。在荷兰官方网站中的阿姆斯特丹市的分网页上,有几张居民/游客在城市中欢乐自得的照片,旁边的标注是"This is you in Amsterdam"(这就是身处阿姆斯特丹的你),更展现出当地居民和游客可以很好地融入这座城市,呈现出和谐平静又充满欢笑的气氛,对未到过阿姆斯特丹的游客产生强烈的吸引力。

阿姆斯特丹的 LOGO 是三个红色的上下放置的叉,有一种说法认为这三个叉代表古阿姆斯特丹的三个特大的危险,即火灾、水灾和黑死病,用这三个危险作为阿姆斯特丹的城市标识,是为了提醒当地政府和居民珍惜现在、铭记历史,同时提高忧患意识,更好地建设阿姆斯特丹;阿姆斯特丹的官方网站上则介绍这三个红色的叉代表圣安德鲁十字架,源自 13 世纪阿姆斯特丹的纹章。这个 LOGO 由 Thonik 和 Eden 两家公司合作设计,三个红色的圣安德鲁十字架是整个阿姆斯特丹市的视觉核心,同时每个地区或机构可以在红十字架下面加入各自的身份特征符号,这样使得 50 多个不同的地区和分支机构得以统一,统一之中又有特色。如图 2—2 中的三个特色标识分别代表阿姆斯特丹的经济事务部、水利局及项目管理局①。政府也鼓励阿姆斯特丹的各种商品和建筑使用红十字架形象,它作为城市直辖的品牌标识,可以最大程度地将一种文化统一融合到整个区域,其简单、醒目的设计,更容易和其他城市、地区的 LOGO 区别开,给人留下深刻的印象。

---

① AD518 网站,http://www.ad518.com/article/2010/08/1030.shtml.

Gemente Amsterdam
Dienst Economische Zaken

Gemeente Amsterdam
Dienst Waterleiding

Gemeente Amsterdam
ProjectManagement Bureau

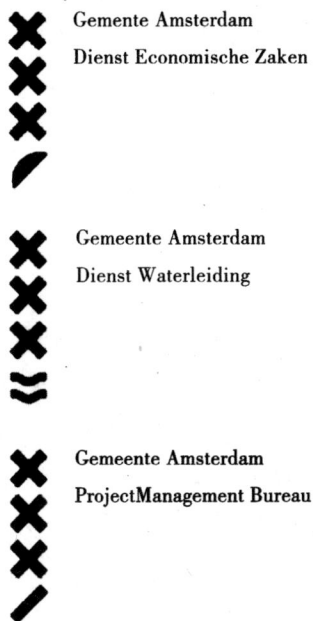

图 2—2　阿姆斯特丹市系列 LOGO

　　阿姆斯特丹的建筑闻名于世,巴洛克风格、哥特式风格、新艺术风格以及阿姆斯特丹学派风格的建筑在不同的区域汇成群落。整个城市保持着一种统一的古老的味道。城市的小楼房大多以蓝色、绿色和红色为主,窗户的装饰极为精致,使整个城市的建筑显得整齐又富有时代特征。阿姆斯特丹市政府为了保护城市的特色,规定房屋重建必须经政府批准,而且要保持原貌不能做任何更改,这更有利于保证城市整体形象的效果。

　　阿姆斯特丹防线和阿姆斯特丹运河分别于 1996 年和 2010 年被联合国教科文组织世界遗产委员列入《世界遗产名录》,与中国长城、埃及吉萨金字塔等名胜古迹一同成为世界人民的珍宝。其中,阿姆斯特丹的运河总长度超过 100 公里,拥有大约 90 座岛屿和 1500 座桥梁,使得该市被称为"北方的威尼斯"。为阿姆斯特丹这两处景观申请世界遗产资格,也是荷兰政府和阿姆斯特丹政府城市营销的一个方式,将旅游资产提升到世界遗产高度,极大地扩大了自己的影响力,借助"世界遗产"品牌为自己进行推广。

　　梵高博物馆、伦勃朗博物馆、喜力音乐厅、安妮·弗兰克之家等一系列人文景点是世界游客耳熟能详的"阿姆斯特丹标签",从绘画、音乐、历史文化多个角度来看,阿姆斯特丹都是一个包容的乐土。加之 2012 年 10 月 30 日阿姆斯特丹荣膺

"2013年全球最值得旅行的十大城市"第二位,仅次于旧金山,这一评选结果足以吸引全球游客来访阿姆斯特丹,一睹这座城市的魅力和风采。

<h2 style="text-align:center">三、城市营销手段</h2>

阿姆斯特丹市采用的城市营销手段多种多样,传统营销手段主要包括关系营销、形象营销、会展与节事营销,现代营销手段则主要有影视营销、网络营销和文化营销。营销手段虽多样但主题鲜明,在选择多种营销手段进行城市品牌推广的过程中,阿姆斯特丹市政府和各营销团队非常善长通过不同的方式突出阿姆斯特丹创新、自由和包容的特点,给其他国家城市各主体留下了深刻的印象。

（一）传统营销手段

阿姆斯特丹在进行关系营销时不仅注重与其他国家城市的往来,同时也与荷兰其他城市进行了融洽密切的合作和相互促进;在形象营销的过程中,阿姆斯特丹尽情地向其他城市展现自己的创意和真诚;会展和节事营销手段则帮助阿姆斯特丹提升国际声誉,在多个领域的多种活动中展现了本地政府的努力和本地人民的热情。

1. 关系营销

阿姆斯特丹在进行城市营销的过程中非常重视与合作伙伴、荷兰其他城市、其他国家的合作交流。其中,最为典型的是阿姆斯特丹伙伴,它注重与合作伙伴一起塑造阿姆斯特丹良好形象、提升其声誉。它划定的目标受众包括全球商业决策者、全球访客以及阿姆斯特丹地区居民。传播重点为:经济活跃地区中国的北京、上海、广州;已经在阿姆斯特丹投资较大的日本东京,美国的纽约、旧金山、欧洲政治中心之 比利时的布鲁塞尔,以及同为CUD成员的墨尔本等[1]。如此明确义广泛的辐射范围使得阿姆斯特丹可以通过关系营销增加本市的影响力。同时,阿姆斯特丹周边的城市也在为阿姆斯特丹的发展做出贡献,如位于阿姆斯特丹西南方13

---

①陆军.营销阿姆斯特丹:一个360°的论证方式[N].中国经营报,2008-10-20.

公里的阿尔斯梅尔市,那里的市民有很多人都在阿姆斯特丹工作,促进着阿姆斯特丹的发展。为了方便这些市民,阿尔斯梅尔和阿姆斯特丹之间有频繁的巴士往来。

同时,阿姆斯特丹其他国家城市也有密切的往来。截至 2013 年 11 月 15 日,阿姆斯特丹共与全球 18 个国家中的 20 个城市结为友好城市。具体情况如表 2-1 所示①。

表 2-1　与阿姆斯特丹缔结友好城市

所属国家	友好城市	所属国家	友好城市
阿尔及利亚	阿尔及利亚	尼加拉瓜	马那瓜
希腊	雅典	英国	曼彻斯特
中国	北京	加拿大	蒙特利尔、多伦多
莫桑比克	贝拉	俄罗斯	莫斯科
哥伦比亚	波哥大	拉脱维亚	里加
巴西	巴西利亚、勒西腓	塞浦路斯	尼科西亚
土耳其	伊斯坦布尔	波斯尼亚和黑塞哥维纳	萨拉热窝
乌克兰	基辅	保加利亚	瓦尔纳
美国	洛杉矶、纽约		

2. 形象营销

通过对多个国家城市进行访问与交流,阿姆斯特丹不断塑造自己良好的形象,扩大自己的影响力,把这座自由之城更好地与世界连接起来。

对于中国,阿姆斯特丹是一位老朋友,如在 2013 年北京国际设计周中,阿姆斯特丹应邀成为主宾城市,9 月 25 日~10 月 3 日,阿姆斯特丹与荷兰设计师通过主题活动"设计去荷兰",让更多的中国观众更加熟悉创新、实用的荷兰设计。在设计周期间,阿姆斯特丹本土设计师马塞尔·万德斯的作品在展览会上展出;"开始某事"项目将阿姆斯特丹桑德伯格艺术学院、荷兰设计师和北京中央美术学院的艺术

①维基百科, http://en. wikipedia. org/wiki/List_of_twin_towns_and_sister_cities_in_the_Netherlands.

家和学生们聚集在一起;"智慧城市"主题对话则为荷兰"移动城市"研究组和中国的建筑师、设计师提供了交流的平台……一系列主题活动将阿姆斯特丹设计师、艺术家和高校师生的高水平展现出来,给中国的设计师和观众们留下了深刻的印象,促进了中荷两国的交流。2013年9月25～28日,阿姆斯特丹市长范德兰及其代表团访问北京市,参加了由阿姆斯特丹投资局、阿姆斯特丹自由大学和北京市商务委员共同主办的2013年国际智慧城市信息技术高峰论坛,该论坛以促进阿姆斯特丹和北京在智慧城市及信息技术方面的科技合作为目的。26日,市长一行还访问了清华大学,向清华人展示了阿姆斯特丹的文化、人力、科技等资源。类似这样的出访活动让更多的城市了解了阿姆斯特丹,一个开放、真诚的形象也由此产生。

3. 会展与节事营销

阿姆斯特丹的城市营销计划指出,节庆和城市事件是城市营销的重要支撑工具,大型事件(尤其是世界级别的事件)可以将阿姆斯特丹品牌通过各公司推广到世界范围[①]。

(1)国际赛事

1928年,阿姆斯特丹举办奥运会,其中多个开创历史先河的创举使这场历史久远的盛会至今还为人们所怀念。例如,阿姆斯特丹在1928年首次建成奥运火炬塔,是世界上第一次点燃的奥运火炬;奥运入场式首次安排希腊作为第一个入场的国家,以纪念发明了奥林匹克比赛的古希腊,举办国则最后一个入场,这些安排沿用至今;首次允许女性参加体操和田径比赛;首次使用"P"字牌引导车流前往停车场,今天已成为世界各地停车场的标识;在1928年的奥运会赛场上,也首次出现了正式的商业赞助——可口可乐饮料公司向出征奥运会的美国代表团提供了上千箱饮料。阿姆斯特丹政府首次批准赞助商进入奥运会、将赞助权交给可口可乐公司的举动,开启了奥运营销的篇章。此后,奥运会的商业道路越来越宽,奥运会给承办国带来的直接经济利益和间接声誉提升也越来越多。

阿姆斯特丹马拉松比赛在世界顶级马拉松比赛中排名第十,和其他顶级马拉松比赛相比,阿姆斯特丹马拉松比赛规模还很小,但阿姆斯特丹的魅力还是吸引了全球跑步爱好者会聚在这里参赛。阿姆斯特丹政府和市民也对该赛事极为重视,

---

①City of Amsterdam. Choosing Amsterdam:Brand, concept and organization of the city marketing. 2003:2.

使得该比赛运作十分流畅①。2013 年阿姆斯特丹马拉松是第 38 届,一共有约 42000 人注册马拉松、半程马拉松、马拉松接力赛、八公里等,比 2012 年增长 11％, 其中有 17000 名外籍选手,分别来自 80 个国家②。

(2)国际交流会议及会展

国际大会及会议协会(ICCA)总部位于阿姆斯特丹,通过一系列的会议和会展 活动,阿姆斯特丹与全球其他国家一起关注世界问题、展示自己的观点和魅力。根 据 ICCA 的报告统计,2008～2012 年,阿姆斯特丹共举办大小会议 612 场,数量仅 次于伦敦,名位世界第七名,同期参会人数达到 39.6 万人次,人数列世界第五名, 仅 2012 年阿姆斯特丹就举办了 122 场会议,数量居世界第十名。

1883 年,阿姆斯特丹举办了阿姆斯特丹国际博览会,主题是园林艺术展览,会 期 100 天。由于鲜花是荷兰重要的出口商品,花卉销往 100 多个国家,阿姆斯特丹 国际博览会通过花卉和园林艺术实现了与其他国家的沟通和交流。此次博览会为 阿姆斯特丹带来了超过 100 万人次的游客。为了满足游客的住宿需求,著名的美 国酒店(American Hotel)、多伦酒店(Doelen Hotel)和 NH 威尼斯人大酒店(NH Grand Hotel Krasnapolsky)随之出现,其他行业也被游客的大规模来访拉动,这次 博览会极大地促进了当地的经济发展③。

环境保护和智慧型城市现已成为世界各城市关注的理念,连通城市发展世界 大会(CUD)顺应这一潮流而生,同时也作为思科对克林顿全球倡议(CGI)的响应。 CUD 三大主导城市分别为旧金山、阿姆斯特丹以及首尔。第二届连通城市发展世 界大会于 2008 年在阿姆斯特丹举行。同时,阿姆斯特丹市阿尔梅勒首个"智能工 作中心"在大会召开之际成立,成为大会的亮点。"智能工作中心"的成立,将各国 城市的关注点聚焦于阿姆斯特丹,不仅吸引各地政府了解工作中心成立之初的运 作方式,更是存在一个长时间的验证期,让各地政府在这个验证期内始终与阿姆斯 特丹保持密切的沟通和交流,为推广阿姆斯特丹市的发展和提高其声誉起着较好 的营销效果。

(3)大型节庆活动

郁金香作为荷兰的国花,受到荷兰人极度的推崇,同时荷兰也是全世界最大的

---

①领步者世界网站,http://www.runnersworld.co.uk/event-editorial/the-worlds-top-10-marathons/562.html.

②阿姆斯特丹马拉松官方网站, http://www.tcsamsterdammarathon.nl/onlinemagazine2013/Mara-thonMagazine2013/assets/basic-html/page9.html.

③维基百科,http://en.wikipedia.org/wiki/Internationale__Koloniale__en__Uitvoerhandel__Tentoon-stelling#Effects.

郁金香与球茎花卉的出产国。每年春天,阿姆斯特丹都会举办郁金香节,花展、花车游行等一系列活动,吸引了世界各地成千上万的游客前来观看。阿姆斯特丹的库肯霍夫花园(Keukenhof)是最负盛名的花园,这座占地 32 公顷的花园有超过 700 万种的花卉,是游客最为倾心的景点。据荷兰《人民报》5 月 21 日的报道,在库肯霍夫公园第 64 届花展开园的两个月内,共有约 849 万游客前来参观,其中 80%为外国游客。

因为阿姆斯特丹运河音乐节(Grachtenfestival),每年 8 月的阿姆斯特丹都会从古典安静的氛围中醒来,摇身一变成为音乐爱好者的天堂。这是阿姆斯特丹夏日中最出名的一个节日,荷兰及世界各国的顶尖音乐家会在这里欢聚一堂,共同举办 70 多场的室内或露天音乐会,向当地和居民献上一场场音乐盛宴。在音乐节 10 天的时间内,在运河的浮台上、游船上、运河畔、庭园、屋顶的露台等处,都有乐队演奏以供居民和游客欣赏,同时不对音乐种类和乐器设限。这种开放、包容的音乐氛围也将阿姆斯特丹运河音乐节与那些在音乐厅内展示艺术的音乐节区分开来,拉近了音乐节和听众的距离,更被大众所喜爱,也造就了荷兰大批的新生代音乐人,为他们提供了展示自己的舞台。据运河音乐节的网页显示,有超过 6 万游客从荷兰和世界各地赶到阿姆斯特丹,在轻松和谐的氛围中享受音乐的魅力。

阿姆斯特丹国际纪录片节(IDFA)始于 1988 年,是目前世界上最大的纪录片节,致力于鼓励世界各国优秀的纪录片对扩大受众且对提高纪录片的艺术水平起推动作用。每年会务组成员会从世界范围内挑选有创新立意的、反映社会议题并使观众产生共鸣的纪录片进行展映。2011 年,在整个电影节期间,共有来自全世界的 350 部纪录片在影院上映,观众总人数达到 21 万人次,2012 年、2013 年影响范围更广。

每年 10 月中旬,由阿姆斯特丹舞蹈基金会举办的阿姆斯特丹舞蹈节都会盛大开幕,在为期 5 天的舞蹈节中,年轻的人们以电子舞步为主,进行狂欢。2013 年,有来自 75 个国家的超过 30 万的游客来到阿姆斯特丹参加这一盛宴,期间有 2156 位艺术家在 80 多家俱乐部和演出场地进行表演,有大约 460 个媒体和记者进行了报道,这无疑是扩大阿姆斯特丹影响力的又一有效渠道。

(二)现代营销手段

阿姆斯特丹的人文气息浓郁,在影视作品和当地文化场馆中尤为突出,进行影视营销和文化营销使阿姆斯特丹多年的沉淀焕发出生机。同时,阿姆斯特丹的网站建设也有良好的设计和联系,有助于把一个鲜明、开放的阿姆斯特丹更好地呈现在更多人的面前。

1. 影视营销

在一些影视作品中,观众也能追寻到阿姆斯特丹的历史人文和自然景观,通过这些作品,阿姆斯特丹让更多人看到这座运河之城的不同性格。

提到阿姆斯特丹相关的影视作品,首先要提到的就是纪录片《安妮·弗兰克记得》,这部纪录片源自犹太籍姑娘安妮·弗兰克在遭受纳粹迫害时保存的日记。同时,安妮的故居现在也是阿姆斯特丹必去的景点之一。这位姑娘已成为受纳粹迫害的最著名的受害人之一,她的故事及这部纪录片吸引全世界爱好历史人文、对犹太民族深切同情的游客来到阿姆斯特丹,寻找她曾经居住的住所、就读的学校和集中营残所。这部纪录片获第 68 届奥斯卡金像奖最佳纪录长片奖,让更多的人了解到阿姆斯特丹的过去。

韩国电影《雏菊》的拍摄地也选择了阿姆斯特丹,这部亚洲著名的电影上映于 2006 年,累计观众超过 1000 万。影片中有多种"阿姆斯特丹元素",船屋、黑色郁金香、雏菊花海,和影片中唯美凄凉的爱情基调一致,让广大影迷认识了阿姆斯特丹,也吸引他们纷纷来到阿姆斯特丹寻找主角们的足迹。

2. 网络营销

互联网平台也给阿姆斯特丹提供了向全球展示自己的渠道,通过各个行业的官方网站,阿姆斯特丹将活动安排、交通路线、游览折扣信息、投资政策信息等公布出来,方便游客的游玩和商务人士的洽谈。

阿姆斯特丹的口号是"I Amsterdam",阿姆斯特丹官方网站的网址也与其保持一致(http://www. iamsterdam. com),有助于加深来访者的印象。在官方网站上,有阿姆斯特丹介绍、吃住游建议和城市生活的信息,在游客到达阿姆斯特丹之前就能通过这些详细的信息初步了解这座美丽的城市。同时,对于前文提到的阿姆斯特丹马拉松比赛、库肯霍夫花园举办的阿姆斯特丹郁金香节、阿姆斯特丹运河音乐节、国际纪录片节和阿姆斯特丹舞蹈节等活动,也有相应的官方网站进行介绍和信息公告,大部分网站都提供荷兰语和英语两种选项,个别网站还有专门的中文网站供中国游客查询。阿姆斯特丹大部分网站色彩鲜明,非常吸引人,提升了网络营销的效果。

3. 文化营销

文化营销是一种使用文化力进行营销,通过将营销产品的核心文化提炼并实体化、形象化,使消费者产生认同感的一种营销手段。阿姆斯特丹在进行城市营销时,着重宣传自己包容、创新、富有艺术气息的文化,以吸引各国各民族的游客在这里寻找属于自己的阿姆斯特丹。在阿姆斯特丹,红灯区和大麻店成为法律框架内的存在,同性恋婚姻得到认可,各流派艺术家都可以在这里平和地进行自己的创作,怪癖和独特在这里都是常态,每一个个体和群体都被接受并内化在阿姆斯特丹的街头、运河旁和人群中,这种包容和创造力本身就是阿姆斯特丹以文化吸引游客的表征。

阿姆斯特丹又是欧洲文化艺术的名城,全市有 40 家博物馆,国家博物馆收藏有各种艺术品 100 多万件,其中不乏蜚声全球的伦勃朗、哈尔斯和弗美尔等大师的杰作。市立现代艺术博物馆和梵高美术馆以收藏 17 世纪荷兰艺术品而闻名,梵高去世前两天完成的《乌鸦的麦田》和《吃马铃薯的农夫》就陈列在这里[1]。伦勃朗故居博物馆改造于伦勃朗故居,在这里诞生了那些影响整个欧洲绘画史的巨作。这些文化资产对阿姆斯特丹的艺术氛围和形象提升有着重要的作用和意义,成功地将阿姆斯特丹打造成一个艺术圣地。

四、城市营销评价

根据 2002 年的一项关于全球各城市的排名榜,阿姆斯特丹的整体形象排名第十二位,与德国的美因河畔法兰克福接近,该排行榜中对不同的分项也有世界排名,在艺术演出一项中阿姆斯特丹排名第八名,服务业排名十三名,贸易及交通业排名第六名,大学排名在十三名至十五名,商业建筑第九名,博物馆第六名,国际性组织数量第十四名[2]。由此可见,阿姆斯特丹的形象塑造和城市营销早已取得不错的效果。整体来看,营销的成功之处在于营销主体联结广泛、品牌突出且具体、营销规划周全且实施效果好。

---

① 文雪峰. 水上之都——荷兰阿姆斯特丹[J]. 城市管理与科技,2010(5).

② City of Amsterdam. Choosing Amsterdam:Brand,concept and organization of the city marketing.

(一)营销伙伴联结广泛

阿姆斯特丹在进行城市营销时,善于与合作伙伴和其他国家城市联结,如前文提到的阿姆斯特丹伙伴,这个组织将公私部门和主体都聚集起来,包括阿姆斯特丹市长、学界、文化、制造业、服务业、企业、各类城市推广机构等,整合所有资源为扩大阿姆斯特丹的影响力共同努力;同时阿姆斯特丹市还与其他国家城市结为友好城市,加强与不同国家城市的互动;阿姆斯特丹还是许多荷兰大型机构的总部所在地,其中包括家用电器巨头飞利浦和 ING 银行集团等 7 家世界 500 强企业,与这些商业巨头的合作有助于增加阿姆斯特丹本地的商业合作机会、引进优等资金、提升本地科学技术水平、优化本地人才素质。

这种广结营销伙伴的方式带来的益处显而易见:

首先,营销的覆盖面广泛。不同营销主体有各自不同的合作伙伴和影响范围,将这些主体会聚起来,可以极大地扩展阿姆斯特丹的影响力,将阿姆斯特丹品牌渗透到多个行业,从商业、旅游、政界、文化、科技等多方面获得本地居民和外地居民的认可。

其次,营销成本有所降低。一部分营销工作由私人部门和公众来做,可以极大地减轻政府的财政负担,同时将城市营销和企业宣传有机结合,不仅以城市品牌推动了企业的发展,也在企业发展的过程中不断延展城市的良好口碑,这个双向促进的过程提高了影响效率也降低了政府的宣传成本。

再次,营销灵活性强。不同营销主体有各自的营销手段和特点,将众多有创新点的营销计划活动组合在一起,可以使整个城市营销更生动有效、丰富多彩。

最后,有助于全方位进行营销效果评估和手段修正。多个营销主体进行城市营销,可以在整个营销过程中综合不同方面的意见和反馈,不同主体之间进行经验分享和方式修正,自下而上的意见反馈更易收集。

同时,也要注意到这种合作方式需要强有力的指导作为统一工具,各个营销主体的努力必须在一定框架之内进行,不能出现因营销方式各异而削弱城市品牌形象的情况。阿姆斯特丹在这方面运作的就相当流畅,通过阿姆斯特丹都市俱乐部和官方的营销机构的努力统一文化和城市形象,帮助各方主体向同一个方向努力。

(二)城市品牌突出,具体化程度高

阿姆斯特丹的城市营销总是围绕着"I Amsterdam"进行,突出三个红色的叉带来的形象认可。整个城市的建筑、商品都在不同程度地流露出"阿姆斯特丹特质",在大部分建筑、商品包装上,都能看到城市口号和三个红色叉的 LOGO 出现。同时,将城市 LOGO 和不同机构、地区的特色结合起来,又避免了品牌具体化后过于单一,增加了高度统一中的乐趣和设计感。这种品牌形象的具体化和高频使用率,利于阿姆斯特丹的品牌获得高识别度,强化游客对这座城市的印象。

同时值得一提的还有在阿姆斯特丹官方网站上推介的"阿姆斯特丹城市卡",通过在网上订购或亲自到阿姆斯特丹的沿街商店购买到这张卡片,游客可以凭借它免费乘坐阿姆斯特丹指定的公共交通工具、免费乘坐指定的邮轮游览这座运河之城、免费参观多家博物馆和多个景点,同时在使用更多指定的公共设施和游览、购物项目中可以享受不同程度的折扣。这种卡片不仅仅给游客带去了便利,同时卡上显眼的"I Amsterdam"也为阿姆斯特丹起到宣传作用。这种卡片的大范围推广正是依赖于各方合作伙伴的支持,无论是公共主体还是私人商铺,都对阿姆斯特丹的城市营销做出了杰出的贡献。整座城市众多营销主体使用统一又富有创新特点的具体化品牌进行推介,加上对城市商品的独特设计,是非常难得且有效的营销方式,阿姆斯特丹在这方面的思路和运作,值得其他城市借鉴。

(三)营销规划周全,实施效果好

阿姆斯特丹的营销规划周全,涉及营销目标、手段、主体、城市规划等多个方面,从宏观到微观都进行整体的设计,更重要的是在后期的执行阶段也能保证效果。

阿姆斯特丹的城市营销规划始于 2002 年,政府委托营销咨询公司进行城市品牌定位和营销机构改进研究,并成立研究小组,分析阿姆斯特丹的优势、劣势、在全球范围的竞争实力、城市竞争者等多个情况,为城市营销提出专业的建议。营销策划报告《Choosing Amsterdam:Brand, concept and organization of the city marketing》由此产生,报告中有关于阿姆斯特丹评价的一系列数据和分析结果,也提出了要成立阿姆斯特丹伙伴进行多主体的城市营销的思路,对后期进行城市营销有着一定的指导意义。

　　除此之外,对于整个城市的景观规划,阿姆斯特丹政府也进行了不少尝试。由于运河是阿姆斯特丹的重要资源,进行港口重建、运河修理、保护水资源及治理水污染是阿姆斯特丹公私部门较为关注的议题,也是规划不可缺少的部分。对不同区域内特定地点进行再开发、铺设设计合理的自行车车道、保护原有城市建筑风格等也都有助于保持城市的景观。同时,政府还改良了市民和游客的出行,呼吁居民使用自行车作为出行工具,在一定计划的基础上增加公用自行车、游艇、大巴等公共交通工具数量,以缓解交通、保护环境、形成独特的交通文化。仅以自行车为例,阿姆斯特丹市有75万人口,却有超过100万辆自行车,自行车占有55%的交通系统资源①。这些规划和后续的执行使阿姆斯特丹的骑行者们和各式游船也成为这座城市一道亮丽的风景线,让众多游客流连忘返。

---

①张冬方, Erik van den Boom. 阿姆斯特丹　骑行归于生活[J]. 明日风尚,2012(8).

第二章　营销巴黎

——欧洲文化之都

　　巴黎是法兰西共和国的首都,是欧洲大陆上最大的城市。巴黎是法国的政治、经济中心,是世界上最繁华的都市之一。与政治、经济相比,巴黎最突出、最令人关注的是它的文化。巴黎市具有悠久的历史,积淀着厚重的文化底蕴,被称为"欧洲文化之都"。不论是埃菲尔铁塔、卢浮宫、巴黎圣母院等建筑,还是米洛的维纳斯像、《蒙娜丽莎》等珍藏在巴黎的艺术品,抑或是维克多·雨果、巴尔扎克、海明威等与巴黎有着千丝万缕关系的作家,都彰显着巴黎城市的厚重文化。巴黎正是以其得天独厚的文化优势,定位于"欧洲文化之都"并推广城市品牌才被世界所熟知的。

一、关系营销

　　关系营销是城市建立关系网络、进行城市营销的一个重要方式。巴黎充分利用了关系营销的手段,通过建立友好城市、参与国际组织活动等方式,积极向外推广城市形象。

(一)友好城市

　　1956年,巴黎与意大利罗马市签署协议,两个城市结为姊妹城市。罗马市是巴黎市唯一的姊妹城市,甚至有一句谚语说道:只有巴黎配得上罗马,只有罗马配得上巴黎(Only Paris is worthy of Rome, only Rome is worthy of Paris)①。

---

①维基百科,http://zh.wikipedia.org/wiki/.

为了迎接当今时代给国际大型城市带来的巨大挑战,巴黎在与罗马成为姊妹城市之后,也与很多城市建立了友好关系,并与这些城市互相借鉴、交流经验、共同进步。表3-1罗列了与巴黎市建立了友好关系的城市。

表3-1 巴黎市友好关系城市一览

时间	城市	备注	时间	城市	备注
1958年	京都	日本		华盛顿	美国首都
1982年	东京	日本首都	2000年	雅典	希腊首都
1985年	开罗	埃及首都		马德里	西班牙首都
	安曼	约旦首都	2001年	伦敦	英国首都
1987年	萨那	也门首都	2001~2002年	阿雷格里港(联合声明)	巴西
	柏林	德国首都	2002年	日内瓦	瑞士
1991年	首尔	韩国首都	2003年	阿尔及尔	阿尔及利亚首都
1992年	莫斯科	俄罗斯首都		达尔贝尔(原称卡萨布兰卡)	摩洛哥最大城市
	贝鲁特	黎巴嫩首都	2004年	拉巴特	摩洛哥首都
1995年	雅加达	印度尼西亚首都		圣保罗	巴西最大城市
	芝加哥	美国		突尼斯市	突尼斯首都
1996年	魁北克	加拿大	2005年	哥本哈根	丹麦首都
	旧金山	美国	2006年	贝鲁特	黎巴嫩首都
	北京	中国首都		蒙特利尔	加拿大
	布拉格	捷克首都	2007年	金边	柬埔寨首都
1997年	利雅得	沙特阿拉伯首都	2009年	伊斯坦布尔	土耳其最大城市
	圣彼得堡	俄罗斯		杰里科	巴勒斯坦
	圣地亚哥	智利首都	2010年	特拉维夫—雅法	以色列
	第比利斯	格鲁吉亚首都		多哈	卡塔尔首都
	埃里温	亚美尼亚共和国首都		拉马拉	巴勒斯坦
1998年	里斯本	葡萄牙首都		里约热内卢	巴西(原首都)
	索菲亚	保加利亚首都	2011年	圣保罗(2004年修订)	巴西最大城市
	悉尼	澳大利亚		达喀尔	塞内加尔首都
	安曼	约旦首都		埃里温	亚美尼亚首都
1999年	布宜诺斯艾利斯	阿根廷首都	2013年	阿姆斯特丹	荷兰首都
	墨西哥城	墨西哥首都			
	阿拉伯城镇组织				
	华沙	波兰首都			

资料来源:巴黎市政府网站,http://www.paris.fr/politiques/paris-a-l-international/paris-ville-monde/les-pactes-d-amitie-et-de-cooperation/rub__6587__stand__16468__port__14974.

由表3-1可以看出,与巴黎市结为友好关系的城市中,大部分为各个国家的首都,这些城市普遍是各国文化底蕴比较深厚的城市,体现着国家的文化积淀和文明程度。而在国家首都之外,巴黎市还与其他一些城市建立了友好关系,如京都、芝加哥、日内瓦、圣保罗、圣彼得堡等,这些城市普遍具有特殊的历史意义,其中一些是一个区域的文化中心。综合来看,巴黎市的姊妹城市及友好关系城市,能够体现巴黎市文化之都的品位与格调。

(二)国际组织

近代以来,巴黎一直是国际政治、经济的中心城市之一,很多重要的国际活动都在这里举行。现在,很多国际组织的总部都坐落在巴黎,如联合国教科文组织、世界经济合作与发展组织、国际商会、巴黎俱乐部等。

1. 联合国教科文组织

联合国教育、科学及文化组织(United Nations Educational, Scientific and Cultural Organization, UNESCO),简称联合国教科文组织,成立于1945年11月16日,是联合国的一个专门机构。

联合国教科文组织的总部设在巴黎,很多联合国教科文组织的会议和活动也会相应的在巴黎展开,这为巴黎的城市营销提供了良好的契机。从联合国教科文组织官方网站统计,2010年以来,联合国教科文组织平均每年都会在法国举办300~400场活动,而这部分活动中,大部分是在巴黎举办的。这些活动在一定程度上都会吸引相关领域的专家学者、媒体及世界民众的关注,这些都为巴黎文化之都、世界名城等城市形象的打造做出了贡献。比如2013年9~10月,中国深圳的大型儒家文化合唱交响乐《人文颂》、中国非遗文化节目"渭南表情"等中国文化产品先后走进联合国教科文组织总部,在巴黎展示了中国文化的魅力。而这些活动的举办,在向世界宣传中国文化的同时,也在客观上向中国、向世界宣传了巴黎。

2. 世界经济合作与发展组织

经济合作与发展组织(Organization for Economic Co-operation and Development, OECD),简称经合组织,建立于1961年,其前身是成立于1948年的欧洲经济合作组织。经济合作与发展组织由全球34个市场经济国家组成。此外,还有部分国家和地区以不同的身份参加经济合作与发展组织的工作或会议。如中国、巴西、印度、南非等国家,均为经济合作与发展组织的"强化关系伙伴"国家。

经济合作与发展组织旨在共同应对全球化带来的经济、社会和政府治理等方面的挑战,并把握全球化带来的机遇。经济合作与发展组织的总部设在巴黎,而经合组织成员国之间的信息交流也是由设在巴黎的秘书处提供的。

经合组织的存在,为巴黎参与国际事务提供了契机,同时也为巴黎宣传城市形象、提高城市知名度提供了机会。如 2000 年开始召开的经济合作与发展组织论坛,每年 5 月份定期在巴黎举办。到目前为止,已经有超过 1.8 万人参加过此会议,其中包括现任或前任国家元首和政府首脑、诺贝尔奖得主、世界著名公司的CEO、非政府组织代表、工会代表及学术界和媒体的代表。仅 2013 年,就有来自63 个国家的 1520 人参加了当年的峰会,有 176 人发表了演讲,并发布了 260 篇学术论文①。由于论坛本身在国际范围内具有很强的影响力,并且参与经济合作与发展组织论坛的多为政府政要以及各领域的杰出代表,会引起全球媒体的关注,这为巴黎提高城市知名度、塑造巴黎城市形象起到了强大的推动作用。

二、赛事、会展与节事营销

在传统营销手段中,巴黎积极运用赛事营销、会展营销及节事营销等手段,向世界推广城市品牌,宣传城市形象。

(一)赛事

在城市发展的过程中,巴黎逐渐形成了环法自行车赛、法国网球公开赛等知名赛事。这些赛事的举办向世界宣传了巴黎的城市形象,同时也丰富了巴黎的城市文化,成为巴黎城市文化的重要组成部分。此外,巴黎还通过举办奥运会来进行城市营销。

1. 环法自行车赛

环法自行车赛(法语:Le Tour de France)是世界知名的分段公路自行车赛,与

---

① 经合组织网站,http://www.oecd.org/forum/about/.

环意自行车赛、环西自行车赛并列为三大最重要的分段公路自行车赛①。

环法自行车赛自 1903 年开始举办以来,截至 2013 年已经走过了百年诞辰。经过百年沉淀,环法自行车赛已经成为法国文化的一部分。对于大部分法国人来说,环法自行车赛是"法国第一个民间的、属于所有民众的体育赛事",在很多法国人心中,环法自行车赛比奥运会更重要②。

环法自行车赛每年夏季在法国举办,基本赛程为绕法国一周,而每年比赛的终点都是设在巴黎市,要穿越巴黎市中心的香榭丽舍大街及埃菲尔铁塔。经过多年的发展,环法自行车赛已经成长为世界著名的专业体育赛事,每年都会吸引世界一流的专业赛车队参加,也会吸引世界各地体育迷及新闻媒体的关注。2013 年是环法自行车赛第一百届比赛,比赛的最后一个赛段照例设在巴黎,从凡尔赛宫出发,经过圣雷米,最后绕行凯旋门,在香榭丽舍大街冲刺。据媒体报道,2013 年赛事共有 22 支车队的 198 名车手参加,赛事总里程为 3404 公里,估计有 1200 名观众走上街头为车手助威加油,超过 2000 名记者将会对本赛事进行报道,同时该赛事也将在全球 190 个国家和地区进行转播③。

环法自行车赛不仅是公路自行车赛领域的一项重大赛事,也是巴黎乃至法国的一场营销盛宴。程式化的体育赛事本是枯燥无味的,但是如果能将体育赛事与充满浪漫气息的法国文化相结合,将会呈现出不同的效果。于是,赛事的主办方将比赛与法国的自然风光、人文景观等巧妙结合,通过比赛来吸引世界的目光,向世界展示巴黎乃至法国的独特风采。每年一次的环法自行车赛,都会将世界的眼光聚焦到法国。尤其是最后一个阶段的比赛,巴黎的香榭丽舍大街、埃菲尔铁塔、凯旋门等标志性建筑,都将与比赛一起呈献给世人。人们可以通过这场赛事了解巴黎,而同时,巴黎的人文景观也将丰富比赛的内涵,两者相互影响,相得益彰。

2. 法国网球公开赛

法国网球公开赛(French Open),简称"法网",是网球四大满贯赛事之一,每年5 月中旬到 6 月初在法国巴黎举办,是每年第二个登场的网球大满贯赛事。法网固定在巴黎西南的罗兰·加洛斯球场举行,该场地是红土球场,而法网也被视作网

---

① 环法自行车赛. 维基百科,http://zh.wikipedia.org/wiki/.
② 闵彬彬. 环法自行车赛及其启示[J]. 体育文化导刊,2011(12):75—78.
③ 百届环法数字:冠军奖金 45 万欧 190 国家地区转播. 新浪网,http://sports.sina.com.cn/o/2013—06—28/06486642470.shtml.

球红土赛事里的至尊荣誉。

法国网球公开赛于 1891 年开始举办,除由于战争原因先后停办 11 年外,至今也已有百余年的历史。法网创办之初,只是供法国国内选手参加的国内锦标赛。1912 年,法网开始启用红土赛场作为比赛场地。1925 年,法国网球公开赛开始对外国球员开放,成为一项国际赛事。1928 年开始,法网固定在巴黎的罗兰·加洛斯球场举办。1968 年,法网开始对职业选手和业余选手同时开放,成为四大满贯比赛中最早进入公开赛时代的比赛①。

时至今日,法国网球公开赛已经成为世界网坛的一项巅峰赛事。每年法网的举办都会吸引世界顶级网球运动员的参与,也会得到世界媒体及体育迷的关注。2011 年,中国选手李娜在法网女单决赛中击败对手,成为中国乃至亚洲第一个在网球大满贯赛事中夺得冠军的选手。在决赛当天,中国观众收视数突破 1 亿。而这场比赛之后,中国球迷也记住了法国网球公开赛这项赛事②。据统计,自 20 世纪80 年代开始,每年便有数十万的观众到现场观看法国网球公开赛的正式比赛。如1980 年,便有超过 22 万名观众现场观看了比赛,2000 年,这一数字就已经达到了34.5 万人。2012 年,在为期 15 天的正赛比赛赛程中,更有超过 43 万人次的观众到现场观看了比赛。与此同时,世界各地的媒体也都积极关注法网赛事的进程。2011 年,全球 3700 余家媒体代表参加了法国网球公开赛的转播和报道,电视转播时间超过了 13400 小时,这也刷新了法国网球公开赛的播出纪录③。

通过法国网球公开赛,全球数十万球迷和观众聚集到巴黎,在观看球赛的同时,也会体验到巴黎城市的魅力。通过媒体报道和转播,全球各地观众都会被巴黎所吸引,这对于丰富城市文化、宣传城市形象、打造城市品牌具有巨大的推动作用。

3. 夏季奥运会

奥林匹克运动会是国际奥委会主办的国际性运动会,也是最受世界瞩目的体育赛事之一。奥运会的举办,不仅会促进城市建设的发展、拉动举办城市的经济,带动旅游业的发展,同时也会极大地提高城市知名度,打造城市品牌,树立城市形象。

法国与现代奥运会有着不解之缘。19 世纪末,法国的顾拜旦男爵创立了真正

①法国网球公开赛.维基百科,http://zh.wikipedia.org/wiki/.
②李娜法网夺冠赛.人民网,http://sports.people.com.cn/GB/22141/14829323.html.
③法国网球公开赛官网,http://www.rolandgarros.com/en_FR/about/atoz.html.

有奥运精神的现代奥林匹克运动会。而巴黎也是世界上少数几个多次举办奥运会的城市之一。1900年、1924年巴黎先后举办了第二届与第八届奥林匹克运动会。

1900年5～10月，第二届奥运会在巴黎举行。当时的巴黎民众正沉浸在同期举行的世界博览会之中，该届运动会也一定程度上被看做博览会的一部分。但是第二届奥运会无论对于奥运会，还是巴黎市，都具有重要的意义。如女运动员在第二届奥运会开始迈入世界体坛，足球等集体项目列入奥运会赛事，运动项目大幅增加等。巴黎借助此次奥运会，向世人展示了巴黎，丰富了自己的文化内涵①。

1924年，为了庆祝现代奥林匹克运动复兴30周年，也为了表彰顾拜旦对奥林匹克运动做出的杰出贡献，第八届奥林匹克运动会选择在国际奥委会诞生的城市——巴黎举办，巴黎也成为了第一个两次主办奥运会的城市。此次奥运会，巴黎做好了充分的准备，在经费紧张的前提下，巴黎筹措资金，建设比赛场馆，并建造了供运动员住宿的简易房屋，这也为后来的奥运村打造了雏形。经过巴黎的努力，不仅改变了1900年巴黎运动会给人民留下的不好印象，还成功地提高了奥运会的水平，如首次引入"更高、更快、更强"的奥林匹克格言、代表队及运动员数量再创新高等②。而从这一届运动会开始，奥运会开始被认为是大型赛事。

近年来，巴黎先后向国际奥委会申请举办1992年、2008年、2012年奥运会，但由于各种原因，均未获得成功。但是巴黎通过前期的宣传与推广，向世界展示了巴黎自然风光及人文景观，向世界宣传了巴黎。虽然巴黎已经多年没有再次举办奥运会，但是通过两届奥运会的举办，及巴黎的三次申奥过程，还是向世界展示出了自己的激情与活力，体现了城市的人文内涵，树立自己的城市形象，推广了城市品牌。

（二）节事

巴黎每年都会举办各种大小的活动，而其中最为著名的莫过于每年举办的巴黎国际时装周。提到巴黎，大家都会联系到时尚和浪漫两个词语。而巴黎的时装则是将巴黎的时尚、浪漫展现得淋漓尽致。

自17世纪开始，巴黎的前辈们便开始制作时装，并逐渐享誉欧洲。19世纪末，在巴黎成立了法国时装协会，该协会的最高宗旨就是"将巴黎作为世界时装之

---

①第二届奥运会.新浪网，http://2012.sina.com.cn/history/2.html.
②第八届奥运会.新浪网，http://2012.sina.com.cn/history/8.html.

都的地位打造的坚如磐石"。法国时装协会一直致力于实践自己的宗旨,并于1910 年创办了"巴黎国际时装周"。时至今日,巴黎国际时装周已经成为国际时尚界的风向标,并与纽约、伦敦、米兰三个国际时装周并称四大国际时装周。有人曾对比过四大时装周的特色,指出"如果说纽约时装周展示的是商业,米兰时装周展示的是技艺,伦敦时装周展示的是胆量的话,那么巴黎时装周则是在展示艺术和梦想"①。巴黎国际时装周是四大时装周中水平最高的,"就像是时尚界的诺贝尔奖,代表这个行业的至高荣誉"②。

巴黎国际时装周的定位与巴黎城市的定位相吻合,两者相辅相成、相互促进。巴黎赋予了巴黎国际时装周与众不同的特色与内涵,而巴黎国际时装周又反过来丰富了巴黎市的文化与生活。如今,每年巴黎时装周的官方会场都会设在卢浮宫的卡鲁塞勒大厅,这充分体现了国际时装周的重要地位。每年的巴黎国际时装周,都会成为世界时尚圈的焦点,各界明星的光临,以及全球媒体的关注和报道,都将极大地宣传巴黎城市的品牌,树立巴黎"时尚之都"、"艺术之都"的形象。

除巴黎时装周外,巴黎每年还会举办"巴黎秋日艺术节"、"巴黎爵士音乐节"等节庆活动。"巴黎秋日艺术节"始于 1972 年,每年 9～12 月在巴黎举办。"巴黎秋日艺术节"对任何艺术形式都张开双臂,旨在挖掘新作品,帮助新兴艺术家的工作得到认可,同时,也让每个人都能够享受生活,享受艺术,这充分体现了巴黎文化的包容性与平等性。

(三)会展

会议会展是巴黎城市营销的一个重要组成部分。巴黎每年都会举办数以百计的国际会议,被称为"世界会议之城",这丰富了巴黎的城市形象。此外,巴黎还通过举办世界博览会等会展活动,树立城市品牌,宣传城市形象。

1. 国际会议

国际会议的举办,不仅是一个城市发展的表现,同时也将为一个城市的品质提升及知名度提高做出贡献。国际会议的召开,既需要城市提供良好的基础设施,更需要一个城市具有独特的自然资源、深厚的文化底蕴及良好的产业环境。由此来

---

①李薇,徐乐中,谢伟文.复古风来袭——2011 年秋冬巴黎国际时装周[J].装饰,2011 (4).
②赵晨宇.梦归 2013 春夏巴黎时装周[J].时尚北京,2012(12).

看,巴黎无疑是一个国际会议召开的首选之地。

根据国际大会及会议协会(International Congress and Convention Association,ICCA)的定义,国际会议的标准为:定期举行会议(不包括一次性会议);至少三个国家轮流举行;与会人数至少在50人以上。

由ICCA统计的数据可以发现,巴黎一直以来都是国际会议召开的热门城市,堪称"世界会议之城"。通过各种国际会议的召开,不仅能够推动城市基础设施的建设,拉动城市经济的增长,还能够展示城市形象及城市文化,提高城市知名度,促进城市品牌在国际范围内的传播和推广。据统计,2011年法国的会议收入大约为15亿英镑[①]。而在法国召开的428场会议中,有超过174场是在巴黎召开的,如表3—2所示。

表3—2 巴黎历年来举办国际会议数量

年份	2005	2006	2007	2008	2009	2010	2011	2012
会议数量	132	163	140	154	131	147	174	181
世界排名	2	2	2	1	3	3	2	2

资料来源:ICCA(International Congress and Convention Association),2000—2009,2010,2002—2011,2012.

2. 会展

会展业与国际会议一样,都是一个城市吸引世界目光、宣传城市形象的良好契机。巴黎不仅是"会议之城",同时也由于会展行业十分发达,被称为"会展之都"。

法国地处欧洲中心,交通便利、气候宜人、基础设施完善,具备举办大型展会的基本条件。会展业是巴黎市的一个重要行业,巴黎市举办的大型展会占据了法国展会数量的80%以上,每年为400个左右,平均每天有5个展会同时进行。每年参展商近10万家,参展行业涉及各个行业,接待观众近900万人。据统计数据显示,巴黎会展参展商中,有44%来自国外,而观众中的31%也是其他国家的游客或观众。由此来看,会展业能够为巴黎提供良好的城市宣传契机,便于巴黎宣传城市形象,提高知名度。同时,会展业也为巴黎市带来了巨大的经济效益。巴黎市每年的

①法国旅游局网站,http://www. france-congres. org/index. php/en/about-france-congres/about-the-meeting—industry/market—surveys—and—trends.

会展收入超过 30 亿欧元,为 5 万余人提供了工作岗位,而各国的参展商和观众也为巴黎带来了大量的外汇收入①。

世界博览会是会展活动中的高级形态,由于其规格高、时间长、规模大、参展国家多,使其较一般会展活动具有更大的影响力。举办世界博览会的城市,不仅能够获得巨大的经济效益,而且能够有效地推动城市营销的发展,具有较强的社会效益(见表3-3)。

表3-3 巴黎举办世界博览会情况

年份	名称	类型	参加国家	参展商	参观人数	建成建筑	备注
1855	巴黎世界博览会	综合	34		5162330	工业宫	主要展示了农业、工业及巴黎的艺术
1867	第二届巴黎世界博览会	综合	32	52200	6800000		展出了液压电梯,钢筋混凝土
1878	第三届巴黎世界博览会	综合			13000000	特罗卡德罗宫	展出了冰箱、电力路灯等发明
1889	世界博览会(1889)	综合		61722	28121975	埃菲尔铁塔	法国大革命百年纪念
1900	第五届巴黎世界博览会	综合		76112	48130300	巴黎地铁	与奥运会同年举办
1925	国际装饰艺术及现代工艺博览会	专业			15000000		宣扬了"文艺新风尚"
1937	巴黎艺术世界博览会	专业	44		31040955	夏乐宫	以"现代世界艺术和技术"为主题

资料来源:整理自维基百科.

巴黎市曾先后七次举办世界博览会,是举办世界博览会最多的城市。世界博

---

① 魏士洲.世界城市会展业发展的借鉴作用研究[J].技术经济与管理研究,2012(9).

览会的举办,为巴黎城市建设的发展、城市形象的打造提供了良好的机遇。

由表3-3可见,巴黎通过举办世界博览会,极大地促进了城市建设,如兴建了地铁等城市公共基础设施;同时,举世闻名的埃菲尔铁塔,也是为了迎接1889年巴黎世界博览会,并纪念法国大革命一百周年而建造的一座永久性建筑。今天,埃菲尔铁塔已经成为巴黎的标志性建筑,每年都会吸引世界各地数百万的游客。

巴黎世博会的举办,还为巴黎城市形象的树立和宣传起到了巨大的推动。首先,标志性建筑的建设,美化了巴黎的城市环境,丰富了城市内涵,并逐渐沉淀为巴黎的城市文化的一部分;其次,巴黎世界博览会,一方面展示了世界科学技术的发展前沿,另一方面也时刻展示着巴黎的城市魅力,使巴黎艺术氛围与先进的科技相融合,赋予了世界博览会更加丰富的内涵,体现了巴黎作为文化之都的包容性;最后,来自世界各国的参展商和游客,不仅参加了展会,同时也参观了巴黎的美景与文化景观,体验了巴黎的文化氛围,并成为巴黎城市品牌传播的媒体。

同时,通过表3-3还能发现,巴黎举办世界博览会,主要集中在19世纪中后期与20世纪前期,自20世纪40年代以来,巴黎没有再举办过世界博览会,这一方面是由于新兴城市的大量兴起,另一方面,也在一定程度上体现了巴黎城市影响力的下降,这就需要巴黎再接再厉,重视城市的建设,将城市文化与世界博览会相融合,争取通过世博会向世界展示自己的内涵。

三、文化营销

文化营销是巴黎城市营销的重要手段。巴黎是欧洲文化之都,具有丰富的文化资源,厚重的文化底蕴。巴黎通过保护并宣传城市的建筑、艺术、电影、文学等文化资源,凸显巴黎的文化特色,打造与众不同的城市形象。

(一)建筑

一位法国国民议会的议员曾经说过:"一个伟大的城市也可以是一件艺术品,一种集体的、综合的又是超然的艺术。"[①]任何一个城市,虽然人口会变动,政权、组

---

①诺玛·埃文逊,缪洪,王瑞珠.现代巴黎的建筑管理[J].国外城市规划,1991(3).

织也会更迭,但是一个城市的建筑环境却会保持着相对的稳定。这些建筑将成为一个城市的物质性标识,能够打造出一个城市的形象。

巴黎是著名的"艺术之都",漫步巴黎,徜徉于巴黎的众多建筑,就仿佛是"翻开了一部可触摸的、立体真实、精美绝伦的欧洲建筑史"①,甚至有学者将其称为"带不走的建筑文化超市"②。巴黎圣母院、卢浮宫、埃菲尔铁塔、凯旋门、戴高乐广场、巴黎万神庙、蓬皮杜艺术中心等建筑,不仅是各个时代艺术的结晶,更是巴黎的一张张名片,彰显着巴黎艺术之都、文化之都的神韵。

巴黎之所以能够成为巴黎,不仅仅是因为历代杰出建筑的沉淀,更多的应该归功于一代代巴黎人的用心经营。自17世纪开始,巴黎市就对建筑立面的实际采取严格的控制。直至19世纪末,巴黎市的建筑一直按照类似的要求进行建筑,从而保持了城市建筑大面貌的秩序。到19世纪末,巴黎展开了关于城市建筑风格的讨论。评论家和建筑师认为已有的规定导致了巴黎市建筑的单调乏味和缺乏生气,限制了法国的艺术精神,建议放开对于城市建筑的管理规定。1902年,巴黎通过新的法规,对建筑立面和建筑高度放宽了要求。这一段时期涌现了一些新型的建筑,也一定程度上美化了巴黎的街道。而之后的争议认为这些新型的建筑可能会影响巴黎建筑的整体和谐。同时,对于建筑高度的增减,引起了最为激烈的批评。批评者认为"许多新建筑的突出的外轮廓在城市各处导致了街道立面的不协调,同时威胁到历史街区的外貌"。一位对1902年法规持批评态度的律师认为:巴黎城市的美在于它的秩序与和谐,巴黎城市的高尚情趣在于它的典雅和个性……这不仅关系到巴黎的利益,也关系到法国的利益,甚至可以说是关系到文明世界的利益。

政府的相关部门也对类似争论做出了反应,一个市政委员会的报告指出:就城市的总体面貌而言,巴黎必须保持自己的特点、自己的章法、自己的秩序和韵律的质量。因此,像那种给某些外国城市带来吸引力的过高的建筑应该毫无例外地予以禁止……理智告诉我们,巴黎应该保持和以前一样的高度秩序。

之后关于巴黎城市建筑的管理问题一直存在着争议和讨论,但是在讨论中,始终贯穿着对城市历史建筑的保护及对城市形象塑造的考虑。如巴黎土地利用规划力图阻止对原有城市景观的破坏;一份规章规定"任何沿街修建的建筑必须按线排列",因为人们注意到,巴黎城市建筑的特征,直接影响着巴黎的城市形象。

---

①翁泽坤.巴黎建筑[J].文苑,2009(2).
②刘少才.巴黎:带不走的建筑文化超市[J].中外建筑,2011(2).

从巴黎建筑管理的发展史可以看出,巴黎市的建筑管理规定虽然几经变迁,但是问题的焦点始终围绕着历史建筑的保护、城市整体形象等主要问题。在这个过程中,巴黎的原有建筑得以保存,还不断有新建筑加入,使巴黎逐渐成为了一座融合了各个时代建筑风格的"建筑文化超市",使巴黎成为"一部突显西方人文建筑精髓的绝世珍品"[1]。

(二)艺术

巴黎是一座有着悠久历史的城市,自公元987年定都以来,1000多年来始终是历朝的首都和中心城市。巴黎同时又是一座有着一脉相承的艺术文化史的城市。千百年来,巴黎的城市建设和艺术创作从未停止。无论是卢浮宫、凯旋门、埃菲尔铁塔,还是收藏在博物馆的维纳斯、蒙娜丽莎,这些杰出的建筑及各种艺术品,丰富了巴黎城市的文化,积淀了巴黎城市的底蕴。

巴黎是法国的政治中心、经济中心,也是欧洲重要的金融中心。但是相比之下,巴黎最与众不同的一点就是其突出的文化艺术特色。到过巴黎的人,都会感受到巴黎城市散发的浓厚的艺术气息。朱自清先生在《欧游杂记》中谈到"巴黎人谁身上大概都长着一两根雅骨吧",因为"大街上,有的是喷水,有的是雕像,博物院处处是,展览会常常开;他们几乎像呼吸空气一样呼吸着艺术气,自然而然就雅起来了"[2]。

雕塑是巴黎艺术的重要展现形式。陈列在博物馆中最著名的雕塑,应该就是"米洛的维纳斯"了。这件创作于公元前2世纪的世界顶级艺术珍品,目前陈列于卢浮宫,是卢浮宫的"镇馆之宝",也是巴黎最重要的艺术品之一。此外,珍藏于卢浮宫的"萨莫特拉斯的胜利女神"、"克罗顿的米隆"等雕塑,也都是雕塑中的顶级珍品。除去博物馆中珍藏的雕塑,走在巴黎街头,总会有让人眼前一亮的雕塑作品。据报道,巴黎街头共有1500余座雕塑,其中有1000座左右具有超过百年的历史。这些雕塑不仅美化了巴黎的城市环境,更展示了巴黎厚重的文化与历史[3]。而法国政府对于城市雕塑的建造和维护,也不是放任自流的。1951年,政府规定建设学校及其他一些规定建筑时,必须划拨一定比例的经费用于装饰艺术工程。同时,

---

①翁泽坤.巴黎建筑[J].文苑,2009(2).

②朱自清.欧游杂记[M].南京:凤凰出版社,2008.

③人民网,http://www.people.com.cn/GB/paper68/14115/1258112.html.

通过各种国内外的雕塑展,提高雕塑的艺术水平,从数量和质量两个方面打造巴黎城市与众不同的雕塑艺术。

　　巴黎拥有众多闻名世界的博物馆,如卢浮宫、蓬皮杜国家艺术与文化中心、奥赛博物馆等。据维基百科的信息,巴黎拥有 134 个博物馆,堪称博物馆城。巴黎的博物馆充分显示了巴黎城市的艺术内涵和文化底蕴。比如,作为世界三大博物馆之一的卢浮宫,珍藏着 30 余万件艺术品。这些艺术品来自不同的国家和地区,展示了不同文化、不同时期的艺术珍品,涵盖了雕塑、绘画、工艺品、印刻、素描等各个种类,堪称世界上最大的艺术宝库,享誉世界的绘画珍品《蒙娜丽莎》就收藏在卢浮宫博物馆。蓬皮杜国家艺术与文化中心是巴黎现代艺术之家,大楼里不仅有一流的国家现代艺术展览馆,还有一些艺术家的工作室及研究设施。蓬皮杜艺术中心本身也是一件艺术品,是世界上最著名的现代建筑物之一。此外,收藏了珍贵绘画及雕塑作品的奥赛博物馆,也是文明世界的博物馆之一。

　　据维基百科数据显示,2008 年至今,卢浮宫每年的游客人数都超过 850 万人次,且基本呈逐年递增的趋势[①]。据《艺术报》(VISITOR FIGURES 2012 Exhibition & Museum Attendance Survey)统计,2012 年卢浮宫共吸引了超过 972 万游客,是 2012 年全世界接纳游客最多的博物馆。蓬皮杜国家艺术与文化中心和奥赛博物馆也名列前十,分别接纳了 380 万、360 万游客[②]。由此可见,博物馆不仅收藏了世界艺术珍品,体现着巴黎厚重的历史文化底蕴,还吸引着世界各地艺术的艺术爱好者,极大地促进了巴黎城市旅游业的发展,提高了巴黎"文化之城"在世人心目中的形象。

(三)电影

　　1895 年 12 月 28 日,卢米埃尔兄弟在巴黎首次向社会公众公映了自己拍摄的短片,这一天被史学家们定为电影诞生日,卢米埃尔兄弟成为当之无愧的"电影之父"。巴黎作为电影的诞生地,从电影诞生开始便与电影结下了不解之缘。在电影中,经常可以找到巴黎城市的身影,巴黎"丰富的城市文化与形象特质成为众多电影创作者的灵感源泉"[③]。

---

①卢浮宫. 维基百科,http://en. wikipedia. org/wiki/The_Louvre.
②VISITOR FIGURES 2012 Exhibition & Museum Attendance Survey[N]. 艺术报,2012.
③于雯雯. 新世纪巴黎城市电影意象[J]. 北京电影学院学报, 2013(2).

在不同的时期,巴黎在电影中的展现的角度各不相同。一代代电影人用自己的艺术视角与创造力,向世人展示着这座充满了艺术气息的城市,他们不仅用自己的方式丰富了巴黎的文化内涵,也极大地提高了巴黎的城市知名度。

今天,随着国际化的发展,电影制作跨越了国界,越来越多的电影制作人通过跨国合作来拍摄电影。而与此同时,电影也逐渐成为一种宣传城市、进行城市营销的方式。巴黎作为电影的诞生地,也紧跟潮流,充分利用电影来宣传自己的城市形象。早在2001年,每年会有约700部电影在巴黎取景;法国电影中,每两部就会有一部在巴黎取景。巴黎政府也为影片到巴黎取景提供了便利,决定在巴黎市区大部分区域取景完全免费,并在2006年制定了一份在巴黎特殊文化遗产区域取景的费用表[1]。在市政府的支持与导向下,越来越多具有国际影响力的电影制作人到巴黎拍摄电影。据巴黎市政府网站统计,2011年共有940部电影到巴黎取景。

电影不仅在数量上影响着城市营销的效果,在内容上也起到了塑造城市形象、宣传城市文化的作用。以2011年的电影《午夜巴黎》为例。《午夜巴黎》是世界著名导演伍迪·艾伦第一部完全在巴黎拍摄的电影。这部电影将巴黎的美展示得淋漓尽致。在开始的3分钟里,配合着悠扬的音乐,埃菲尔铁塔、香榭丽舍大街、红磨坊、凯旋门、塞纳河等著名景点一一呈现。除了晴朗阳光下的美景,导演还对阴雨天中的巴黎,以及落日余晖下的巴黎进行了特写。短短的3分钟,没有主角的表演,没有台词,这不像是电影的开始,更像是巴黎的一部宣传片。在后面的情节中,时时刻刻都在展示着巴黎的著名建筑及美景。在展示美景的同时,导演还向观众展示了巴黎的文化。承载着历史的建筑物,见证了时代变迁的古朴街道,以及众多"黄金时代"的艺术家,都在向观众诉说着巴黎源远流长的文化,彰显着巴黎的文化底蕴。《午夜巴黎》投入1700万美元,票房收入超过了1.5亿美元。虽然我们无法衡量这部电影对巴黎的城市营销做出了多大的贡献,但是相信每一个看过电影的观众,都会对巴黎留下深刻的印象,为巴黎浓厚的文化气氛所吸引。

《午夜巴黎》筹拍期间,法国政府给予了大力的支持。比如,政府制定了与电影相配套的旅游线路图,游客可在电影首映当天在博物馆、书店、邮局、机场等地免费领取;法国前第一夫人布吕尼还客串参演了该剧。政府的鼓励、支持与参与,明确了打造"世界巴黎"的动机,"政府和跨国导演合作形成强大的动力推进着巴黎城市的国际形象。"[2]

---

①尹明明.巴黎文化政策初探[J].现代传播(中国传媒大学学报),2010(12).
②于雯雯.新世纪巴黎城市电影意象[J].北京电影学院学报,2013(2).

（四）文学

巴黎的文化底蕴，还体现在无数的文学名著中。无论是巴黎本土作家写的《悲惨世界》《巴黎圣母院》，抑或是外国作家所作的《流动的盛宴》、《生命中不能承受之轻》，这些文学作品要么是以巴黎为背景进行写作，要么是作者将自己在巴黎的生活融入作品之中，创作出的传世之作。

维克多·雨果是法国文学史上最杰出的作家之一，是法国浪漫主义作家的代表人物。雨果创作的作品中，最为人们所熟知的便是《悲惨世界》和《巴黎圣母院》，而这两部著作都是以巴黎为背景进行创作的。《巴黎圣母院》是以巴黎的著名建筑"巴黎圣母院"为背景的，这部小说的成功，不仅是雨果在文学创作上的成功，也将"巴黎圣母院"的名字传播到了全世界。时至今日，就算没有学习过世界历史的人，只要读过这部著作，都会知道巴黎有"巴黎圣母院"这样一座著名建筑。1998年，艺术家们将《巴黎圣母院》制作成音乐剧，开始在巴黎上演，得到了强烈的反响。据文献统计，该音乐剧从上演到1998年底的3个月时间里，共演出126场，销售了50万张门票。在之后一年的时间里，共售出200万张门票，这一成绩打破了由《悲惨世界》保持的纪录，使之成为巴黎有史以来最成功的音乐剧。接下来的几年里，《巴黎圣母院》在世界巡回公演，共有400余万观众现场观看了演出。此外，该音乐剧还售出了近700万张唱片，100余万张录像带及20余万张DVD。《巴黎圣母院》音乐剧的成功，更加直观地向人们展示了这部文学作品的内涵，同时宣传了法国尤其是巴黎的文化，在观众享受音乐的同时，向世界推广了"巴黎圣母院"这一著名景点，同时宣传了以"巴黎圣母院"为地标建筑的巴黎城市[①]。

除了法国作家，尤其是在巴黎生活的法国作家之外，还有很多外国作家，因为各种原因齐聚巴黎，在巴黎浓厚的文化氛围中寻找灵感及素材，或在巴黎进行文学创作。20世纪20年代，美国著名作家海明威曾以驻欧洲记者的身份居住在巴黎。此后，他以自己在巴黎的生活经历为原型，写作了《流动的盛宴》。这本书被认为是关于巴黎的诸多著作中最著名的作品之一。海明威在扉页题献——"假如你有幸年轻时在巴黎生活过，那么你此后一生中不论去到哪里它都与你同在，因为巴黎是一席流动的盛宴"。此外，美国著名作家菲兹杰拉德、英国小说家乔治·奥威尔、捷克作家米兰·昆德拉等人也曾在巴黎生活过。

---

①汪莎.音乐剧《巴黎圣母院》的美学特征[J].乐府新声（沈阳音乐学院学报），2013(2).

巴黎城市浓厚的人文气息，吸引了国内外作家的聚集。而大量文学家的聚集和创作，又极大地丰富了巴黎的文化内涵，提升了巴黎的文化气息，同时为推广巴黎城市形象提供了更为广阔的载体，对巴黎城市品牌的推广起到了推动作用。

（五）其他

巴黎的时尚、浪漫、美食等也分别是巴黎城市文化的一部分，更是巴黎进行文化营销的重要支撑点。如前文提到的巴黎时装周，以及路易威登、香奈儿等国际知名的时尚品牌，这些时尚因素的聚集为巴黎赢得了"时尚之都"的美誉，香榭丽舍大街也是世界闻名的时尚街。时尚作为巴黎城市的一个特色，已经为世界所认可。每当提到时装、香水时，人们总会联想到时尚浪漫的巴黎，这也是巴黎进行文化营销的一个成果。

总之，作为"欧洲文化之都"的巴黎，充分利用自身厚重的文化底蕴，通过有意识的建筑规划，充分利用丰富多彩的艺术形式展示、新兴的影视营销以及闻名世界的文学名著等形式，对外进行文化营销。目前，巴黎在世界范围内"文化之都"的概念受到了美国等新兴国家及城市的冲击。巴黎必须把握自身的优势文化资源，利用文化营销的方式，向游客等受众宣传巴黎厚重的历史、多样的艺术，让游客们置身电影拍摄的场景中，设身处地地参与到巴黎的文化营销中来。

四、巴黎城市营销随想

通过传统的关系营销及赛事、会展营销等营销手段，以及文化营销等现代营销方式，巴黎成功地打造了"欧洲文化之都"的品牌与形象，并对其进行推广。巴黎的城市营销效果十分显著，其城市营销的一些理念与方式也值得其他城市学习与借鉴。

（一）巴黎城市品牌的打造与推广

巴黎拥有着丰富的文化艺术资源，树立了良好的城市形象。巴黎市政府在此基础上，抓住有利机会全力建设并推广巴黎的城市品牌形象。通过市政府的努力，巴黎被评为 2009 年"全球最佳城市品牌"。据巴黎旅游局统计显示,2009 年,巴黎是当年世界接待游客最多的城市[①]。

综合来看,巴黎打造并推广城市品牌的主要途径有三类。第一,积极承办各种体育赛事,通过体育赛事来建设并传播巴黎的城市品牌。举办体育赛事不仅会吸引全球各地的体育健将,还会吸引全世界媒体的目光,将世界的注意力集中在巴黎。巴黎可以借助这个机会充分展示自己的城市魅力,推广城市品牌。第二,举办各种大型国际会议、博览会及各种文艺活动。通过各种类型活动的展开,不仅能够向世界展示巴黎文化的多样性,也能充分显示巴黎城市文化的包容性,这对于树立国际化的城市品牌具有巨大的推动作用。第三,充分利用电影、传媒等媒体对巴黎城市品牌进行宣传,如在电影中植入巴黎城市形象、推出巴黎城市形象宣传片等。

(二)巴黎城市营销情况评价

巴黎是目前世界公认的五大国际都市之一,每年都会接待数以千万计的游客。巴黎的成功,充分说明了其城市定位的正确及城市营销的良好效果。

1. 寻找比较优势

与欧洲其他城市相比,巴黎的城市环境并无突出之处。但是巴黎在千百年来积淀的文化底蕴,才是其城市营销取得成功的关键。无论巴黎采取了哪些行动来进行城市营销,但是其核心都是围绕着巴黎的城市文化展开的。在其传统的营销手段上,不管是友好关系城市的选择,还是运动节事的举办,巴黎都将其与其历史文化相结合,借助营销手段展示巴黎悠久的历史及厚重的文化,促进巴黎"文化之都"形象的推广。

从巴黎文化营销的角度看,巴黎一方面规划、保护着自己的城市环境,另一方面,借助巴黎积淀的厚重的历史文化——无论是建筑、艺术品,还是文学著作烘托出的艺术形象——打造特色的城市品牌,树立起与其他欧洲城市所不同的城市形象。相信每一个到过巴黎的人,都会为其浓郁的艺术氛围所感染。从巴黎归来,印象最深刻的不会是巴黎景色的优美,而应该是对巴黎文化的怀念及向往。

---

①卢伟.大众媒体与我国城市品牌传播[D].中南大学硕士学位论文,2011.

2. 注重规划

法国有一句谚语：巴黎不是一天建成的。的确，巴黎能够成为"欧洲文化之都"，不是一蹴而就的，而是经历了千百年历史的洗礼，文化的沉淀。而在这个过程中，巴黎政府及市民始终重视巴黎城市的规划以及巴黎城市形象的关注。

我们可以看到，无论是巴黎城市的管理者，还是巴黎的普通市民，对巴黎建筑的风格及城市环境的规划都十分关注。也正是有意识的管理和规划，才保存了巴黎原汁原味的艺术形象，而不需要让后代去人工的修复和模仿。

此外，巴黎还设置了"巴黎文化事务处"，专门负责促进巴黎本土文化乃至全法文化的繁荣发展，并制定符合当下形式的文化政策[①]。

3. 尊崇文化

巴黎的文化氛围不仅仅依靠历史的传承和政府的主导，同时也依靠着全社会对巴黎文化的认同与尊崇。巴黎人非常热爱自己民族的文化遗产，每年的"文化遗产日"，所有的博物馆，甚至总统府、国宾馆等场所都会向公众免费开放，让自己的市民体验自己的文化，认同自己的城市。又比如，巴黎的电影人对自己城市乃至全世界的电影相关文物都极其的重视。在巴黎法国国家电影资料库，不仅保存着"电影之父"卢米埃尔兄弟的电影胶片，甚至还保存着我国老一辈艺术家拍摄的，在中国已经绝版的电影胶片。从这一点来看，巴黎的政府和人民对于艺术的热爱及尊崇，是我们难以望其项背的。

综合来看，巴黎城市营销是成功的。巴黎通过传统营销方式与文化营销相结合，发掘自身与众不同的文化潜力，着力打造"欧洲文化之都"。从文化营销的角度，乃至巴黎市对文化的态度方面，都值得我们的城市去学习。

[①]尹明明.巴黎文化政策初探[J].现代传播（中国传媒大学学报），2010(12).

第四章　营销巴塞罗那
——事件营销打造出的欧洲名城

巴塞罗那(Barcelona)位于地中海沿岸,是西班牙加泰罗尼亚地区的首府,现有人口 450 万,其中 160 万人生活在城市,是西班牙的第二大城市,也是地中海沿岸最大的都市。巴塞罗那既是世界著名的旅游目的地及文化体育中心,又是著名的经济贸易中心,全球排名第 24 位,GDP 总量居欧盟城市第 4 位,世界第 35 位。2009 年,巴塞罗那城市品牌排名欧洲第 3 名①。作为西班牙第二大城市的巴塞罗那,能够在城市文化、经济及城市品牌建设方面取得如此显著的成就,很大程度上受益于成功的城市营销,尤其是借助了奥运会、世博会等世界性重要活动,推动了城市的整体建设。

一、传统营销手段

巴塞罗那积极采取传统营销手段进行城市营销,其中包括关系营销、赛事与会展营销等。在赛事与会展营销中,巴塞罗那运用了事件营销的手段,通过大型体育赛事和世博会等国际性会展,向世界营销巴塞罗那。

(一)关系营销

作为国际化大都市,巴塞罗那积极与国内其他城市及其他国家的城市与地区

---

①维基百科—巴塞罗那, http://en.wikipedia.org/wiki/Barcelona.

建立姊妹城市或友好城市关系,通过相互交流来推广城市品牌,宣传城市形象。据维基百科统计,自1963年以来,巴塞罗那先后与30余个城市结为友好城市,并与意大利的都灵和中国的深圳建立了合作关系(见表4-1)。

表4-1 巴塞罗那友好城市

序号	城市	国家	序号	城市	国家
1	蒙彼利埃	法国	18	神户市	日本
2	里约热内卢	巴西	19	安特卫普	比利时
3	蒙特雷	墨西哥	20	伊斯坦布尔	土耳其
4	波士顿	美国	21	加沙	巴勒斯坦
5	釜山	韩国	22	都柏林	爱尔兰
6	科隆	德国	23	雅典	希腊
7	格拉斯哥	苏格兰	24	伊斯法罕	伊朗
8	曼彻斯特	英格兰	25	萨拉热窝	波斯尼亚和黑塞哥维纳
9	圣彼得堡	俄罗斯			
10	圣保罗	巴西	26	瓦尔帕莱索	智利
11	蒙得维的亚	乌拉圭	27	上海	中国
12	塞维利亚	西班牙	28	尼科西亚	塞浦路斯
13	特拉维夫	以色列	29	迪拜	阿拉伯联合酋长国
14	旧金山	美国	30	圣克鲁斯塞拉利昂	玻利维亚
15	格但斯克	波兰	31	宿雾市	菲律宾
16	哈瓦那	古巴	32	特里凡得琅	印度
17	瓜亚基尔	厄瓜多尔	33	胡志明市	越南

资料来源:维基百科-巴塞罗那,http://en.wikipedia.org/wiki/Barcelona#Twin__towns__and__sister__cities.

由表4-1可以看出,与巴塞罗那建立友好关系的城市,普遍为国家首都或是国家或某一区域的重要经济文化中心。通过与这些城市的交流与合作,巴塞罗那可以在友好城市的平台上树立城市形象,宣传城市文化,推广城市品牌。

(二)赛事与会展营销

巴塞罗那于公元前 3 世纪建城,至今已有 2000 余年的历史。在公元 8 世纪至公元 14 世纪,巴塞罗那逐渐发展成为地中海沿岸重要的中心城市之一,处于城市发展的黄金时期。但 14 世纪以来,由于瘟疫、政治中心转移等各种原因,巴塞罗那逐渐衰落。近代以来,无论是世界博览会,还是奥林匹克运动会,都为巴塞罗那的城市建设和城市营销提供了良好的契机。巴塞罗那抓住机遇,充分利用数次世界闻名的大型节事,实现了自身的超越,走上了复兴之路。

1. 体育营销

巴塞罗那是欧洲著名的"体育名城"之一。作为西班牙的第二大城市,能够获得这样的称号,主要得益于两点:其一,巴塞罗那于 1992 年成功举办第 25 届奥林匹克运动会;其二,巴塞罗那有发展良好的职业体育俱乐部,如巴塞罗那足球俱乐部等。而巴塞罗那也积极借助体育赛事及体育事业的发展来改善自己的城市形象,进行体育营销。

(1)1992 年巴塞罗那奥运会

奥运会可以说是巴塞罗那城市发展过程中最为重要的一个大事件。奥运会的举办,对巴塞罗那而言,不仅是一次世界性的体育盛会,更多的是为巴塞罗那城市建设和复兴提供了一次机遇。

20 世纪 70 年代后期,巴塞罗那申办奥运会主办权之前,政府就开始了对城市进行更新改造。市政府根据城市总规划师的建议,"对城市进行碎片式更新",如为改善城市公共空间品质而进行公共空间建设,在体现人本主义关怀前提下对城市的外围街区进行更新等[①]。

1986 年申奥成功,成为推动巴塞罗那城市建设的催化剂。巴塞罗那举办奥运会的基本原则是"为了城市,而不是奥运会"。因此,政府在考虑城市建设需求的前提下,根据赛事要求、投资要求及未来发展的需要,设计和安置奥运会需要的基础设施和配套设施。为了城市未来的发展,巴塞罗那提出了"把城市向大海开放"的理念,对滨海区进行了改造。此外,政府没有为了奥运会新建主场馆,而是对 1929 年世博会建成的体育馆进行了翻修和扩建,这样不仅满足了奥运会举办的要求,也

---

①许赟程. 大事件背景下的城市发展与更新——以巴塞罗那为例[J]. 企业技术开发,2012(13).

保留了城市的文化遗产。此外,为了筹备奥运会,市政府还投资数十亿美元对城市的基础设施和公共空间进行了更新和建设,极大地提高了城市的基础设施水平。在对城市街区改造的过程中,巴塞罗那也在保留城市独特文化气质的基础上,建设并改造城市景观的。经过6年的城市建设,巴塞罗那为世界人民呈现了一场体育盛会,也向世人展示了巴塞罗那独特的文化气质和城市形象,让世人通过奥运会认识了巴塞罗那[①]。

奥运会的成功举办并没有成为巴塞罗那城市建设的一个终点。奥运会之后,巴塞罗那在既有的基础上,继续对城市进行着建设和更新,这一阶段城市建设的核心和目标是打造全球化的城市[②]。

为了奥运会的成功举办,巴塞罗那做出了巨大的努力,也获得了丰厚的回报。1992年奥运会的举办,不仅推动了巴塞罗那基础设施的建设,刺激了城市经济的发展,也极大地提高了巴塞罗那的城市影响力,为巴塞罗那的城市营销做出了巨大贡献。

第一,在城市建设方面,除去运动基础设施、训练设施等必要的体育设施投资外,巴塞罗那的奥运会投资大部分花费在城市建设和改造中。建成了海滨沙滩、两条环形公路和两条隧道,改造了机场、港口、城市排水系统等,对2772座建筑进行了翻新,建设了450座市政公园等。城市基础设施的建设,不仅为奥运会的举办提供了便利,也为巴塞罗那经济的可持续发展奠定了良好的基础。

第二,在经济发展方面,奥运会举办期间,体育产业得到了空前的发展。同时,也刺激了巴塞罗那旅游、电子、通信、港口等行业的发展,并带动这些产业成为了全市的支柱产业。自1986年筹办奥运会至1992年奥运会举办,巴塞罗那GDP年均多增长1.8个百分点,为巴塞罗那市创造了35.6万个就业机会,巴塞罗那人均GDP增长至2万美元。总体而言,通过举办奥运会,巴塞罗那的经济得到了快速的发展,影响力快速提高,成为欧洲第七大城市,被誉为欧洲经济发动机之一。

第三,巴塞罗那奥运会为巴塞罗那在国际舞台展示自己的魅力提供了绝好的机会。据统计显示,奥运会申办期间,全世界约有15000份报纸的头版出现了巴塞罗那的名字,而这些报纸的不完全统计发行量约为135亿份。奥运会举办期间,国际媒体对奥运会进行了全方位、高强度的报道,吸引了全世界人民的关注,而估计有30亿人观看了奥运会的开幕式。这些都为巴塞罗那城市形象的推广起到了巨大的推动作用。同时,奥运会的举办带动了巴塞罗那旅游业的发展。在1992年奥

---

①②许赟程.大事件背景下的城市发展与更新——以巴塞罗那为例[J].企业技术开发,2012(13).

运会之前,巴塞罗那每年接待游客180万人,而1992年之后,这一数字飙升至800万。如今,巴塞罗那每年都要接待来自海内外的游客共计3000万人,旅游收入成为当地收入的主要来源之一[①]。随着奥运会的宣传及世界各地游客的观光和游览,巴塞罗那优美的自然风光和厚重的文化底蕴也随之传播至世界各地,巴塞罗那逐渐发展成为世界著名的旅游城市。

综上可以看出,第25届奥运会的举办,为巴塞罗那城市发展和城市营销提供了良好的契机。巴塞罗那紧紧抓住机遇,积极进行城市基础设施建设和城市形象打造,充分利用奥运会这一大事件,有效地营销了城市形象,推广了城市品牌。一定程度上来说,奥运会成为了巴塞罗那城市发展的重要转折点。

(2)巴塞罗那足球俱乐部

除了1992年的巴塞罗那奥运会外,巴塞罗那足球俱乐部也为世界球迷及体育迷所熟知。

巴塞罗那足球俱乐部(简称巴萨),是巴塞罗那的一家著名大球会,成立于1899年,至今已有110余年的历史。巴塞罗那足球俱乐部是西班牙最著名的足球豪门之一,也是欧洲乃至世界最成功的足球俱乐部之一。在球队100余年的历史中,巴萨曾22次获得西班牙甲级联赛冠军,26次获得西班牙国王杯赛冠军,4次获得欧洲冠军联赛冠军。此外,球队的传奇人物有克鲁伊夫、马拉多纳、罗马里奥、罗纳尔多、罗纳尔迪尼奥、哈维、梅西等国际著名的足球巨星。巴萨主场是位于巴塞罗那的诺坎普球场,能够容纳近10万人观看比赛。

巴萨球队的成功,为巴塞罗那足球俱乐部带来了巨大的经济效益。自2004~2005赛季至今,巴萨的赛季收入已经翻了一番,从2004~2005年赛季的2.07亿欧元增长至2011~2012年赛季的4.8亿欧元,而排名也从2004~2005年赛季的第6名上升至2011~2012年赛季的第2名,并连续4个赛季位列欧洲足球俱乐部财政收入第2名[②]。

此外,巴萨的成功还为球队聚集了极高的人气,使之成为世界上最有影响力的足球俱乐部之一。据2010年德国权威体育市场调查公司(Sport+Market)的报告显示,巴萨球迷总数已经达到了5780万人,远远超过了第二名的皇马和第三名的曼联,成为欧洲最受欢迎的足球俱乐部。巴萨在facebook上的球迷数量也超过了

①孙锦,郑向鹏.巴塞罗那:借奥运改造城市的典范[N].深圳特区报,2012-7.
②维基百科,http://en.wikipedia.org/wiki/Deloitte_Football_Money_League#2011.E2.80.9312.

832 万人[①]。

巴萨的成功,不仅促进了俱乐部自身的快速发展,也为巴塞罗那的城市营销起到了巨大的推动作用。首先,巴萨的比赛在一定程度上能够带动相关产业的发展,刺激城市经济的繁荣;其次,数百万的球迷、多个享誉世界足坛的体育巨星及世界媒体的关注,能够大大提高球队主场所在地——巴塞罗那的关注度,提高城市的知名度;最后,世界各地的球迷会为了现场观看巴萨的比赛而亲赴巴塞罗那,这又在一定程度上促进了城市旅游业的发展。综合而言,巴塞罗那足球俱乐部的成功,成为了巴塞罗那宣传城市的一个重要宣传点。作为巴塞罗那城市的一张名片,巴萨为其城市营销做出了突出贡献。

除了运用奥运会的大事件营销及巴萨俱乐部的体育营销外,巴塞罗那还采取了其他的体育营销措施。如开放诺坎普球场作为巴塞罗那俱乐部主题公园、开展以体育为主题的文化活动等。

2. 会展

巴塞罗那奥运会的举办,让世界看到了巴塞罗那高水平的组织能力及其高水平的专业人才,加之完备的会议会展设施及完善的会展服务,让巴塞罗那逐渐成为重要的国际会议会展聚集地。

(1)会议会展场馆

巴塞罗那能够为国际会议会展提供的会议基础设施包括巴塞罗那商品交易会的 2 个会议中心,位于城市商业区的加泰罗尼亚会议中心以及国际会议中心等大型会议会展场所。巴塞罗那商品交易会是欧洲第二大的贸易博览会和会展中心,主要有 1 号馆和 2 号馆两个区域。其中 1 号馆占地 22.4 万平方米,底层会议中心有 9 个会议室,能够容纳 600～700 人。1 号馆的多功能礼堂可以容纳 4500 人。2 号馆占地 16.6 万平方米,是欧洲最现代化的会展场地之一。加泰罗尼亚会议中心基础设施完善,配套设施齐全,其内部拥有可容纳 2200 人的礼堂、2050 平方米的展览厅及可招待 3000 人的宴会区域。此外,该中心还设有礼宾处、新闻发布处、办公室等各种配套设施,以及同声翻译、中央电视、专业音响、可视保安系统等高技术视听设备。国际会议中心是 2004 全球文化论坛活动举办的一个重要场所,建筑面积约 7 万平方米,可接待 1.5 万名与会者[②]。除了会议会展场所,巴塞罗那还能

---

①罗杨.巴塞罗那俱乐部成功因素的研究[D].成都体育学院硕士学位论文,2012.

②张尚宜.巴塞罗那——地中海精神的凝聚之地[M].北京:社会科学文献出版社,2004.

够为参加会议会展的游客提供各级别、各档次的酒店,共约 3.5 万张床位,且地理位置优越,能够满足商务游客的住宿需求。会议会展基础设计的建设和完善,为巴塞罗那举办国际会展会议提供了基本条件,为巴塞罗那发展会议会展业,树立城市形象,打造城市品牌奠定了基础。

(2)会议会展组织

巴塞罗那的会展组织对于巴塞罗那的会议会展行业发展起了重大的推动作用。巴塞罗那的会议会展组织包括巴塞罗那商品交易会和巴塞罗那会议局。巴塞罗那商品交易会是组织欧洲商展会展的重要机构,也是欧洲、地中海地区和拉丁美洲商务往来的桥梁,是西班牙国内组织专业展览和国际展览数量最多的机构。巴塞罗那会议局是巴塞罗那旅游局的一个专署部门,成立于 1983 年,目标是将巴塞罗那建设成为会议、公务、奖励旅游地和户外培训地[1]。

(3)会议会展发展状况

据国际会议协会(ICCA)统计,巴塞罗那是世界上举办国际会议较为集中的城市之一(见表 4-2)。

表 4-2　2000～2012 年巴塞罗那举办国际会议数量

年份	2000	2001	2002	2003	2004	2005	2006	2007	2008	2009	2010	2011	2012
数量	56	70	103	92	135	132	106	118	138	135	148	150	154

资料来源:ICCA(International Congress and Convention Association),2000-2009,2010,2002-2011,2012.

由表 4-2 可以看出,巴塞罗那自 2000 年以来,举办国际会议数量总体呈上升趋势,至 2008 年,巴塞罗那每年举办国际会议数量稳定在 130 场以上。据 ICCA 统计显示,2008 年巴塞罗那举办国际会议总数居世界各城市第 3 位,2009 年为第 2 位,2010～2012 年分别为第 2、第 3、第 5 位,与巴黎、维也纳等国际会议名城不相上下。根据 ICCA2010 报告显示,巴塞罗那在 2010 年共接待参与国际会议人数为 13.4 万人,总量居世界各大城市之首,比位列第二的维也纳高出 4 万余人[2]。这些数据足以显示巴塞罗那在举办国际会议方面的优势地位,同时也显示出会议举办为巴塞罗那带来的巨大机遇。举办国际会议,不仅能够拉动巴塞罗那城市的经济

①张尚宜.巴塞罗那——地中海精神的凝聚之地[M].北京:社会科学文献出版社,2004.
②ICCA Statistics Report:The International Association Meetings Market 2010.

进步，带动相关产业的发展，同时能够极大地树立巴塞罗那的城市形象，宣传巴塞罗那的城市品牌，让会议的参会人员领略巴塞罗那的城市风情。此外，知名国际会议也会引起世界各地媒体的关注和聚焦，促进巴塞罗那城市品牌的国际宣传。

(4)1888年世界博览会与1929年世界博览会

巴塞罗那利用举办1992年奥运会的机会，有效地树立了城市形象，推广了城市品牌。而在奥运会之前，巴塞罗那也曾利用举办大型会议会展的机会，来改造城市形象，树立城市品牌。以世界博览会为例，巴塞罗那曾于1888年和1929年先后两次举办世界博览会。两次世博会的举办，为巴塞罗那带来了发展的机遇，巴塞罗那也充分利用了这两次机会，改善城市基础设施，打造城市形象，极大地推动了城市品牌的树立与推广。

1)1888年世界博览会。

巴塞罗那在2000余年的发展过程中，经历了黄金时期与衰落。19世纪，巴塞罗那借助工业革命，开始重现生机，并迅速发展成为西班牙的工业巨头。之后，受到1867年巴黎世博会及之后两届世博会的影响，巴塞罗那申请承办了1888年世博会。这是巴塞罗那乃至西班牙第一次举办世界博览会，也是19世纪唯一在南欧城市举办世博会。这次世博会，对巴塞罗那的城市发展起到了重要的推动作用。

在1888年世界博览会之前，巴塞罗那的公共空间严重缺乏。为了迎接世博会，巴塞罗那开始了大规模的城市美化运动。首先，为了扩展城市公共区域，巴塞罗那对老城区进行了改造，并修复了一些被损坏的宗教建筑。其次，为了提升城市形象及提高城市举办会议会展的能力，城市新建了一大批建筑，如巴塞罗那凯旋门、美术馆、工业展览馆等。其中，凯旋门等建筑被保留至今，成为巴塞罗那重要的旅游景点。此外，为了给博览会提供场地，政府军队撤出了蒙锥克城堡，这足见巴塞罗那对于世博会的重视程度。此次世博会从1888年4月8日持续到12月10日，共占地46.5公顷。

为举办1888年世界博览会，巴塞罗那进行了大量的投入，却并没有收到太多的经济收入，反而亏损了近650万比塞塔。但是世界博览会的举办，却为巴塞罗那带来了足够的国际关注。在为期8个月的世博会期间，共有30个国家参展，近230万人进行了参观[①]。

虽然1888年世博会没有为巴塞罗那带来太多的经济收入，但是却为巴塞罗那的发展掀开了一个新的篇章。第一，世博会的举办，提升了市民的荣誉感与自豪

①肇文兵.西班牙世博会之"双城记"——巴塞罗那与塞维利亚的城市嬗变[J].装饰,2010(8).

感,让居民投入城市建设与城市宣传中来,提高了城市居民的凝聚力和对城市的认同感。第二,世博会的举办,推动了巴塞罗那的城市建设,不仅修复了旧的城区,还新建了一批标志性建筑,改善了城市形象,丰富了城市文化。第三,举办世界博览会,能够极大地吸引世界的关注,对于提升巴塞罗那的知名度,塑造城市形象,推广城市品牌具有巨大的作用。

经过1888年世界博览会,巴塞罗那开始由一座落寞的古城走上了现代化之路,巴塞罗那人也由此变得更具有世界性眼光。城市的复兴使得巴塞罗那在经济、技术和城市形象上向欧洲先进城市靠拢,逐渐成为欧洲城市的代表之一。

2)1929年世界博览会。

20世纪初,为了改善西班牙的国际形象,建立和维持良好的国际关系,西班牙在时隔40余年后,再次申请举办世界博览会。

1929年世界博览会再次在西班牙举办,此次世博会由巴塞罗那和塞维利亚同时举办,合称为"西班牙总世博会"。其中巴塞罗那世博会的主题为"工业、西班牙艺术和体育",其主题围绕"电气时代"展开,旨在展示第二次工业革命后,电力对于生产和生活产生的影响及成果。塞维利亚博览会的主题是"西班牙殖民地的富庶",后命名为"伊比利亚-美洲博览会"。

1929年巴塞罗那世博会的会场仍然选在了蒙锥克山上。为了更好地举办世博会,巴塞罗那将其改造为永久性的公园,并建设了展览馆、林荫大道、水上花园及可能够容纳6万人的体育馆。此外,巴塞罗那与塞维利亚还分别修建了"西班牙广场"。其中,巴塞罗那的西班牙广场成为世博会的主要入口。巴塞罗那世博会为了体现"电气时代"的主题,在西班牙广场、蒙锥克山、国家宫等建筑或景点都安装了大量的电灯。灯光的使用使得这些建筑物在夜晚显得更加壮观。而灯光的使用,也显示了世博会的主题,成为"电气时代"的符号,象征着现代化的工业文明。

1929巴塞罗那世博会开始于1929年5月20日,结束于1930年1月30日,共有来自欧洲的10个国家及美国、日本的数个私人组织参加了此次世博会。虽然本次巴塞罗那世博会仍然造成了政府财政的亏损,但还是极大地促进了城市建设的发展及城市文化的推广。灯光的大规模使用,使1929年巴塞罗那世博会获得了"西班牙之光"的称号。经过1888年和1929年世博会,巴塞罗那成功地将自己发展成为一座工业化城市,迈入了欧洲重要工业城市之列,甚至被称为"西班牙的曼彻斯特"。

1929年巴塞罗那世博会的举办,再次促进了巴塞罗那城市的建设,留下了西班牙广场、国家宫(后被改造为加泰罗尼亚艺术博物馆)等标志性建筑;同时也极大地扩大了巴塞罗那在欧洲的影响力,树立了工业化城市的形象,并推广了城市文化及城市品牌,有效地改善了西班牙的国际形象,成为巴塞罗那通过大事件进行营销的一个重要节点。

二、现代营销手段

除传统营销手段外,巴塞罗那还采取了网络营销、文化营销等现代营销手段进行城市营销,向世界推广城市品牌,宣传城市形象。

(一)网络营销

网络营销是当今城市十分重视的一种营销手段。专门网站的建设,是城市进行网络营销的一种重要方式,同时也为国内外游客了解城市信息提供了便利的手段。

巴塞罗那除城市官方网站外,还建立了巴塞罗那旅游局网站及专业的城市预定网站。其中,巴塞罗那旅游局网站,是专门提供城市旅游信息的网站。网站在首页以大图的形式展示了巴塞罗那近期将举办的大型活动,并展示巴塞罗那的特色文化及旅游资源。此外,还通过标签的形式提供了关于巴塞罗那的各种信息,包括交通、旅游景点、特色主题、商店购物、商业旅行等板块。此外,除西班牙语外,网站还提供英语、法语、意大利语、俄语、中文、日语等多种语言 PDF 文件下载,并在文件中详细介绍了巴塞罗那的旅游信息,为巴塞罗那做旅游推广(见图 4-1、图 4-2)。

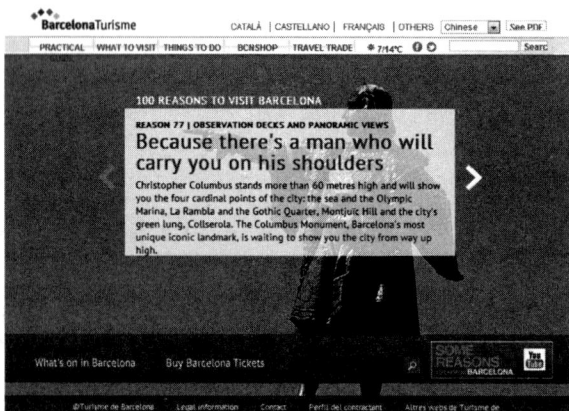

图 4-1 巴塞罗那网络营销示例一

资料来源:巴塞罗那旅游局网站,http://www.barcelonaturisme.com/.

Barcelona Turisme

巴塞罗那

BARCELONA

新闻资料

目录

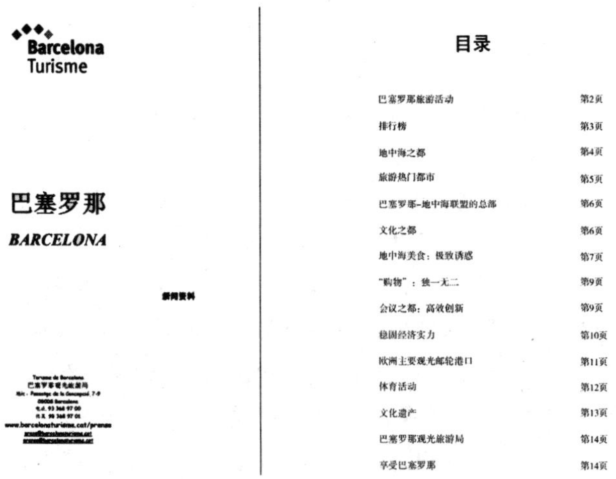

图 4—2　巴塞罗那网络营销示例二

资料来源：巴塞罗那旅游局网站，http://www.barcelonaturisme.com/.

此外，巴塞罗那还有一个专门为游客提供预订业务的网站（见图 4—3）。

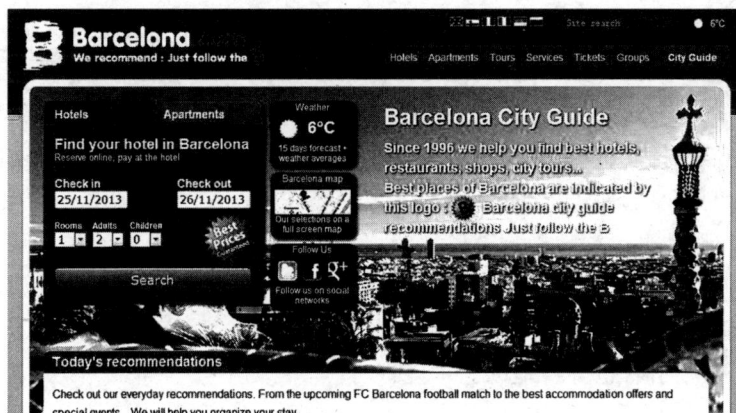

图 4—3　巴塞罗那网络营销示例三

资料来源：巴塞罗那网站，http://www.barcelona.com/.

在这个网站中，游客可以预定巴塞罗那的酒店、旅游线路、服务、票务等相关事务。同时，该网站还为游客提供了巴塞罗那旅游的相关建议。该网站也提供了英语、西班牙语、法语、意大利语、德语、俄语等语言选择，便于世界各地的游客选择和使用。

(二)文化营销

巴塞罗那是一座有着两千余年历史的古老城市,积淀着厚重的文化底蕴。仅从近代来看,就有毕加索、米罗和高迪三位著名的艺术家与巴塞罗那有着不解之缘。

毕加索是当代最有创造性和影响力的艺术家之一,是立体画派的创始人,被人们称为"人类艺术史上罕见的天才"。毕加索出生在西班牙,在 14 岁时来到巴塞罗那,并在这里度过了 9 年的时光。这 9 年中,毕加索开始接受系统的美术理论教育和训练,并展现出惊人的艺术才能。虽然 1904 年之后,毕加索旅居巴黎,但是中间曾多次回到巴塞罗那。毕加索创造的立体画派对巴塞罗那产生了重大的影响,使巴塞罗那成为当代立体主义景观最为典型的城市之一。如今,在巴塞罗那的各个角落,都可以看到立体主义的设计,这显示着毕加索对这座城市产生的巨大影响,也足以体现巴塞罗那城市的艺术积淀。而巴塞罗那也是毕加索选定的第一个建立毕加索美术馆的城市,这也体现了这位艺术大家对巴塞罗那的深厚感情[①]。

提到巴塞罗那,不得不提到的一个艺术家就是建筑魔术师——安东尼·高迪。高迪是巴塞罗那最著名的建筑师,也是现代派运动中最出名、最具创造力、最伟大的建筑巨匠。高迪为巴塞罗那设计了众多建筑,展示了他独特的设计理念,也为巴塞罗那注入了独特的韵味,在 20 世纪的世界建筑史上留下了浓墨重彩的一笔。无论是居埃尔公园、巴特里奥之家,还是米拉之家、圣家赎罪教堂,无一不是世界建筑史上的杰作。此外,高迪设计的各种建筑物矗立在巴塞罗那的各个角落,成为城市的象征。由于高迪为巴塞罗那做出的杰出贡献,巴塞罗那被誉为"高迪之城"[②]。

此外,巴塞罗那还走出了 20 世纪著名的超现实主义绘画天才——米罗。他的艺术风格和作品也深深地影响着巴塞罗那。现在还有很多米罗的作品陈列在巴塞罗那的街头,如米罗公园的雕塑《女人和鸟》,位于市政厅的青铜雕塑多娜等[③]。

巴塞罗那的艺术家和艺术氛围,丰富了巴塞罗那的城市文化,塑造了巴塞罗那的城市形象,吸引着世界各地的艺术爱好者。

三、巴塞罗那城市营销赏析

巴塞罗那是西班牙的第二大城市,但是城市竞争力和城市影响力却远高于其

①邓位,于一平.毕加索的记忆——巴塞罗那当代立体主义景观设计[J].世界建筑,2009(6).
②③张尚宜.巴塞罗那——地中海精神的凝聚之地[M].北京:社会科学文献出版社,2004.

城市应有的水平。综合来看,巴塞罗那的城市营销为其打造城市品牌、宣传城市形象起到了重要的推动作用。现就巴塞罗那城市营销的手段和方法进行简要的赏析。

(一)巴塞罗那是利用大事件营销城市的一个典范

巴塞罗那经历过辉煌的黄金时代,但是自 14 世纪开始走向了城市发展的低谷。直至 19 世纪工业革命的兴起才为其带来再次发展的契机。巴塞罗那先后通过 1888 年世界博览会、1929 年世界博览会及 1992 年奥林匹克运动会 3 次世界性的盛会,一步步将自己打造成为欧洲中心城市之一。

1888 年世博会,巴塞罗那抓住机遇,改造城区、兴建场馆,改善了巴塞罗那的城市形象,将国际的目光吸引到巴塞罗那;1929 年世博会,巴塞罗那紧扣"电气时代"的主题,将城市在工业革命以来的工业成果展示给欧洲乃至世界,让自己跻身欧洲工业城市之列,被誉为"西班牙的曼彻斯特"。经过两次世博会的展示,巴塞罗那实现了自身的完美转变,从一个落寞了的老旧城市,开始走向复兴。

1992 年第 25 届奥林匹克运动会的举办,是巴塞罗那城市的一个转折点,也是其将事件营销发挥的极致的一个契机。巴塞罗那市政府在奥运会申办之前、申办成功之后及奥运会成功举办之后,利用前后十几年的时间,对巴塞罗那的基础设施、文化设施等进行了全面的建设和改造。同时对城市规划和城市形象进行了设计和宣传。经过 1992 年奥运会,巴塞罗那极大地发展了城市经济,推广了城市品牌,宣传了城市形象,巴塞罗那开始真正成为欧洲的中心城市。

(二)巴塞罗那在城市营销中体现了人本思想

市民是城市的居住者,是城市的主要建设者,也是城市建设成果的主要受益人。所以,城市营销必须要考虑市民的需要,满足市民的需求。巴塞罗那市长在接受记者采访时指出"一个城市必须创造财富,而创造财富的目的就是为人服务"。在筹办奥运会期间,政府并没有斥巨资大量新建场馆和街道,而是对原有场馆和旧城进行了改造,坚持可持续性的建设理念,同时按照以人为本的要求对建筑进行改造[①]。此外,在进行城市改造的同时,政府充分考虑居民的需求,打造更多的公共空间供市民共享;促进建立社会住房模式,力求让人人皆有住房;同时通过更多地

---

①孙锦,郑向鹏.巴塞罗那:借奥运改造城市的典范[N].深圳特区报,2012—7—17.

幼儿园、教学培训中心、社区中心、图书馆等教育文化设施,促进社会融合,满足人民的基本需求①。

(三)巴塞罗那是整体性的、有计划有目的的城市营销

巴塞罗那的城市建设,始终围绕着整体的规划而展开,具有明确的目的性。如在申奥成功后,巴塞罗那的城市建设理念是"为了城市,而不是奥运会",同时提出了"把城市向大海开放"的理念。在这些理念和规划的指导下,巴塞罗那兴建了海滨沙滩等设施;在对旧城区进行改造的过程中,政府遵守巴塞罗那法律规定,按照历史与文化遗产目录,对城市的文物建筑进行有选择地拆除,以保护城市的"文化心脏"。这些虽都是城市建设中的小事,但是却体现了政府在进行城市建设和改造过程中的总体规划和原则性。

巴塞罗那自19世纪以来经过工业化、城市化,发展成为欧洲闻名的工业城市,并在奥运会过后发展成为欧洲著名的中心城市。在这个过程中,巴塞罗那形成了以文化政策引导的旧城改造和新城区建设,被称为"巴塞罗那模式"②。这一模式突出的表现了巴塞罗那在城市建设中的整体规划。巴塞罗那模式的主要文化政策包括:

第一,制定文化战略规划,如在城市政府、地方商会、企业家和知识分子的共同努力下制定城市文化战略规划,并提出"文化是城市,城市是文化"的口号。

第二,重视文化设施的建设,让艺术家、建筑师等参与城市改造的规划,将艺术与城市建设融合起来,提升城市的文化品位,凸显城市的文化气质。

第三,积极举办国际性的文化活动,如2000年的"音乐年"、2001年的"艺术、博物馆和国际会议年"及2004年的"世界文化论坛"等,将其与城市文化相整合,增强城市的吸引力和国际地位③。

在文化政策的指引下,巴塞罗那进行了旧城区的改造和滨海区的建设。相信在巴塞罗那政府的整体规划和带领下,巴塞罗那的城市建设将发生日新月异的变化。而在文化政策的引导下,巴塞罗那也会凸显其文化内涵,成为欧洲的又一个文化中心。

---

①刘凌,刘莉.从巴塞罗那城市案例探析知识经济时代城市更新发展趋向[J].建筑与文化,2011(12).
②③范建红,葛润南.从巴塞罗那模式谈文化政策和城市更新[J].工业建筑,2013(8).

第五章　营销东京
——密集型城市的营销战略选择

谈及东京，我们首先想到的是日本的政治中心——首都，并且顺理成章地联想到日本大和民族特有的文化。初见东京，美国小说家 Paul Auster 感觉到的却是这样的东京——"Combine the density of Manhattan with the sprawl of Los Angeles——and still thrive"；而美国诗人 Gary Snyder 却难以接受再在东京生活——东京是个稠密的城市，太稠密的城市①。而令人惊叹的是，这样密集的人口却未给东京带来杂乱——东京城市功能齐全、整洁、安全而且高效。东京不仅是日本的首都——政治、经济、文化教育中心，还是世界知名的发达城市。NASA 的人造卫星发回的数据报告更是印证了东京是世界上光芒最璀璨的城市。东京拥有世界最大的都市圈，拥有世界最大的城市建成区，GDP 总量在世界城市中位居第一，是亚洲的经济中心和亚洲第一时尚中心。东京是一个人文气息浓厚的旅游城市，有 3670 万居民，承载日本、亚洲，乃至整个世界政治、经济的发展。东京又是一个复杂城市功能的综合体。与其他城市相比，东京的城市营销绝不仅限于旅游营销，其城市营销的目的也不只是为了东京文化传播，更重要的是全方位多角度的提升东京，以至日本在全世界的政治、经济影响力。

一、东京城市营销措施

东京的城市营销采取的措施多样，内容丰富，涵盖面较广。东京城市营销的主要措施有关系营销、形象营销、体育营销、节庆营销、旅游营销和文化营销等。涵盖

---

①City Branding：Theory and Cases[M]. London：Palgrave MacMillan，2010.

了东京的政治、经济、文化、旅游、体育等多个方面的营销内容。从不同的方面入手，各种措施相辅相成的对东京进行全方位的城市营销，起到了非常好的城市营销效果。

（一）关系营销

关系营销是城市营销的重要内容，也是东京城市营销的一个重要的方面。东京的关系营销和其他城市类似，即通过与全世界多个国家的城市建立姊妹城市关系，构建城市间交流的桥梁，促进城市之间的联系，相互之间进行营销，也建立对外的城市营销联盟。同时，东京还加入了 21 世纪亚洲大城市网络。21 世纪亚洲大城市网络促进了亚洲亚洲大城市之间的友好关系的发展，也是东京关系营销的重要方面。

1. 姊妹城市

东京作为日本的首都，在日本 47 个都道府县中城市功能最为发达。早在 20 世纪 60 年代，东京就与美国纽约建立了姊妹城市关系，此后陆续与中国北京、法国巴黎等城市缔结了姊妹城市，积累了丰富的城市交流经验。至今东京的姊妹城市已有 11 个，如表 5－1 所示。

表 5－1　东京的姊妹城市

城市（州）	所属国家	缔结日期
纽约	美利坚合众国	1960 年 2 月 29 日
北京	中华人民共和国	1979 年 3 月 14 日
巴黎	法兰西共和国	1982 年 7 月 14 日
新南威尔士	澳大利亚	1984 年 5 月 9 日
首尔	大韩民国	1988 年 9 月 3 日
雅加达	印度尼西亚共和国	1989 年 10 月 23 日
圣保罗	巴西联邦共和国	1990 年 6 月 13 日
开罗	阿拉伯埃及共和国	1990 年 10 月 23 日
莫斯科	俄罗斯联邦	1991 年 7 月 16 日
柏林	德意志联邦共和国	1994 年 5 月 14 日

续表

城市（州）	所属国家	缔结日期
罗马	意大利共和国	1996 年 7 月 5 日

资料来源：东京都官方网站，http://www.metro.tokyo.jp/CHINESE/LINKS/links5.htm.

2. 合作营销：21 世纪亚洲大城市网络

亚洲大城市网络 21（ANMC21）是这样的国际性城市网络：对于亚洲的首都和大城市面对的危机管理、环境对策、产业振兴等共同课题，携手研究与解决，促进亚洲地区的繁荣和发展。其会员城市有曼谷、德里、河内、雅加达、吉隆坡、马尼拉、首尔、新加坡、台北、东京和仰光。

各城市行政首脑出席，原则上每年举行一次。总会上，除决定有关总会运营的重要事宜等之外，还就共同事业的实施情况及其成果、各城市政策为主题的研讨、有关特别事项的报告等进行磋商，会议最后采纳宣言。另外，除了总会之外，各城市的实务负责人将聚集在一起，举行"实务负责人会议"等，就有关运营的实际业务内容进行探讨。此外，还在总会召开之际举办 ANMC21 展，介绍 ANMC21、展示各大城市之公众宣传、舞台演出等。

从 2010 年起，为深化各城市间的经济交流，通过 21 世纪亚洲大城市网络的活动，在大会举办城市及东京举办的商品展览会上，设置汇总东京和会员城市中小企业及贸易促进机构等的亚洲展区，通过扩大亚洲企业的商机，致力于推进会员城市间的经济交流。为了解决大城市的共同课题，亚洲的首都及大城市相互配合，推动共同事业的发展。提出共同事业议案的城市成为"干事城市"，而其他城市则根据各自的课题参与议案，并举办研讨会，开展相关培训，推进国际活动等，如表 5—2 所示。

表 5—2　ANMC21 主要的共同事业

项目	目的	措施
"亚洲欢迎您"宣传活动	亚洲各城市携手合作，致力于招揽欧美、大洋洲以及亚洲等地的游客	各城市之间利用互联网络发布信息，联合开展宣传活动

续表

项 目	目 的	措 施
建立危机管理网络	危机管理网络旨在通过共同分享各城市拥有的经验技术及人才培养，致力于提升危机管理能力。应对近年来亚洲多发的海啸、地震、洪水等自然灾害，以及重大事故、恐怖事件等新型危机	举行每年一次的亚洲危机管理会议，交换危机管理的信息和经验 亚洲各城市参加在东京都举行的综合防灾训练和救助技术研修，以及在新加坡举办的搜索、救助研修 利用危机管理联络网迅速交换信息，致力于灾害突发时会员城市之间能够迅速交换信息
建设亚洲传染病对策工程	各城市之间共享有关传染病对策的经验知识 为能够迅速对应超越国界传播的传染性疾病，致力于构筑各城市专家之间恒久牢固的人际网络	海外传染病信息网络系统的运用 召开亚洲大城市传染病对策工程会议 实施亚洲大城市传染病对策研修 共同调查研究等
亚洲舞台艺术节	促进亚洲舞台艺术的振兴，进一步促进文化交流 提升亚洲舞台艺术作品的水准 挖掘发现优秀的人才和舞台艺术作品，推动其走向世界的市场培育	举办亚洲舞台艺术大型节庆项目
亚洲青年的交流（青年体育交流）	通过竞技在提升技术、精神面貌的同时，加深超越国界的相互理解，形成、培养贯穿一生的健全人格	除了举办"青年体育亚洲交流大会"之外，还实施文化交流、体验及指导者交流
提高职员能力的培训事业	以会员城市的行政职员及专家为对象，通过实施研修，共享专业领域先进的事例与技术经验，致力于能力提升 致力于构筑 个亚洲人才人际网络	举办提高志愿能力的实施研修 建立亚洲人才库，由参与提升职员能力培训等的各城市行政职员及首都大学东京的留学生等构成

资料来源：东京都官方网站，http://www.metro.tokyo.jp/CHINESE/index.htm.

（二）形象营销

形象营销主要是通过建立城市的 VI（视觉识别系统）以突出城市的对内对外形象。通过简单却内涵丰富的标识、徽章、市花、市树等，或者通过城市标志性建筑或与众不同的城市布局和建筑风格等视觉上的冲击和记忆，让城市的形象和特征深入人心。

1. 东京城市的标识和徽章

东京的标识，由三道弧组成，类似一片银杏叶，代表 TOKYO 的"T"。东京的标识通常用生动的绿色象征东京未来的成长、吉祥和宁静。其标识于 1989 年 6 月 1 被正式采用。东京的徽章代表朝六个方向放射能源的太阳①（见图 5—1）。此外，东京的市树是银杏，市花是樱花，市鸟是百合鸥。

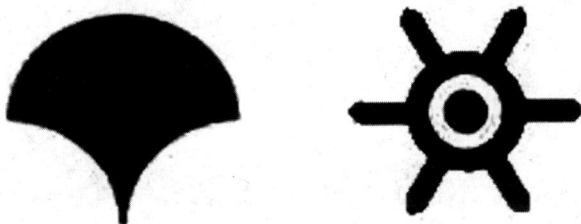

图 5—1　东京的标识和徽章

东京的标识和徽章并不能称其为一个成功之作，标识和徽章本身的设计没有显著的吸引力和区分度，含义过于简单，对东京城市的解释度不够；其传播力度也明显不够，对于东京城市的影响力和东京城市的营销要求，东京的标识和徽章难以担此重任。作为一个 20 世纪 80 年代的作品，东京的标识和徽章只能说是一个初步尝试，而现在的东京显然迫切需要一个更新的、更成熟的标识和徽章。

2. 2000 年东京新城市图景规划

东京新城市图景规划这一内容与国内概念规划中的"城市功能定位"有异曲同工之处。东京新城市图景规划确立了城市发展的目标——使东京成为具有世界领导能力、经济吸引力和活力的国际城市。并提出了完成目标的城市发展政策引导

---

① 东京都官方网站，http://www. metro. tokyo. jp/CHINESE/PROFILE/policy07. htm.

措施:提升城市活力,通过增加绿色空间来营造丰富的城市环境,形成和扩散城市文化,建造安全和健康的生活环境,在计算机化进步中促进新城市发展。

新城市图景规划包括三个部分的内容:城市的区域定位——确立城市在所处地区,乃至全省、全国和更大范围内的地位以及将扮演的角色;城市的产业定位——确立城市未来产业的方向、重点和结构;城市的文化定位——确立城市在文化方面的特色、地位和影响。从而为城市未来的发展勾勒了一幅总体蓝图[①]。

3. 标志性景观和建筑(见表5-3)

表5-3 东京的标志性景观和建筑

超高建筑	东京塔:日本电波塔	东京塔正式名称为日本电波塔,又称东京铁塔,位于日本东京都港区芝公园,是一座是以巴黎埃菲尔铁塔为范本而建造的红白色铁塔,但其高332.6米,比埃菲尔铁塔高出8.6米。1958年10月竣工,此后一直为东京第一高建筑物,直至2012年2月东京天空树(634米)建成而退居第二位
	东京都厅:"泡沫之塔"	东京都厅是日本东京都政府的总部所在地,位于新宿区西新宿。1990年12月落成,1991年正式启用。在日本泡沫经济最高峰时策划兴建,是当时日本最高的大厦,近年被讽刺为"泡沫之塔"。东京都厅舍楼高243米,在落成时比丰岛区池袋的"阳光60"高而成为日本最高的大厦,其纪录后被1993年竣工、高296米的横滨地标大厦打破。内设的豪华都知事室被批评"浪费纳税人的金钱"。不过,东京都厅舍已成为东京的观光胜地之一,到45楼的展望室参观的访客络绎不绝
	天空树:东京晴空塔	东京晴空塔,又译为东京天空树,正式命名前称为新东京铁塔、墨田塔,是位于日本东京都墨田区的电波塔。于2008年7月14日动工,2012年2月29日竣工,同年5月22日正式对外开放。其高度为634.0米,于2011年11月17日获得吉尼斯世界纪录认证为"世界第一高塔",成为全世界最高的自立式电波塔。也是目前世界第二高的建筑物,仅次于迪拜的哈利法塔(828米)

---

①方倩,崔功豪,朱喜刚.2000年东京都市区战略规划评介[J].国外城市规划,2003(5).

续表

特色风景	富士山	象征着日本自然、历史、现代的三大景点(富士山、京都、银座)之一的富士山,是日本第一高峰 2013年6月22日,正在柬埔寨首都金边举行的第37届世界遗产大会批准将富士山列入联合国教科文组织《世界遗产名录》,富士山从而成为日本的第17处世界遗产 富士山作为日本的象征之一,在全球享有盛誉。它也经常被称作"芙蓉峰"或"富岳"以及"不二的高岭"
历史和文化景观	皇居	皇居是天皇平时居住的场所。现在所说的皇居是指曾命名为"宫城"的东京江户城旧址一代,"宫城"这个名字于第二次世界大战后废止,并改名为"皇居"
	明治神宫	明治神宫坐落在东京都涩谷区,地处东京市中心,紧挨着新宿商业区,占据了从代代木到原宿站之间的整片地带,是东京市中心最大的一块绿地。明治神宫于1920年11月1日启用,是供奉明治天皇(于1912年过世)和昭宪皇太后(于1914年过世)灵位的地方,是日本神道教的重要神社
	浅草寺	浅草寺创建于628年,是东京都内最古老的寺院。江户时代将军德川家康把这里指定为幕府的祈愿所,是平安文化的中心地 根据东京观光财团的资料,把观光者的人数也算在内的话,一年达有3000万～4000万人次。按照寺院、神社的参拜、观光人数排行,这里是日本第一。主参道上游人终日络绎不绝,元旦三天的参拜者达到百万人次以上
都市景观和经济圈	银座	银座是位于东京都中央区的日本一个有代表性的繁华街区。17世纪初这里开设,在新桥与京桥两桥间,以高级购物商店闻名,是东京其中一个代表性地区,同时也是日本有代表性的最大、最繁华的商业街区。银座是通过不断填海造地才逐步形成今日之构架,也是人类经济发展的重要体现。象征日本自然、历史、现代的三大景点(富士山,京都,银座)之一的银座,与巴黎的香榭丽舍大道、纽约的第五大道并列为世界三大繁华中心
	六本木	六本木是日本东京港其中一个区域,位于东京日比谷沿线,以夜生活及西方人聚集而闻名。赤坂以南,麻布以北
	秋叶原	秋叶原位于东京市区东北部千代田地区,是世界上最大的电器街。除了电器商品专卖店之外,商务、饮食等服务功能也日渐具备齐全,正在发展成为一个具有综合性色彩的繁华区域

资料来源:东京都官方网站,http://www.metro.tokyo.jp/CHINESE/index.htm。

超高建筑不仅是标志性建筑,更是一直被视为国家和城市的经济和科技发展的产物,象征意义远大于其实质的建筑功能。与世界上其他很多的城市不同,东京的标志性超高建筑景观有三个——东京塔(1958年)、东京都厅(1990年)和天空树(2012年)。充分表现出东京不甘落于人后的孜孜不倦的精神,也表现出了东京对强者的敬仰之情。不仅让城市标志建筑陷入同质化的恶性竞争,给城市带来资金压力;而且通过超高建筑来营销城市本身就是值得质疑的:一个城市是否能通过建超高建筑得到世界的认可?东京都厅或者在一定程度上印证了这种质疑:东京都厅被戏称为泡沫之塔,因为它正是在日本泡沫经济最高峰时建造而成的,所以并没有更多地体现日本经济的蓬勃发展,反而见证了东京盲目逐高给城市带来的经济负担。

(三)体育营销

1. 东京奥运会

第18届夏季奥林匹克运动会于1964年10月10~24日在日本东京举办。93个国家和地区参加了赛事。参赛运动员达5151人,其中女运动员678人。比赛项目分为19个大项,163个小项[①]。10日的开幕典礼上,日本裕仁天皇正式宣布本届奥运会开幕。运动员代表宣誓由体操运动员小野乔完成,广岛原子弹灾难幸存者、日本田径运动员坂井义则将奥运圣火点燃。奥运会的主体育场是东京奥林匹克体育场。

东京是亚洲最早结缘奥运会的城市,1964年举办东京奥运会,更是一举树立了世界现代化强国的地位。许多人在谈到北京奥运会时,仍然以东京为鉴。1964年东京奥运会不仅对东京城市意义重大,对于其时的日本(政府)有巨大的象征意义。这是首个在欧美国家以外举办的奥运会,有一定的历史标志性。20世纪60年代正是日本创造经济奇迹、重新走向繁荣之时。日本政府与国民都非常希望向世界展示日本第二次世界大战后的新面貌。从这个角度看,和1988年汉城奥运会、2008年北京奥运会十分相似,1964年的东京奥运会象征着日本这个亚洲国家的崛起。同时,1964年东京奥运会对GDP的贡献是非常大的,日本GDP由举办前的每年增长10.01%猛增到了26.1%,经济学家将其称为"东京奥林匹克景象"。这足以证明东京奥运会的国际影响力和推动力。

[①]日本奥组委官方网站,http://www.joc.or.jp/.

在奥运会前,也就是奥运会的筹备期,奥运会就对东京的发展起到了强心针的作用。日本政府对东京举办奥运会极为重视,并将其作为国家事业,纳入收入倍增和国民经济高速增长计划。为举办奥运会扩建了城市,改进了交通网点,兴建了体育场馆和其他服务设施。这些大规模的基础设施建设带动了制造业、建筑业、服务业、运输、通信等行业的强劲发展,使日本出现了经济的持续繁荣,形成了1962～1964年的"奥林匹克景气"。东京奥运会给日本刚开始复苏的经济注入了强大的活力,被经济学家看做日本经济腾飞的发动机[1]。大规模的投资产生了显著的效果。东京奥运会15天内售出入场券202万张,入场收入达176500万日元。从实际国民生产总值的增长率看,1962年是7.0%,而1963年为13.2%,经济增长率明显加快。就业状况也得到明显改善,1962年、1963年和1964年分别为4556万日元、4596万日元和4655万日元[2]。尤其是服务业的投资,带来的生产总值在所有行业中最高,为5741亿日元,占各相关产业生产总值增量总和的45.2%[3]。

东京奥运会的举办还促进了东京的服务业、旅游业、体育和休闲业等产业的发展。同时它也为日本企业展示技术成果,对外宣称产品提供了绝好的机会。东京奥运会的波及效果广泛而深远。1965年,电影《东京奥林匹克》发布,获得了1965年戛纳影展国际影评人大奖,被称为是与《奥林匹亚》齐名的奥运纪录片。日本政府电影拍摄的初衷在于拍摄一部更有推介力、宣传性质的片子,要有新闻性和政治性。但电影的拍摄手法却与这一初衷不符,电影的艺术性和感染力丰富,而政治性和宣传性不足。但正是这样的"谬误",反而使电影大获好评,从另一个侧面宣传了东京,宣传了日本——1964年东京的整洁、朴素及日本人的礼貌、和善、敬业。整部影片充满了人文气息,对1964年东京奥运会以及对东京的城市起到了非常好的营销效果。

但是东京奥运会之后1965年日本的经济萧条也是非常惨烈的。1964年日本的经济增长率为13.2%,1965年则骤降至5.1%;企业倒闭数由1964年的4212家骤增到6141家,失业人口由1964年的54万增至75万[4]。虽然造成1965年经济萧条的原因很多,但不可否认奥运会结束后建筑等行业的降温,投资锐减,失业增加是其重要原因之一。

①石秀梅.浅析1964年东京奥运会对日本社会经济的影响[J].日本问题研究,2004(1).
②④车维汉.日本经济周期研究[M].沈阳:辽宁大学出版社,1998.
③经济统计年鉴[J].东洋经济,1969(34).

2. 东京马拉松

始办于 2007 年 2 月的东京马拉松,是大规模的城市马拉松赛,包括国内外受邀选手在内的 36000 名参赛者途经东京都中心的名胜(皇宫前、银座、浅草等)跑完全程。比赛当天汇集了 36000 个参赛者、10000 个志愿者,吸引了 170 万来自世界各地的观众[①]。

东京马拉松是日本很具有代表性的体育盛典,也是在世界上为数不多的仅用短短两年即获得金标的国际赛事。作为典型的城市马拉松比赛,东京马拉松将体育赛事和城市营销完美地结合在一起。赛道起点设在东京市政厅、途经皇居、银座、日本桥、雷门等特色景点和繁华地段。在媒体对赛事报道时,东京的景点也同时被媒体曝光宣传,展现了东京最为精华的城市风貌。

不仅如此,组委会还将一项体育活动扩展成集合了多个文化展览的"东京马拉松节"。譬如,在东京的旅游名胜浅草门前,表演当地的传统文艺"金龙之舞"和"浅草大鼓";在比赛终点站东京国际展览中心,表演抬神轿等项目;在其他活动会场,比赛沿途的居民、高中生、市民团体展示音乐演奏、歌曲、舞蹈、拉拉队、传统文艺等。将"东京马拉松节"举办成各种盛大的活动,令众多参赛者和观战者乐在其中。赛制的设置和活动的管理不仅有序,而且精细。通过将选手分散至 11 个区域进行分区比赛,而且根据赛场人流量进行灵活的流量处理。而且东京马拉松至今还保持着零死亡的纪录,有着非常完善的救援措施。东京马拉松在宣扬体育和文化的同时,还推动日本慈善事业的发展和传播。以此,东京马拉松吸引了 170 万游客到访参加,对整个东京的旅游贡献极大。

通过东京马拉松,不仅宣传了东京的体育,同时带动了东京文化的传播,推动了旅游事业的发展。而且在提高其知名度的同时,通过细致的管理使得东京马拉松的美誉度获得提升。从而宣传了城市具有的独特的文化和精神。

(四)节庆营销

节事营销是城市地位的象征和城市文明发展的标志。节事作为城市营销的重要媒介和手段,已经成为繁荣区域经济和经济文化,实现城市可持续发展的重要战略方法。东京的节事活动不仅有传统的樱花节、盂兰盆节、花火大会、女儿节等,也

---

①东京马拉松官方网站,http://www.tokyo42195.org/2014/.

有电影节、动画博览会、摇滚音乐节等现代的节事营销项目。

1. 东京国际电影节

东京国际电影节始于 1985 年,是当今世界 13 大 A 级国际电影节之一,是一个获得国际电影节联盟承认,和戛纳国际电影节、威尼斯国际电影节、柏林国际电影节等著名电影节齐名的、亚洲最大的电影节。开始之初,每两年举行一次,从 1992 年起,改为每年一次。电影节定于每年 10 月下旬至 11 月上旬举行。

东京国际电影节是由日本映像国际振兴协会主办,亚洲最大的电影节,是国际电影制作者联盟(FIAPF)承认的长篇电影节活动(Competitive feature film festival)。比起亚洲的釜山和香港的电影节,东京电影节更注重国际竞争。以 2009 年 10 月的第 22 届东京国际电影节为例,在竞赛单元的 15 部影片中,有 5 部是全球首映、5 部是国际首映、5 部为亚洲首映;电影节的 209 家参展商中,60％是日本公司,40％来自国际市场。登记买家超过 3000 家,其中 1/3 是海外的发行公司[①]。东京国际电影节举办的一个重要目的在于促进日本与世界的电影交易,为世界电影进入日本市场提供了交易平台。

东京电影节与佳能等三家企业官方合作,获得了 23 家企业的赞助,并和 11 家媒体建立合作关系,对东京电影节进行全方位的宣传和营销,使之在全世界有较强的影响力。以第 25 届东京电影节为例,大赛一共收到了来自 91 个国家和地区的总计 1332 部电影作品。东京电影节的成长也是非常迅速,增幅达到了 40％[②]。同时,东京电影节的观影规模也是非常大的,以 2011 年为例,东京电影节的参加人数高达 178 万人,推动了东京和日本其他城市旅游的发展,增加了东京和其他城市的旅游收入。

2. 东京国际动画博览会

东京国际动画博览会[③],又称东京国际动画展(Tokyo International Anime Fair,TAF),是东京市政府和相关动画企业为了鼓励和发展动画产业而主办的国际性动漫展,这个商业性浓厚的盛会以国际动画交流与进出口商业洽谈为目的,自2002 年首届东京国际动画博览会开始举办至今,已发展成为世界规模最大的动漫

[①]东京国际电影节主打商业牌[N].中国电影报,2009－10－22.
[②]第 26 届东京国际映画祭官方网站,http://tiff.yahoo.co.jp/2013/jp/,2013－11.
[③]东京国际动画博览会官方网站,http://www.tokyoanime.jp/,2013－11.

主题大型展会。以动画综合信息展示，商品展销以及人才挖掘为主要目的，同时为业界表彰和输送了众多人才。东京国际动画展览会通过日本及国际顶尖的动画制作公司、玩具软件开发公司、电影电视公司等数百家相关企业和团体发布动画的最新信息。

2002~2008年已经举办七届东京国际动画展览会，从首届的102家参展商、288个展位、50163人参观，发展到2008年的289家参展商、735个展位、126622人参观，其国际影响力日渐增强①。东京国际动画博览会每年将为东京带来10万人次的参展，其中过半数来自海外。这不仅提升了东京国际动画博览会本身的国际影响力，而且带动了东京的旅游的发展，拉动了东京经济的提升。

然而，近年来东京国际动画博览会却发展遭遇瓶颈，2013年3月的第12届东京国际动画博览会根据官方统计的数据显示，动画展览会首日的参展人数合计为10969人，比2012年同比下降了11.55％。同时，在这部分到场的人中，属于日本本国的人数达到了10219人（比2012年减少9％），而海外参展者则只有509人（同比2012年减少43.88％），媒体为241人（同比2012年减少9.06％）。最终该届动画展览会参观人数为10.6万人次，虽然比2012年增加了7％，达到了预期的超过10万人的目标，但距离2010年13.2万人次的最高峰仍有不小差距②。虽然与国际和日本的经济形势密切相关，但这表明了东京国际动画博览会不再处于发展和上升阶段，而日趋成熟达到平稳的发展。

3. 富士摇滚音乐节

富士摇滚音乐节③，一般简称为"富士摇滚"（Fuji Rock），创建于1997年，作为日本摇滚盛事的先驱，该音乐节每次都有超过200组国内外的音乐人参与，是日本最大规模的户外音乐活动，现已成为亚洲最大摇滚音乐节（见图5-2）。参加富士摇滚音乐节的乐迷从最初的3万人次发展到2012年的14万人次，参加人数总体呈现逐步上升趋势。2013年保守估计仅门票即可获得超过十位数的日元收入。

富士摇滚音乐节也是全球知名的与旅游结合得非常紧密的音乐节。富士摇滚音乐节选择在日本著名的标志性景点富士山举办，通过富士摇滚音乐节，不仅主办方获得了门票收入，而且由此带动了旅游人数的上升，从食住行到游娱购等所有旅

---

① 程丽仙.东京国际动漫展中国招展启动[N].中国文化报，2008-12-5.
② 宋磊.2013东京国际动漫节落幕，海外参展企业减少[N].中国文化报，2013-3-27.
③ 日本富士摇滚音乐祭官方网站，http://www.fujirockfestival.com/.

游方面大量的收入；同时，旅游景点本身的游客也会增加音乐节的人气，充分展现了旅游与文化的互利互惠。富士摇滚音乐节对国内音乐节和景点的发展都是非常好的借鉴。

此外，富士音乐节以环保的概念为主，更号称全球最干净的盛典，各种综合评价极高，在全球都享有盛名。2011年的富士摇滚音乐节，由于是在日本地震海啸灾难发生后，SMASH为支援灾区专门成立了"Benefit for NIPPON"项目，富士音乐节将通过收集世界各国艺人的鼓励话语、发起志愿者活动、募捐、慈善演唱会等形式，支援灾区重建。通过摇滚音乐节，不仅为灾后重建工作做出了相当的贡献，而且宣扬了城市和国家的精神，对东京乃至日本的国际形象也起到了较好的宣传作用。

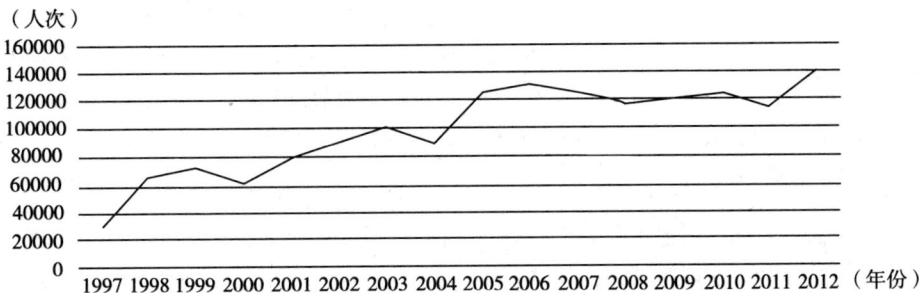

图5-2 富士摇滚音乐节参观人数(1997～2012年)

4. 东京国际汽车展

东京车展是创办于1954年，属于世界五大车展之一。逢单数年秋季举办轿车车展，双数年为商用车展，被誉为"亚洲汽车风向标"。东京车展与德国法兰克福车展、美国底特律车展、瑞士日内瓦车展以及巴黎车展一同被誉为当今全球汽车业的五大国际车展。东京车展还是亚洲最大的国际车展。

东京对于世界汽车市场有较深的影响，对于亚洲汽车市场更有着重要的意义。以2013年为例，有30118人次参加，其中实际注册人数为12491人。参展商149家企业，有268个展位，其中本国有85家企业参展，展位数205个，海外参展商64家，展位数63个。在海外参展商中，中国大陆22家企业，中国台湾33家，韩国9家[①]。

---

①东京国际汽车展官方网站，http://www.auto-mobi-expo.jp/pdf/iaae2014 __ brochure.pdf.

由此可见,东京国际汽车展主要面向的是亚洲国家,以促进本国汽车的出口为主要目的。但对东京的影响不仅限于汽车行业,因为汽车业产业链较长,相关行业较多,而且因为东京汽车展受到国内外媒体的广泛关注,曝光率极高,由此带动了包括旅游业在内的多个行业的发展。同时,由于汽车的高技术性,通过汽车展,展示出了当地强大的科研实力,从而提升了城市的影响力。

5. 东京的传统节庆营销(见表5—4)

表5—4　东京的传统节庆营销

樱花节	每年的3月15日至4月15日是日本的樱花节(Cherry Blossom Festival)。日本人民认为樱花具有高雅、刚劲、清秀质朴和独立的精神。他们把樱花作为勤劳、勇敢、智慧的象征。樱花节的由来源自1912年,当时的东京市长赠送给美国首都华盛顿3000株樱花树作为和平的象征,而美国政府以花开满丛的山茱萸回赠日本。华盛顿一些民间团体发起举行第一届樱花节活动,之后就延续下来,成了一年一度的盛会,享誉全美及世界
盂兰盆节	盂兰盆节在飞鸟时代由隋唐时期的中国传入日本,在城市7月13～16日,在农村8月13～16日举行。13日前扫墓,13日接先人鬼魂,16日送走。也有送中元礼物的习惯,民俗上也会众人聚集,跳一种名曰“盆踊”的舞蹈。日本人对盂兰盆节很重视,现已成为仅次于元旦的重要节日,企业、公司一般都会放假一周左右,称为“盆休”,很多出门在外工作的日本人都在选择利用这个假期返乡团聚祭祖,此时像大都市(如东京、大阪等)街道多显冷清,类似中国的清明节
花火大会	花火大会也是东京著名的传统节日之一,每年的7～8月,会有很多人穿上传统的浴衣去观赏烟火,浴衣是一种样式很简单的和服。花火大会上,可以看到各式各样的烟火,场面非常宏大,在那时候,几乎可以看到所有的烟火品种,各种图案映在黑色的天空里,煞是美丽
成人节	日本的成人节源于古代的成人仪礼,而日本古代的成人仪礼受到过中国“冠礼”的影响。从加冠这天起,冠者便被社会承认为已经成年。日本仿中国旧礼制,始行加冠制度在天武天皇十　年(公元683年)。日本政府1999年底宣布从2000年开始,把成人节的日期改为每年1月第二周的星期一为成人节。过节的是在这一年进入20岁的年轻人。这天,他们一般都要穿上传统服装,到神社拜谒,感谢神灵、祖先的庇佑,请求继续“多多关照”。是日本非常重要的传统节日之一

续表

女儿节	日本女儿节又叫"上巳"或"桃节"。在日本历史上的室町时代,有用纸做成人偶抚摩身体后将偶人投入河海的习俗。人们认为,随水流漂走的人偶会带走疾病和灾祸。随着阴阳学在日本盛行,这种活动在民间的逐渐流传,到了江户时代,幕府将每年的3月3日正式定为女儿节。每年女儿节前约半个月到节日当天,日本民间都举行盛大庆典,祈愿女孩健康成长并获得幸福。每逢此时,有女孩的人家都会摆出做工精湛、造型华美的宫装人偶来祝福女孩幸福平安,健康成长
神田祭(夏日祭)	列为"日本三大祭"之一的神田祭从江户时代起就被称为"天下祭",一直深受众人的喜爱。以前这个活动的举办是神田与赤坂日枝神社交替每隔一年进行的,平成十六年以后即使在阴祭之年同样在都内举办屈指可数的神社大神舆度御。直至江户时代中期,在神前奉上的能表演"神事能"都是神田明神祭礼的中心活动,重现这种表演的薪能于迎来江户开府400年的平成十五年复活,2013年上演第四届。此外,作为相关活动,还准备在14日举办无形文物的神田囃子保存会的奉纳演奏等活动

资料来源:东京都官方网站,http://www.metro.tokyo.jp/CHINESE/index.htm.

东京的传统节庆众多,这些不仅是东京人的节日,更是作为东京旅游的目的之一,原因不仅在于节日期间的东京更为热闹,而更在于通过东京的传统节庆更能了解东京的传统文化。由此,不仅东京的旅游官方网址挂出了东京传统节庆的日程表,各个传统节庆还开放了多个专门的宣传网站,如2013年花火大会网(http://hanabi.enjoytokyo.jp/)、上野樱花节网(http://www.ueno.or.jp/)等不仅提供相应的吃住行游娱购的旅游信息,还提供了很多关于节庆的介绍,同时宣传了当地的文化和历史;甚至墨堤樱花节还开设了多国语言网站(http://visit-sumida.jp/kantaihome/tabid/148/Default.aspx?language=zh-CN),使东京传统文化宣传更为流畅。

以具有350年历史的关东三大祭奠的川越祭为例。川越祭举办在位于大东京地区的卫星城埼玉县川越市,其固定在每年10月的第3个周末举行。根据2006年全年旅游人数统计,川越市居民参与者和游客共计550万人,节庆旅游作为川越市主要旅游产品,接待人数达到220万人次。而其中川越祭在两日内就聚集了110万人次,同时带动了当地其他旅游项目的发展[①]。

---

①刘向楠.中日传统节庆旅游比较研究[D].暨南大学硕士学位论文,2008.

（五）旅游营销

为了吸引外国游客前来东京,在向国外的旅游公司以及一般市民积极开展东京的宣传活动的同时,促进东京旅游商品的开发与销售,提升将东京视为观光旅游目的地的认知,开展城市推销事业。该事业始于 2002 年,截至 2011 年末,已在欧美、大洋洲的 9 个国家、19 个城市实施①,如表 5－5 所示。

表 5－5　东京的旅游广告与公关宣传项目

项目	措　　施
派遣旅游宣传代表团	为促进面向东京的旅游商品的开发,与东京都内旅游相关民营企业提携,在国外举办以当地旅游公司为对象的说明会和洽谈会
面向一般市民开展宣传活动	通过海外的报纸、杂志等进行宣传,让一般市民认识到东京是一个有魅力的旅游城市。另外,还在当地开展宣传活动,直接向一般市民传播东京的魅力,为他们创造前来东京旅游的契机
其他	为了向参加城市宣传推销活动的企业提供后援,持续不断地发布东京的旅游信息,同时,还邀请国外的旅游公司以及媒体前来东京,积极推动开发新的旅游商品、并请他们刊载宣传报道 此外,在实施城市宣传推销活动后,为开拓当地市场,设置"东京旅游代理",协助当地的旅游公司工作、为商品的开发提供和收集信息,开拓并培育当地有实力的旅游公司,开发面向东京的旅游商品,向东京输送观光游客

资料来源:东京都官方网站,http://www. metro. tokyo. jp/CHINESE/PROFILE/policy09. htm.

（六）文化营销

"东京文化发信项目"是面向"世界性文化创造城市东京"的实现,由东京都和(公益财团法人)东京都历史文化财团提携艺术文化团体和艺术 NPO 等实施的项目。通过在东京都内各地形成文化创造据点,向儿童和青少年提供创造体验的机会,在整治让更多人成为新文化创造主体之环境的同时,通过国际节庆的举办等,

---

①东京都官方网站,http://www. metro. tokyo. jp/CHINESE/PROFILE/policy09. htm.

创造新的东京文化,面向世界发信[①],如表5-6所示。

表5-6　东京的文化发信项目

项目	措　施
节庆	通过举办获得世界好评、汇聚国内外各种人才的国际节,在致力于扩充东京的艺术文化创造活动的同时,让世界关注其动向,提升东京作为世界创造、交流据点的认知
儿童和青少年项目	为开辟东京艺术文化创造活动的未来,为肩负新一代责任的儿童、青少年提供机会,让他们综合体验创造活动的各个侧面,培养丰富感性及创造性
设置艺术点	在街区展开艺术家和市民协作互动的艺术计划。通过开展街区中与各种地域资源相连接的艺术规划,以及与教育、防灾、产业、环境、福利等各领域协作互动的艺术计划,在都内各地打造"艺术点",带给人们新的发现和创造契机
网络连接	在向国内外宣扬"世界性文化创造城市东京"的同时,展开将国内外相关人员汇聚东京的计划和事业,强化网络连接

资料来源:东京都官方网站,http://www.metro.tokyo.jp/CHINESE/PROFILE/policy10__3.htm/.

二、评价和建议

作为全球人口密度最大的城市,东京的城市规划和管理值得全世界所有大城市学习。而作为一个国际大都市,东京的城市营销与其城市内部的规划相比则有待提高,尽管如此,东京的城市营销也有很多值得学习的地方。

(一)城市营销战略最优

提到东京,似乎很难找到一个恰当的头衔或口号,类似于"水城"威尼斯、"音乐之都"维也纳[②]。这是因为东京本身具有的与众不同的气质和非常丰富的内涵,以

---

①东京都官方网站,http://www.metro.tokyo.jp/CHINESE/PROFILE/policy10_3.htm/.

②Paddison R. City marketing, image reconstruction and urban regeneration[J]. Urban studies, 1993, 30
(2):339-349.

及其承载的政治、经济、交通、文化、教育、旅游等繁杂的中心城市功能，难以用一言概括①。

东京城市营销在某些方面进行"理性的作为"，而在一些方面则是"理性的不作为"。因为城市营销绝不是一个部门单枪匹马的战斗，而是多个部门协同作战的结果。东京的城市营销的主要目标是城市的多个功能之间进行协调和互补，同时注重整个日本内所有城市的功能划分以及保持其独特的景观和特点。从旅游部门来说，东京的旅游营销就和整个城市的营销相得益彰。东京是一个非常具有旅游价值的城市，旅游业不仅能为东京带来丰厚的收入，还能提升东京的国际影响力，但东京的发展从来不局限于也不依赖于旅游。

作为日本的首都，虽然东京本身是一个非常具有日本文化代表性的地方，旅游自然资源和人文景观均较为丰富，但对应的旅游功能却非常具有针对性。东京更突出其娱乐和购物的旅游功能，而较为弱化民族特色居住感知、景观游览等，因而将这些功能配置在京都、北海道、大阪等城市。而同样是花道、和服、浮世绘等通过文化来进行促进旅游营销，东京则将此定位在高端的培训课程和体验课程上。从旅游方面来说，不仅减少了游客滞留，而且增加了旅游收入，同时也为其他城市的旅游发展预留了空间。从整个城市的发展来说，给东京的更重要的政治、经济等其他更多的部门留下运作的空间，更大程度上使得整个城市能够有序而高效地运转，从而为整个城市乃至国家带来更丰厚的利益。

可以说，东京的城市营销战略布局给我国的城市发展提供了很好的借鉴意义②，其目的不在于如何绞尽脑汁做到"最好"，而应该多方权衡以期"最优"。反观一些城市，不顾与周边城市的功能合理配置，也不顾城市基础设施的承载量，盲目地进行营销扩张。致使城市功能设施常处于超负荷运行，当地居民生活质量下降，城市管理纷杂混乱。

(二)缺乏专业的城市营销机构

作为一个现代化的世界级中心城市，东京的城市营销机构理应起到锦上添花

①Clark G. City marketing and economic development[J]. International City Marketing Summit，Madrid，Spain，2006(11)：15－16.

②Porter M. E. New strategies for inner－city economic development[J]. Economic Development Quarterly，1997，11(1)：11－27.

的作用[1]，但实际上，东京的城市营销还略显不足，这在东京城市营销的诸多方面得以体现：

作为城市代表以及城市精神的凝结和主要体现——东京城市的标识和徽章已经逐步落后于时代，无法承担它本该具有的营销功能，而东京的城市营销机构却迟迟不予更新，城市营销管理方责无旁贷。

另外，东京对外的和面向公众的城市门户网站管理混乱、语言非常有限、信息单一且陈旧。整个官方网站的格局是非常混乱的，获得有效信息效率低下；语言只有中、日、英三种，而且不同的语言版本间信息存在显著的差异；公众通过东京的官方网站获得的信息非常有限，对东京整体的介绍不足，缺乏大事记的详细报道和宣传，相关网站的链接不畅。总的来说，作为公众尤其是外籍人士在线接触东京的第一站，东京的城市营销网站是比较落后的，反映出其背后的城市营销管理不善。

东京城市营销的不足之处在标志性建筑物上的体现则更加明显。日本是一个崇尚强者的国家，反映在东京的城市标志性建筑即是孜孜不倦地对超高建筑的追求：1958 年的东京塔、1990 年的东京都厅和 2012 年的天空树。不断刷新的东京建筑最高点在一定程度上体现了日本科技的不断进步，却难以承担标志性建筑的营销功能。标志性建筑不仅是当地的经济和科技发展的体现，也是富含城市特质和艺术美感的，是城市精神的集中体现。但是东京的三个超高建筑的同质化程度太高，其特质不断被彼此侵蚀。曾在众多文学作品和影视作品中被反复提及的东京塔（东京铁塔），富有深重的历史感和人文气息，但这却被东京都厅和天空树逐步抹杀。这样得不偿失的作为，可以说城市营销机构难辞其咎，其专业性亟待提高。

东京的各部门之间协调有序，但东京的城市营销整体还处于各自为政的散兵游勇状态，城市营销在各部门中处于一个次重要的地位，而没有一个专业的城市营销机构进行总体的规划和协调。也许在现阶段这样的格局是可以继续有序发展的，但面对越来越多的其他城市都纷纷建立自己的城市营销机构之后，东京城市营销的这一劣势将逐步凸显。

(三)城市品牌化建设有待提高

首先是品牌定位方面。一个鲜明的、强有力的城市识别和城市形象，是当今城

---

[1]Kavaratzis M. From city marketing to city branding：towards a theoretical framework for developing city brands[J]. Place Branding，2004，1(1)：58—73.

市最具有市场价值的资源①。东京虽然没有一个响亮的城市形象定位表述，但作为亚洲的金融和经济中心的城市地位却是获得全球共识的。2020年，东京新城市图景规划则将东京的品牌定位放在了东京城市建设的战略地位，东京品牌定位提升指日可待。

其次是品牌决策方面。城市品牌决策涉及主副品牌决策，主品牌是城市总体品牌形象的表现，副品牌旨在树立城市不同细分市场中的独特价值。东京的主品牌意识比较薄弱，城市的形象定位比较模糊。在副品牌方面，富士山作为独特的旅游资源，其打造的副品牌价值极高；而标志性建筑，东京塔、东京都厅、天空树三者的功能重叠且景观较为一致，东京塔所塑造的标志性超高建筑的城市副品牌效应却被逐渐削弱；同样具有旅游功能的皇居、明治神宫、浅草寺等所代表的历史和文化景观副品牌与东京的历史文化较为契合，与东京的经济地位并不冲突，丰富和深化了东京的品牌形象；银座、六本木、秋叶原等形象鲜明、各具特色，则使得东京的投资购物副品牌之间相得益彰。

最后是品牌传播与沟通方面。通过体育赛事、大型节庆等常用的沟通工具。东京巧妙地将城市的景观和文化内涵融入影视作品和文学作品中，通过奥运会等大型体育赛事、东京国际电影节等大型节庆，成功地将东京的城市品牌传播到世界各地，这些都是东京城市营销值得借鉴的地方。当然，在具体实践中，也有值得商榷和改进的地方，比如1964年东京奥运会之后带来的经济萧条，也警醒今后城市营销应更加注重多方权衡，注重城市营销的可持续发展。

---

①刘彦平.城市营销战略[M].北京:中国人民大学出版社,2005.

第六章　营销悉尼
——国家层面规划指引城市营销

悉尼（Sydney）是新南威尔士州的首府，也是澳大利亚第一大城市，面积为2400平方公里。200多年前，这里曾是一片荒原，经过两个世纪的艰辛开拓与经营，现已成为澳大利亚最繁华的现代化、国际化城市，有"南半球纽约"之称。悉尼的城市营销措施主要依据澳大利亚国家的营销规划而展开，由澳大利亚旅游局负责。大规模有组织的城市营销是自悉尼奥组委筹备2008年悉尼奥运会开始的[①]。悉尼还和澳大利亚的其他城市及其他国家城市和组织结成了广泛的城市营销联盟，共同宣传各地的城市营销。悉尼城市营销的方式主要以形象营销、节事营销、体育营销及公关推广为主，并取得了良好的营销效果，显著提高了悉尼的城市影响力。不仅增加了悉尼的旅游人数，还促进了悉尼的招商引资及增加了当地的就业率，也推高了悉尼的房价和地价。

一、悉尼城市营销的措施

悉尼非常重视其城市营销活动。悉尼城市营销措施多样，范围广泛，内涵丰富。悉尼城市营销的措施主要有关系营销、形象营销、节事营销、体育营销和其他宣传项目。

（一）关系营销

悉尼以其广泛的包容性和多元化元素著称，它汇聚了来自全球各地的、拥有不

---

①City Branding：Theory and Cases[M]. London：Palgrave MacMillan, 2010(1)：199－205.

同语言、文化和传统的居民。悉尼也是与全球其他国家建立联系最多的第七大城市，仅次于纽约、伦敦、东京、巴黎、香港和新加坡。

1. 姊妹城市

全世界与悉尼建立姊妹城市的城市有 6 个，如表 6－1 所示。

表 6－1　悉尼的姊妹城市

姊妹城市	所属国家	年份	描　述
旧金山	美国	1968 年	悉尼与旧金山的姊妹城市关系建立于 1968 年，旨在加强文化、商业、贸易、旅游和体育等方面的联系。1977 年开始，悉尼与旧金山合作举办悉尼同性恋狂欢节
名古屋	日本	1980 年	两个城市之间的公司员工互相学习；学校橄榄球对建立联盟；乐队和歌舞团之间相互访问
威灵顿	新西兰	1983 年	在于促进悉尼和新西兰首都威灵顿之间的贸易和商业事务。然而在 1986 年，威灵顿下调了对悉尼的友好城市关系，而悉尼仍然视威灵顿为姊妹城市
朴茨茅斯	英国	1984 年	悉尼和朴次茅斯建立姊妹城市为了纪念阿瑟·菲利普率领舰队第一次驶入悉尼，并且次年欧洲开始在悉尼移民。从而继续延续和开发两个城市之间的经济、贸易、文化、教育和体育之间的联系
广州	中国	1986 年	悉尼与中国南部的贸易中心广州签署友好城市协议书，旨在促进与中国的贸易联系。广州给悉尼的达令港建立了中国花园作为纪念
佛罗伦萨	意大利	1993 年	悉尼最近期签署的姊妹城市即是佛罗伦萨的托斯卡纳城

资料来源：悉尼官方网站，http://www.cityofsydney.nsw.gov.au/learn/global-sydney/sister-cities.

悉尼建立姊妹城市关系的目的在于：

第一，更好地利用当地政府资源，以延伸彼此之间的国际友谊。

第二，促进和当地居民之间的文化相互理解。

第三，汇聚城市之间相似的利益群体。

第四，为姊妹城市之间的经验交流提供一个平台。

第五，延伸社会各界之间的相互联系。

第六，发展经济、贸易、文化、教育，以及其他有益的交流。

2. 友好城市

友好城市关系不及姊妹城市关系密切,但也在一定程度上加强了悉尼城市经济、贸易、文化、教育等方面的相互影响和促进。1998 年巴黎成为悉尼的第一个友好城市,随后 2000 年,悉尼与雅典和柏林建立了友好城市关系。

(二)形象营销

随着城市化进程的加快和经济全球化的挑战,经济、人才、社会、文化等资源的区域化乃至全球化流通不可避免地将导致各城市之间在资金、技术、知识、知名度等方面的激烈竞争。为了吸引众多"用脚投票"的要素参与城市经济的发展,提升城市竞争优势,城市除了加强自身的建设和管理,还要以自身的独特性来显示与众不同的城市形象,从而在众多的竞争对手中更易为社会识别和认可[①]。

1. 城市品牌营销"Brand Sydney"

早在 1995 年,由澳大利亚旅游委员会(如今澳大利亚旅游局的前身,ATC)负责,推出的澳大利亚最大的品牌推广活动——"品牌澳大利亚"(Brand Australia)战略,也就是将澳大利亚整个国家作为一个整体旅游目的地和品牌通过媒体向国外营销。随后推出的"品牌悉尼"(Brand Sydney)则致力于推进澳大利亚的度假体验理念,大大扩大了悉尼的国际知名度和影响力,加强海外游客与悉尼的情感联系,激发悉尼的度假吸引力。1989～1999 年的 10 年间,澳大利亚入境旅游翻一番,从 210 万人次到 450 万人次。

2. 城市核心价值观的建立

作为人口稀少的南半球城市,悉尼城市营销更注重将悉尼打造成移民和居住目的地,而非是一个旅游或投资目的地。所以,与其他城市有所不同的是,悉尼更注重从内部建设而非外部建设来构建城市品牌。悉尼将人民视为最重要的资产,以人为本是悉尼的核心价值观。对人的包容和尊重,使得悉尼成为重要的移民目的地,吸引了全世界各地的人来悉尼定居。

悉尼提出的主要的文化价值观在于:团结、勇气、正直、创新、才能、尊重,以此塑造出悉尼的核心城市品牌价值(见表 6-2)。

---

①张卫宁.现代城市形象的塑造与营销学理念[J].中南财经政法大学学报,2004(3).

表6—2 悉尼的城市价值观

城市价值观	描 述
团结	我们携手合作，以实现我们的目标 我们建立强大的团队和有效的伙伴关系 我们共享我们的工作面临的挑战和取得的成功
勇气	我们处理困难的问题，并做出明智的决定 我们恭恭敬敬地解决冲突的行为与我们的价值观 我们采取行动，以促进城市的愿景，即使这可能是不受欢迎的
正直	我们的城市的最佳利益行事，公平和公正地对待别人 我们是可靠的，诚实和道德的 我们为我们的行动承担责任，并从错误中吸取教训
创新	我们培养价值和奖励创造性思维 我们投资在学习和分享我们的知识 我们为创新建立卓越的领导
才能	我们生产高质量的工作 我们了解我们如何有助于实现城市的结果 我们致力于为客户服务，最佳实践和持续改进
尊重	我们倾听，考虑并重视他人的意见 我们礼貌对待所有的人 我们与来自不同文化背景的人沟通

资料来源：悉尼官方网站，http://www.cityofsydney.nsw.gov.au/council/about-council/careers/our-vision-and-values.

3. 悉尼城市的标识

"该标识由辐射的圆弧形成一个中心，这似乎是受到了悉尼一年一度新年除夕烟花表演的启发……五彩的弧线也代表了美丽的海滩、森林、山岭和扩张的城市。悉尼30％的人口是在海外出生的，城市的多元文化和自然环境给人印象深刻。所有这些含义最终以一个非常精致的、形而上（具有20世纪60年代瑞士国际主义的风格）的图形呈现。"

——克林顿·邓肯

悉尼的城市标识由其本土的品牌和多媒体公司Moon设计（见图6—1）。这个标识是螺旋状的10个不同颜色的色块拼接成的图形。悉尼的城市标志不仅具有现代和时尚感，而且充分体现了悉尼兼容并包的城市精神。

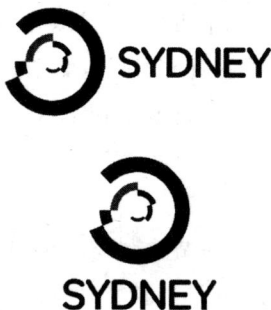

图6-1 悉尼的城市标识

4.标志性建筑:悉尼歌剧院

悉尼歌剧院位于澳大利亚悉尼,是20世纪最具特色的建筑之一,也是世界著名的表演艺术中心,已成为悉尼市的标志性建筑。该歌剧院于1973年正式落成,2007年6月28日被联合国教科文组织评为世界文化遗产,该剧院设计者为丹麦设计师约恩·乌松。悉尼歌剧院坐落在悉尼港的便利朗角(Bennelong Point),其特有的帆造型,加上悉尼港湾大桥,与周围景物相映成趣。

除了用作观光、演出歌剧、芭蕾舞剧以及音乐会之外,悉尼歌剧院还是澳大利亚歌剧团、悉尼戏剧团和悉尼交响乐团的所在地。歌剧院由新南威尔士文化部的子机构——歌剧院管委会管理。悉尼歌剧院的场馆有时还用于一些活动,例如会议、纪念仪式和公共集会。每年有多达1600多场演出在这里举办,而2010年的元旦共有1.5万名游客在悉尼歌剧院欢度新年①。

除了耶稣受难日和圣诞节外,悉尼歌剧院每天24小时向公众开放,一年之中大约有200万观众前来参观3000场演出,此外还有20万名浏览者慕名参观这个独特的建筑②。

(三)节事营销

节事活动作为一种重要的城市经济社会和文化活动形式,在城市的发展中扮

---

①悉尼歌剧院官方网站,http://www.sydneyoperahouse.com/About/09EventMediaRelease_NewYear-sEve.aspx.

②澳大利亚官方网站,http://library.thinkquest.org/J0113006/sydney_opera_house.htm.

演着越来越重要的角色。这些节事活动,既张扬了城市的个性,繁荣了城市经济、文化生活,也发挥着"依节造势、因节发展、以节兴市"的作用,往往成为一个城市最具亲和力和感召力的事物①。悉尼通过国际电影节、同性恋狂欢节、皇家复活节嘉年华等大型节事,对悉尼的城市营销起到了锦上添花的作用。

1. 悉尼国际电影节

始于 1954 年的悉尼电影节是世界上最悠久的电影节之一,也是澳洲最大的电影节。每年举办一届,每届评出 10 部最佳影片和 10 部最佳短片。为期 12 天的电影节上,放映来自全球 50 多个国家、近乎涵盖所有语言的 100 多部长片巨制、纪录片、电影短片及动画。影片在城市的各主要场所放映,正式的竞赛评审环节由国际电影制片人协会主持。悉尼电影节对自身的品牌定位与戛纳电影节、柏林电影节和威尼斯电影节等不同,悉尼电影节注重打造"平民电影节"的形象,注重全民广泛的参与性,以及多元文化品牌的融合。采取的措施包括②:

首先,影片的选择上,涵盖来源广泛、数量巨大、形式各不相同的多文化影片。2012 年的悉尼电影节选片多达 51 个国家,49 种语言,共有 12 个主题单元,总共超过 150 多部电影,包括纪录片、短片、动画片等多种形式。其次,主办方为了让更多的市民能够参与到悉尼电影节上,采取了多项措施。第 59 届悉尼电影节把位于市区最黄金地段的市政厅底层开辟出来成为集展览、演讲、论坛、电影观摩几个元素于一身的综合会场。为此电影节还专门在悉尼市中心架设了一个巨大的屏幕,配备了大量座椅,将一些重要的电影人访谈内容 24 小时不间断地放映。再次,悉尼电影节与当地最大的报纸之一《悉尼每日晨锋报》为悉尼电影节专发了一期厚达数十页制作精美的攻略手册,在电影节开幕期间各大影院分会场免费发放,随处可见,取阅非常方便。其中不但有每部电影的简介、观影时间表和分会场观影表,甚至连市区交通信息都一一标明。最后,悉尼电影节还有专门的网站,开通了适用于苹果 iTunes 平台和 Google 安卓平台的手机应用,观众不但可以清晰地了解每部电影的信息、放映时间地点、售票状况,甚至还能在手机上直接观看部分电影的预告片。

将电影节打造成以电影为主题的狂欢节是悉尼的一项创举。不同于其他国际

①余青,吴必虎,殷平等.中国城市节事活动的开发与管理[J].地理研究,2004,23(6).

②Australian Film Commission. National Survey of Feature Film and TV Drama Production 2004/05[J]. Australian Film Commission Publication,2005(11):7-9.

电影节通过媒体报道的形式对城市进行宣传,悉尼电影节让更多人参与其中,亲身感受电影节带来的狂欢。悉尼电影节更是与旅游结合得非常恰当的节庆,这是悉尼电影节另一个匠心独运的地方。分会场设于悉尼的多个热门和冷门的旅游景点包围中:悉尼歌剧院、州立图书馆、州立美术馆、悉尼大学等。不仅有利于对观影人员的有效分流,而且通过电影节使得当地更多景点被更多人熟知。

在悉尼电影节基础上发展而来的悉尼旅行电影节(The Sydney Travelling Film Festival),更是通过电影将整个国家的旅游资源结合起来:新南威尔士州的纽卡斯尔、卧龙岗、赫斯基森、楠巴卡黑、麦夸里港、塔姆沃思、沃加沃加等;昆士兰州的班达伯格、凯恩斯、查特斯岛、麦凯、图文巴、汤斯维尔以及北部地区的爱丽斯泉、达尔文和凯瑟琳等①。一方面使得当地的居民足不出户感受电影节的气氛,另一方面使得电影爱好者到澳大利亚各地旅游,促进当地旅游的发展,从而进一步扩大悉尼电影节的影响力。

2. 同性恋狂欢节

悉尼同性恋狂欢节②是世界主要的同性恋文化节,每年 2～3 月举行,为期两周。该节日已经成为标志性的同性恋盛事,其目的在于增加不同偏好的人们之间的相互理解。在大游行期间,数以千计的人们乘着色彩缤纷的游行花车沿着牛津街一路穿过悉尼的达令赫斯特,沿途游人众多,一路欢呼喝彩。在官方举办的狂欢节派对上更有数以百计的派对爱好者们载歌载舞直至黎明破晓。作为集市日(Fair Day)的开幕,同性恋狂欢节提供了让市民闲暇轻松的一天,更提供大型野餐和户外娱乐活动。

自 1978 年开办以来,悉尼同性恋狂欢节聚集了全世界各地的同性恋和异性恋们参与其中,如今每年都会吸引超过 50 万的游客来到悉尼。活动中还有大约 100 场文化、体育和社交活动在整座城市的各大场所举行,其中包括:悉尼歌剧院、皇家植物园和悉尼海港。集市日当天在百老汇维多利亚公园举办大型社区野餐和户外娱乐活动为狂欢派对拉开帷幕。最大的亮点是由 10000 名身着色彩缤纷的参与者和其乘坐的华丽的花车组成的游行队伍。

节日项目还包括狂欢电影节、艺术表演、音乐、戏剧和由国际知名艺人带来的精彩演出。狂欢节非常注重对自然美景和特色景观的宣传。多选择在塔隆加动物园、曼利和邦迪海滩、月亮公园等为活动的舞台,覆盖了悉尼众多的著名海滩和市区。

---

① 悉尼国际电影节官方网站,http://sff.org.au/public/about/2014-film-submissions.
② 澳大利亚官方旅游网站,http://www.australia.cn/explore/cultural-events/sydney-mardi-gras.

3.悉尼皇家复活节嘉年华

悉尼皇家复活节嘉年华是澳大利亚最为盛大的年度盛事,也是澳大利亚文化、遗产和农业杰出成就的一次标志性展示。从1823年首次举办至今,悉尼皇家复活节嘉年华每年吸引了大约90万名游客。

悉尼皇家复活节将世界级的竞赛和教育活动与嘉年华游乐场的趣味、娱乐及美食美酒体验融合在一起。将乡村与城市结合起来,通过澳大利亚主题夜间主赛场、国际牛仔经济系列赛、高台跳水和独轮车表演,以及小型马戏表演,悉尼皇家复活节成功的达到了对悉尼进行体验营销的目的。竞赛设置了15000个展示名额,展示悉尼顶级的家禽、食品、时尚和产品,同时也对悉尼的农业、制造业等进行了一次体验式的营销,让本地游客和海外游客对悉尼有了更深刻的理解。

4. 其他节事营销

节事可以在时间和空间上将主办地的各种节事相关吸引物集聚起来,并且还可以与其他类型的吸引物相结合,共同提高主办地的整体吸引力[①]。

文化方面的狂欢会、嘉年华等是悉尼的节事营销的主要方面,通过大型的节事营销,悉尼吸引了大量的旅游者(见表6-3)。节事活动在时间和空间上提高目的地旅游吸引力的主要效应表现在以下几个方面[②]:①增加旅游者数量、支出和停留时间;②迎展旅游季节;③旅游市场拓展。然后通过媒体的推广宣传,把悉尼的节事盛况传播到世界各地,让全球各地的人们对悉尼充满了向往。

表6-3　悉尼的节事营销

节事名称	景点	描　　述	评价和效果
澳大利亚时装周	—	至今举办了18届,每年两场的澳大利亚时装周在4月和8月举行。主要目的在于发布澳大利亚本地的服装设计,增强澳大利亚设计师的国际影响力	以2010年为例,共有约60多场品牌新系列发布秀上演,吸引了165名国际买家和媒体参加

①Getz D. Festivals. Special Events, and Tourism[M]. Sydney:Van Nostrand Reinhold, 1991.
②付磊. 奥运会影响研究:经济和旅游[D]. 中国社会科学院研究生院硕士学位论文 .2002.

续表

节事名称	景点	描　　述	评价和效果
渴望悉尼国际美食节	海港大桥、邦迪海滩、海德公园	每年10月的美食节长达一个月,整个悉尼城市都变成了美食盛典。不仅有当地的顶级特产,还囊括了世界各地的美食和名厨。在美食节期间还有现场的娱乐表演	
活力悉尼灯光音乐节	悉尼歌剧院、麦奎利大街、海德公园、达令港	每年5~6月,由当地和国际音乐家带来的表演将在悉尼歌剧院上演。每到夜晚,五彩的灯光和悠扬的音乐笼罩着悉尼歌剧院和其他标志性景点	于2009年举办的首届活力悉尼灯光音乐节吸引了20万名游客。现今已成为遐迩闻名的亮灯仪式
悉尼海港海上歌剧	海港大桥、悉尼海港、悉尼歌剧院、皇家植物园	每年3~4月,由澳大利亚歌剧团表演的户外歌剧演出,是全世界最大的户外活动之一,主要面向中国香港和中国内地游客进行宣传	
悉尼文化节	—	悉尼文化节(Sydney Festival)会于每年1月份在悉尼如期举行。这是一场关于高品质艺术与伟大艺术思想的大胆的文化庆典。伴随着独特的开幕之夜(Festival First Night),一场席卷悉尼中心各大街道及公园的自由的音乐、舞蹈以及视觉艺术盛会就此拉开序幕	每年均吸引超过20万人参与
新年	悉尼海港、海港大桥	在悉尼海港65公里的海滨上,提供了众多景点和场地供参与者使用。12月31日的最后一面,海港大桥的点亮烟火仪式将通过各大媒体传播到全球各地	每年有超过100万人参与迎接新年这项庆典,这是世界上规模最大的免费公共活动之一

资料来源:澳大利亚官方旅游网站,http://www. australia. cn/explore/cultural-events/sydney-mardi-gras.

(四)体育营销

20 世纪 90 年代以来,大型体育赛事对城市乃至国家形象的改善与提高作用逐渐开始引起一些学者的注意。其中受到最多关注的是如何通过与赛事品牌的联合战略提升城市在已有和潜在的旅游者心目中的形象,促进城市旅游业的发展①。2000 年的悉尼奥运会一直被作为经典的城市营销和体育营销案例。不仅如此,悉尼的大型体育赛事,包括澳大利亚冲浪公开赛、从城市到海滩长跑赛、悉尼至荷伯特帆船赛、澳大利亚高尔夫公开赛、国际球迷狂欢节等都起到了非常好的通过体育赛事进行城市营销的目的。

1. 奥运会

2000 年 9 月 15 日至 10 月 1 日,来自全球 200 个代表团的 11000 多名运动员,参加了 21 世纪的第一次夏季奥林匹克运动会——悉尼举办的第 27 届奥林匹克运动会。共有来自国际奥委会 199 个会员协会的 10651 名运动员(其中女运动员 4069 名,男运动员 6582 名)参加,参与报道本届赛会的新闻记者共有 16033 名,其中文字记者 5298 名,广播记者 10735 名。共招募到 46967 名志愿服务者。

以往的奥运举办城市和国家都做了一些与奥运相关的旅游推广,但是,明确将旅游发展作为目标利益的只有悉尼奥运会,制定奥运旅游战略也是独此一家。澳大利亚旅游预测委员会(TFC)通过研究历届奥运会对旅游的影响,形成"2000 年奥运会澳大利亚旅游业的潜在影响"预测报告。澳大利亚旅游委员会在这份预测报告的基础上,形成了奥运旅游战略。也正因为战略层面的重视,至今为止悉尼奥运会还是盈利最多的一届奥运会②。

悉尼奥运会共售出 670 余万张各项比赛门票,超出所有可售门票数的 87%,创立了历届奥运会门票销售纪录。据国际奥委会证实,该纪录打破了亚特兰大创造的门票销售 82%的纪录。悉尼奥运会门票销售总额为 4.3 亿美元,加上电视转播权、各大赞助商的赞助收入,悉尼奥运会的收入 18.8 亿美元,而净支出为 13.4 亿美元,主办方的盈利为 5.4 亿美元。

不仅是主办方获利,悉尼奥运会更是直接带动地当地旅游产业的飞速发展。

---

①刘东锋.城市营销中体育赛事与城市品牌联合战略研究[J].武汉体育学院学报,2008,42(5):38—41.
②杨程.利用大型体育赛事开展城市旅游营销研究[D].首都经济贸易大学硕士学位论文,2012.

悉尼在被确定为奥运会举办城市后立即成为全世界关注的热点,游客激增。在悉尼奥运会会前,即使受到1997～1998年金融危机的影响,与悉尼奥运会相关的国际旅游者仍带来了每年平均2.836亿澳元的收入;在1998～2000年,其增速更是达到了14.04%。在悉尼奥运会的14个比赛日内,接待外国游客约50万。2000年澳大利亚的入境游客达到4931万人,创造了新的纪录,比1999年增长了11个百分点①;奥运会期间创造的国际旅游收入为6.608亿澳元。在悉尼奥运会后,奥运会仍然对悉尼乃至澳大利亚的旅游产生着深远影响。每年带来了4.134亿澳元的国际旅游收入。

奥运会给澳大利亚,尤其是悉尼所在的新南威尔士州带来了直接的经济收入,拉动了当地产业的发展,从而为当地创造了相关的就业机会:1994/1995～2005/2006年期间,奥运会对悉尼所在的新南威尔士州的GDP和真实家庭消费的影响的净现值分别为63亿澳元和31.3亿澳元,对澳大利亚整体GDP和真实家庭消费的影响的净现值分别为63.5亿澳元和37亿澳元。1994/1995～2005/2006年期间,奥运会每年平均创造7000多个追加工作机会,12年期间为新南威尔士州总共创造9.95万个就业机会,为整个澳大利亚创造9.87万个就业机会。就业机会的提升集中发生在奥运会年(2000～2001年),而奥运会在会后阶段创造的年均工作机会仅为3000个左右②。

奥运会也使得悉尼的房地产市场不断升温。1993～1999年的连续7年中,悉尼的房价一直保持增长的势头,城市的均价递增超过10%,悉尼市个别中心地区和重要地区的土地房屋价格增长超过30%,特别是主会场的周边地区3年增长了1倍多,平均增长在30%以上。

悉尼奥运会后最突出的收益,则是会展旅游的持续增长。ATC与主要州的会议办公室组成的一个名为"Team Australia"的协调小组。奥运会期间,该协调小组举办了一个以旅游为题材的"商务发展计划",邀请了50名国际旅游界最具影响力的人士参与。奥运会后,"Team Australia"继续为澳大利亚的商务会展献策献力。2001年3月,"Team Australia"在曼谷举行了MICE研讨会,吸引到亚洲10个国家的80多位买主。ATC还发起了"新世纪、新世界、澳大利亚2001"的运动,鼓励澳大利亚一些大的公司吸引国际客户在奥运会后赴澳召开年会、展会或者实施会

①邹统钎,彭海静.奥运会的旅游效应分析——以悉尼奥运会及雅典奥运会为例[J].商业经济与管理,2005,162(3).

②Marwick K P. Sydney Olympics 2000: Economic Impact Study[M]. KPMG Peat Marwick, 1993.

奖旅游等计划。

2. 其他体育事件

悉尼通过举办体育赛事,能够使悉尼城市和体育项目作为旅游吸引物,从而提高城市的吸引力。体育赛事必然伴随着赛事相关的旅游者数量的提升:一方面,赛事相关的运动员、教练员、裁判员、相关组织的官员,媒体记者等,比赛必须由他(她)们参与才能正常进行,即赛事固定旅游者;另一方面,由于赛事、运动员、举办地景观等吸引而来的,即赛事引致旅游者[①],具体赛事的旅游者如表6-4所示。

表6-4　悉尼的体育事件

体育事件	景点	描　　述	评价和效果
澳大利亚冲浪公开赛	曼利海滩	每年澳大利亚冲浪公开赛选择在冲浪运动的发源地曼利海滩举行,9天的赛事汇集了世界顶级的运动员、艺术家和冲浪迷。赛程包括冲浪职业联盟制定的滑板、职业和高级冲浪巡回赛。另外还有演出一流的音乐会	吸引了12.5万余名观众
从城市到海滩长跑赛	中央商务区、海德公园、邦迪海滩	每年8月,全程14公里的悉尼从城市到海滩长跑赛在悉尼举办,它是世界上规模最大的计时跑步赛事,也是全球募集资金最多的比赛。在比赛过程中,悉尼的城市和海滩景致得到了充分宣传,社区精神得到了充分体现	超过7.5万名参赛者,募得400万澳元的慈善基金
悉尼至荷伯特帆船赛	塔斯曼海、德文特河、拉什卡特斯湾、沃森斯湾、南角、克瑞摩恩角、百利角、克利夫顿花园、曼利、北角、巴斯海峡	首节帆船赛于1945年举办,现已成为世界三大近海帆船赛之一,比赛全程约1170公里。该赛于每年的节礼日(12月26日)开幕,是澳大利亚夏日传统活动。吸引了超级帆船和周末业余选手的参加	

[①]Getz D. Festivals. Special Events, and Tourism [M]. Sydney:Van Nostrand Reinhold, 1991.

续表

体育事件	景点	描　述	评价和效果
阿联酋航空澳大利亚高尔夫公开赛	湖景高尔夫俱乐部	每年12月,在湖景高尔夫俱乐部将举行澳大利亚最具挑战性的冠军高尔夫球赛,获胜者将获得斯通黑文杯	汇集了国际顶级高尔夫选手,吸引力高尔夫迷的目光
国际球迷狂欢节	达令港	2010年世界杯是属于南非的,但借机举办国际球迷狂欢节的确是悉尼。以"足球的海洋"为主题,2010年6月,狂欢节通过直播世界杯、举行演唱会、亲子互动和街头足球等活动,分享世界杯的快乐	国际球迷狂欢节获得了来自全球超过1亿球迷的见证,每晚吸引超过3万名球迷的参与

资料来源:澳大利亚官方旅游网站,http://www. australia. cn/explore/cultural-events/sydney-mardi-gras.

悉尼体育赛事产业的发展还可以通过促进群众健身体育的开展和增加培训学习的机会,从而提高当地居民的体育素质,增加城市人力资本存量,提高了劳动生产率。而且体育赛事刺激了各行业供给的增加,行业的发展推动了劳动力、资本、技术等生产要素的投入,于是城市的就业水平也就相应地增加了,最终促进了悉尼经济的增长,为悉尼吸引了大量的外资,提升了悉尼城市的竞争力[1]。

(五)宣传项目

城市的发展离不开形象宣传,城市形象宣传作为推介城市的一个重要手段,既准确突出了城市特色,又满足了城市营销的目的。悉尼通过宣传项目对城市进行了准确的定位,采用了科学策划和艺术手段非常成功地宣传了悉尼。

1. 城市宣传片:《乐活都市悉尼》

在长达1分34秒的悉尼城市宣传片中,宣传了悉尼的众多标志性建筑和特色美景,如世界最大的拱形钢桥海港大桥、城市建筑的制高点悉尼塔、每年举办2000

[1]Austrian Z. , Rosentraub M. S. Cities, sports, and economic change:A retrospective assessment [J]. Journal of Urban Affairs,2002,24(5):549—563.

余次活动和演出的悉尼歌剧院、70余个金色的海滩、塔隆加动物园、曼利的冲浪培训课程、炫目的狂欢节和嘉年华，以及本地各种海鲜美食。

2. "世界上最好的工作"之玩乐达人

很难说"世界上最好的工作"提供的是世界上最好的工作，但这无疑是世界上最好的城市营销项目。"世界上最好的工作"最初是大堡礁的"护岛者"，吸引了全球30万人的网上浏览，共有来自全球200多个国家和地区的近3.5万名应聘者竞争这一工作。据昆士兰旅游局统计，目前这一宣传活动已经为当地带来1.1亿澳元（约5亿元人民币）的宣传效益。在推广这份"世界上最好的工作"时，当局仅仅耗资170万澳元，只在全球少数地方刊登招聘广告，花费极少，但却收到了全球宣传的效果。世界各大媒体、网站纷纷主动报道此事。

大堡礁的宣传只是澳大利亚旅游局推出的"世界上最好的工作"的一个开始。紧接着，澳大利亚旅游局又推出了：新南威尔士的"玩乐达人"、北领地的"内陆冒险家"、昆士兰的"国家公园巡护员"、南澳大利亚的"野生动物看护员"、墨尔本的"生活时尚摄影师"和西澳大利亚的"品尝大师"。从不同的角度对澳大利亚的各个地区进行宣传。

实际上，应聘获胜者本身承担的工作即是一个"草根"的旅游目的地形象代言人。通过在网上发布获胜者在澳大利亚的生活，对澳大利亚进行全方位的宣传活动，而且不同的州有各自不同的宣传主题，互相之间并不干扰。

悉尼所在的新南威尔士州的"玩乐达人"主要宣传的是当地的适宜居住的天气，享受各种水上项目的畅快，从穿着羽绒服的北半球来到了温暖的悉尼，可以尽情地游泳、冲浪、滑翔……通过平民化的第一人称的角度，让观众感受到的是一个真实的"玩乐达人"在当地的幸福生活，使人对此充满了无限向往。

3. 微电影:《跟随吴奇隆乐游澳大利亚》之悉尼篇

2013年拍摄的《跟随吴奇隆乐游澳大利亚》是澳大利亚旅游局邀请中国娱乐明星吴奇隆拍摄的澳大利亚旅游宣传微电影，主要针对的是华人旅游者。《跟随吴奇隆乐游澳大利亚》之悉尼篇于2013年11月刚播出即大获好评。不同于传统的官方宣传片以简单的景观拍摄，让吴奇隆模拟游客在悉尼的整个游览行程，将吃住行游娱购全方位地涵盖在不到20分钟的微电影里。

微电影以吴奇隆的旅游路线为线索，采取自拍加讲解的方式，通过第一人称的叙事手段，生动具体地对悉尼的旅游景点和特色文化进行细致的动态描写，语言则是非常口语化的。让观众身临其境,仿佛和吴奇隆一起游览悉尼的各个美景,品尝各种美食、尝试各种新鲜的活动。微电影涉及:悉尼歌剧院、海港大桥、维多利亚女皇大厦、邦迪海滩、水滨餐厅、瑞西卡特湾等。期间穿插的各种任务,例如一步一步攀登海港大桥、从升帆到开帆船、乘坐水上飞机俯瞰悉尼美景、体验绳降和攀岩。取代了静态的拍摄景点,让观众能够更近距离的感受悉尼。

4.微电影《再一次心跳》

由澳大利亚官方网站和土豆网联合摄制的微电影城市宣传片,由罗志祥和杨丞琳主演的爱情片。讲述了一段在充满浪漫惊喜的悉尼发生、在墨尔本升华、在塔斯马尼亚寻觅真爱的心跳之旅。该微电影对澳大利亚的多个景点进行了巧妙的宣传,其中涉及悉尼的景点有:悉尼海港大桥、环形码头、维多利亚女皇大厦、达令港、邦迪海滩等。并且通过主角之间的对话对悉尼进行城市营销。

《再一次心跳》一共五集,首播时间为 2012 年 4 月。第 1 集播出就在 Yahoo!名人娱乐首日浏览率破 300 万次,创下平台上所有影音最高浏览纪录。并且在土豆网上获得首日点击率超过 300 万次的好成绩。这同时创下土豆网开台以来,在最短时间 11 天内破 3500 万点击率的微电影。最终《再一次心跳》总点阅率超过 1 亿次。

由于悉尼最主要的海外客源地是中国内地和中国香港,推出华语微电影能够让受众更容易观看,宣传效果更好。而罗志祥和杨丞琳在中国一向以年轻和活力的形象出现,很符合悉尼和澳大利亚其他各地的阳光、海滩的印象和定位。由于前几年罗志祥和杨丞琳主演的台湾偶像剧《海派甜心》大获好评,《再一次心跳》可谓是借力巧妙。

二、评价和建议

悉尼为全球的城市营销提供了非常好的典范,无论是国家层面的统筹规划、区域层面的需求分析,还是操作层面的巧妙借力,都堪称全球一流的城市营销案例。

(一)国家统筹规划城市营销

城市营销不应该局限于对一个城市的营销,而应该看作地点营销的城市层面。

悉尼的城市营销就是一个很好的例子。悉尼的营销出发点首先是从澳大利亚国家营销的层面上开始的,其次是针对其所在的南威尔士州的层面上进一步定位而来的悉尼城市的营销。悉尼城市营销的主要机构听命于澳大利亚旅游局的总体规划。可以说,澳大利亚旅游局才是悉尼城市营销的主要机构,而不是悉尼本地的旅游或其他部门。

从国家层面统筹规划各个城市营销有以下几点优势:

1. 建立一致对外形象,做大市场

澳大利亚通过国家层面的对外营销,将澳大利亚包装成一个独具特色的南半球国家。其阳光、沙滩、大海的自然景观,袋鼠、鸵鸟、考拉等独特的生态资源,与北半球相反的季节,以及包容的心态、独特的传统、闲适的生活等特殊的国家形象都深入人心。建立出这样内部相似而区别于其他国家的国家形象,有助于提升国家的影响力,有利于把海外的旅游和投资资源吸引到澳大利亚。

2. 统一完成共同事业,节约成本

对于整个国家层次采取的营销措施,统一安排能够通过增加规模效应,从而节约成本。比如使用国家的相关资源争取国际性的大项目,或者从事营销方面的调研和规划等整体的项目,在国家层面进行效果更好,而且可以避免各地的重复工作。

3. 避免城市争夺资源,减少内耗

相较于国家之间的差异,同一国家内的城市往往由于自然、人文条件相近,使得城市之间的差异并不明显,从而有可能使得城市营销出现同质化。各地为了突出自己的差异性,可能采取的抢夺旅游资源、构建(区分度低的)城市形象来实现。而国家统筹城市营销能够加强城市之间的沟通和协调,从而减少内耗,共同发展。

4. 合理配置营销差异,提高效用

这点在"世界上最好的工作"的城市营销中得到了非常好的体现。新南威尔士的"玩乐达人"主要突出的是城市和人文景观;北领地的"内陆冒险家"将北领地打造成为沙漠探险者和冒险运动的乐园;昆士兰的"国家公园巡护员"突出的是独特的南半球自然景观;南澳大利亚的"野生动物看护员"吸引了澳洲野生动物爱好者

们的目光；墨尔本的"生活时尚摄影师"把当地打造成为澳大利亚的时尚之都；而西澳大利亚的"品尝大师"则通过美食美酒来营销当地。

　　澳大利亚的城市营销理念在其他的城市宣传活动、微电影以及节事中都得到了很好的体现。悉尼就是以一个开放包容的中心城市的形象展现在世人面前的，虽然澳大利亚其他地区的很多自然和人文景观悉尼也有，但是同样的事物因为目标不同，对应的营销方法也不同。比如说，悉尼的邦迪海滩，更多的用于狂欢活动的舞台，昆士兰的黄金海岸则以冲浪和划水活动著称，白色天堂海滩则主要是游客进行日光浴和休闲度假的场所。

　　前面两点是关于对外的营销事业，我国在这方面做得也是非常好的，甚至可以说在一定程度上比其他国家做得更全面也更精细。但是我国在对内的城市营销管理上还显得不足。比如出现了国内的两个或多个地区争夺旅游资源、争抢城市定位等现象。城市层面沟通不畅难辞其咎，但主要原因在于缺乏国家层面的合理分配和协调机制。

（二）针对需求进行城市营销

　　对于悉尼来说，目前国际旅客的最大客源地是中国香港和中国内地。截至2011年6月的财政年内，从中国香港和中国内地来悉尼的游客占到了86%，其余国际游客占14%。中国旅客的价值是12亿元，其中中国香港旅客价值2.65亿元[①]。悉尼的城市营销很多都是针对或主要涉及中国内地和中国香港游客。比如城市宣传微电影《跟随吴奇隆乐游澳大利亚》、《再一次心跳》，以及针对中国投资方推出的旅游房产投资项目等，都是在进行有针对性的城市营销。辨别出主要的城市营销对象，选择目标客户群更容易接受的营销措施，符合目标客户群利益，会产生事半功倍的效果。

　　这对于我国的城市营销是十分有借鉴意义的。在采取城市营销手段之前需要先回答一下问题：该城市的营销是针对哪些受众，是国内的还是国外的；这些受众有什么样的需求和偏好；我们可以怎样满足这样的偏好；等等。而在实践中，城市管理者最容易先回答的问题是：我们具有什么资源？这就反而可能事倍功半。找准目标客户群，这是我们从悉尼的城市营销中学到的最重要的一点。

---

①轩缈.悉尼海港海上歌剧明年3月上演[EO/BL].澳洲新闻网,2011-11.

（三）巧妙借力推广城市营销

在采取具体的城市营销措施时，"用心"比"用力"往往收效更好。悉尼的城市营销机构（澳大利亚旅游局）就非常善用"巧劲"而非"蛮力"。

以 2010 年南非世界杯期间，悉尼举办的"国际球迷狂欢节"为例。悉尼非常好地借用了南非世界杯通过足球营造出的狂欢氛围，尽管悉尼与南非相隔万里，达令港的大屏幕也比不过南非的世界杯现场，但悉尼却非常成功地将全球球迷的火热氛围从南非借到了火种，并且在悉尼的海滩上持续燃烧。

成功将大堡礁推到全世界面前的"世界上最好的工作"已经显示出澳大利亚旅游局四两拨千斤的能力，此后推出的"世界上最好的工作"系列活动再次将澳大利亚的各地都成功地进行了差异化营销，其中包括悉尼所在的南威尔士州。

而微电影《再一次心跳》借用了罗志祥和杨丞琳通过台湾连续剧《海派甜心》在中国获得的人气；而《跟随吴奇隆乐游澳大利亚》乘了吴奇隆主演的热播连续剧《步步惊心》的东风，在发布微电影期间，吴奇隆还因恋情曝光被推上了风口浪尖。

悉尼的城市营销的巧妙借力是非常值得我国城市营销学习的，善用顺水推舟、顺势而为的巧劲，而不是一味地贪大图强使蛮力。才能更加有效地实现城市营销的目标。

第七章　营销首尔
——充满活力的后起之秀

进入 21 世纪以后，城市之间的竞争日益加剧，城市像一件商品由世界各地的人们挑选，为此世界许多知名城市都通过城市营销活动来提高城市的竞争力。首尔作为韩国最具国际影响力的城市，近年来也积极利用丰富的营销手段打造城市品牌，吸引了世界各地的游客和投资商。

一、首尔城市营销组织及管理机制介绍

作为韩国首都，首尔建立了比较完善的城市营销组织网络和管理机制。营销担当官室、产业局、营销研究中心等多个组织分别从不同方面协力推进首尔的城市营销工作。市长是首尔城市营销的最高领导及协调人，与第一副市长共同指导城市营销工作，统筹兼顾，形成了全面的城市营销组织与管理体系。

(一)营销组织

以营销担当官室为核心，首尔各营销组织紧密围绕城市营销目标，从促进投资、服务企业、推动旅游等多方面展开营销工作。首尔主要的城市营销组织如表 7—1 所示。

表7—1 首尔主要城市营销组织

组织名称	主要职务	备 注
首尔营销担当官室	策划和组织营销活动,制定首尔国内外营销政策	设计了"Hi Seoul"(你好首尔)的城市口号,举办了"Hi Seoul"游戏竞赛、马拉松赛等活动
首尔弘报担当官室	通过制作和发行宣传品及其他媒体渠道,对市民和海外人士宣传首尔市政政策,传递首尔形象	每月要进行2~3次民意调查,基于民意组织宣传工作
产业局	制定投资和贸易政策与计划,组织投资促进活动,制定和协调商业计划	下设国际协力科、外资科和数字媒体城科
SDI首尔营销研究中心	广泛研究城市发展与管理的内容,提供城市形象营销、文化旅游等方面的政策建议	发表《2002世界杯白皮书》等大量论著,开展"旅游空间地带"、"2005汉城城市博览会"等重要研究课题
文化事务局旅游科	制定首尔旅游推广计划,举办旅游领域的国际会议与活动,创建和维护旅游信息系统	——

资料来源:刘彦平.品牌发力 战略制胜,首尔(汉城)城市营销案例分析[J].中国市场,2006(11).笔者整理绘制.

各组织的网络关系如图7—1所示:

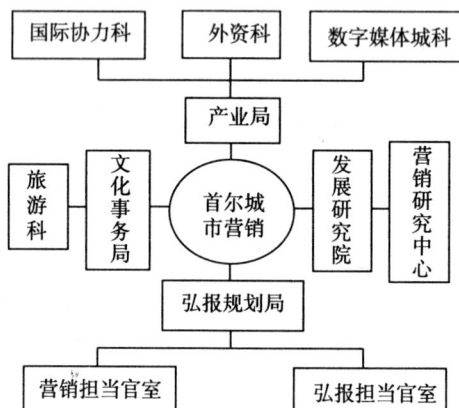

图7—1 首尔主要城市营销组织网络关系

资料来源:品牌发力 战略制胜,首尔(汉城)城市营销案例分析[J].中国市场,2006(11).笔者整理绘制.

此外,首尔还设有专门为外国人提供商业投资和旅游等方面信息的机构,如首尔外国人综合服务中心、首尔国际经济咨询团、首尔外国人投资咨询会议、首尔旅游协会等。这些机构的设立目标明确,针对性强,有效地向外国人传递了首尔形象,吸引外来投资。

(二)管理机制

首尔对城市营销活动实行统一领导、多元协调的管理机制。通常在制定重大城市营销决策时,各相关部门会进行详细的讨论论证,并得出所需研究方案,最终由各部门部长决定方案是否可行。其中,关于品牌推广等重大的城市营销项目需要得到首尔市长的审批,旅游和投资等其他营销项目需得到第一副市长的审批。除了市长外,首尔城市营销担当官负责首尔的城市品牌和形象推广活动,对于推进投资与旅游的活动并不事必躬亲,而是激励和协调其他部门,诸如产业局和文化局等来开展和管理。

在这样的管理机制作用下,首尔的城市营销工作蒸蒸日上,不断地趋向于体系化和统一化。首尔建立专业的城市营销组织与合理的管理机制,使整个城市营销体系拥有强凝聚力和向心力。

二、首尔城市营销手段分析

首尔灵活运用多种城市营销手段,并在具体操作上存在一定程度的突破和创新。大体上,首尔采用了节事营销、形象营销、传媒营销、文化与体验营销和品牌营销五种手段。

(一)节事营销

首尔主要通过体育盛会、节庆活动、会展及其他重要的事件来进行营销。

1.体育盛会

1986 年,首尔举办了第 10 届亚运会。以“最多的国家参与、最多的和谐和幽默、最佳的成果及准备性、最好的安全及服务、最大的节省及效率"为目标,首尔投入 30 亿美元修建了主会场,共吸引了来自 33 个国家的近 5000 名运动员。这届亚运会为首尔举办奥运会做了准备工作,也成为首尔城市营销的重要起点。

1988 年,首尔举办了第 24 届奥运会。不仅向全世界展示了首尔的城市形象,还为首尔,乃至韩国带来了巨大的经济效益。首尔筹备奥运会的七年间,增加了 33.6 万的就业人数,1998 年韩国 GDP 具有 12.4% 的增长。且 1985～1990 年,韩国的人均 GDP 从 2300 美元增加到 6300 美元。同时,旅游业发展也十分迅猛,1988 年,旅游人数达 234 万人,为韩国带来净收入 1.4 亿美元[①]。自此,韩国从发展中国家开始向新兴工业国家转变。

2002 年,韩日世界杯的举办再一次为首尔建立城市品牌、创造经济收益带来良好的契机。在本届世界杯的开幕式中,首尔亮出了"始于首尔"的口号,让全世界通过世界杯的平台认识和了解首尔。首尔市政府还通过媒体网络向许多世界各地的企业和组织以及居住在首尔的国内外民众进行宣传。由于世界杯策划部门的能力和经验受限,首尔没有形成完整的世界杯营销战略,但是首尔以至韩国仍获得了显著的经济效益。图 7-2 与表 7-2 分别显示了首尔世界杯体育场 2003～2007 年的收入情况和世界杯期间韩国的经济收益。

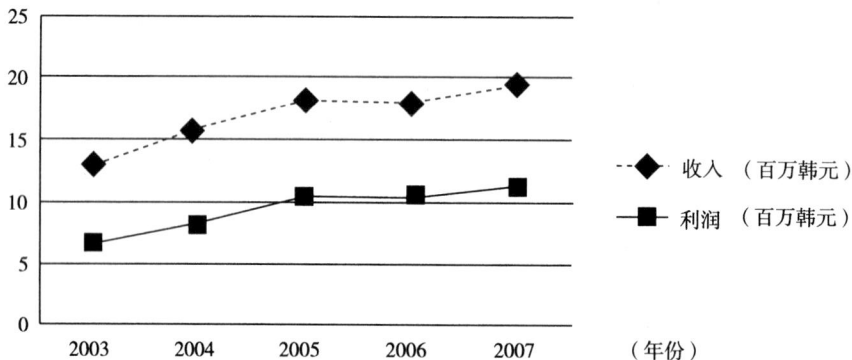

图 7-2 韩日世界杯后体育场收入及利润情况

资料来源:根据首尔发展研究院《制定城市营销战略:首尔两件重大体育赛事的比较》,笔者整理绘制。

[①]董锋,谭清美.东京、汉城奥运的经济意义对中国的启示[J].现代经济探讨,2008(2).

表 7－2　韩日世界杯为韩国带来的经济收益情况

经济收益总额(亿美元)		附加值增长	就业增长	国民经济
直接收益(亿美元)	间接收益(亿美元)	(亿美元)	(万个)	增长(％)
88.8	120	4.1	24.5	6.2

资料来源:张明军,翁飙,唐鸣.2002 年足球世界杯的营销与效益分析[J].体育科学研究,2005(2).

从图 7－2 中可以看到,2003 韩日世界杯后,首尔世界杯体育场的收入和利润连年攀升。由首尔发展研究院统计数字可知,世界杯后参观首尔世界杯体育场的外国游客数量显著增加,2007 年和 2008 年的外国游客比例达到了 70％左右。从表 7－2 中可以看到,韩日世界杯为整个韩国带来的经济效益也是不容小觑的,2002 年 5 月,韩国的就业率达到了 1998 年金融危机后的最高值,且世界杯也为其他产业如建筑业、广告业、体育用品业等带来了巨大的正面效应。

2. 节庆活动

首尔举办了许多丰富多彩的节庆活动,主题多元,形式各异,其中最具有代表性的是首尔文化节和首尔燃灯节。

从 2003 年起,首尔市政府每年会举办一届首尔文化节(Hi Seoul Festival)来传播首尔的历史文化。文化节结合了美食节、魔术庆典、国乐庆典等活动,以烟花表演、民俗公演、音乐会、街舞大赛、游行等多种形式吸引了广大的首尔市民和外国游客及演员的参与。以 2010 年第八届文化节为例,共有 70 个表演团体,其中外籍团体占 25 个,演出作品中,韩国本土文化作品占 60％,西方文化作品占 35％[①]。由此可见,首尔文化节极大地吸引了国内外的关注,促进了本土与国外文化的交流,从而有利于推广首尔文化与城市形象。

燃灯节是韩国最大的传统文化庆典之一,是为了庆祝佛祖释迦牟尼的诞生而于每年农历四月初八举办的大型文化活动。今天的燃灯节活动内容已经不仅仅是原来简单的点灯和观灯,还包含佛教文化交流、慈善义卖、民俗游戏和文艺表演等多项环节。庆典上,有许多国际交流财团的自愿者、使节家属和外国游客参与到燃灯制作大赛中。特别是,在作为高潮部分的提灯大游行之后,来自不同国家、拥有不同文化背景的各地游客会在演出广场上手拉手一起舞蹈,传递出了鲜明的"世界

---

①首尔文化节的启示,http://www.koreaxin.com/article－55746－1.html.

大同"的理念。燃灯节的举办,在韩国民众中特别是外籍人士中有效地传递了首尔形象,让人们感受到首尔的温暖。此外,首尔还举办许多其他的节庆活动,如表7-3所示。

表7-3　首尔举办的其他主要节庆活动

举办时间	节庆活动	简　　介
4月份	镇海军港樱花节	自1963年开始举办,期间有多样的文化、艺术和体育活动,每年会吸引百万以上游客参与
农历五月初五	端午民俗庆典	庆典包括摔跤、荡秋千、凤山见面舞等传统民俗表演,游客既可观看,也可亲自体验
5月第一个星期天	宗庙大祭	以宗庙祭礼乐来祭祀古代君王
5月中旬	药令祭	包括韩医诊疗、韩药展览、韩茶试饮等活动
4月底5月初	仁寺洞传统文化节	包括传统婚礼仪式表演、捕盗大将巡游及其他歌舞表演,观众可直接参与其中
10月初	鼓乐节	展览体验馆展出世界各国乐器,观众可参观体验

资料来源:首尔特色节日一览,新浪旅游,http://travel.sina.com.cn/world/2008-08-28/095221486.shtml;笔者整理绘制.

3. 会展

当前,会展业已被确定为韩国新的经济增长动力产业。韩国政府通过在教育机构设立会展相关的课程、建立统一的全国会展业信息系统、制定会展业相关法律制度、设立专门的会展业官民合作机构等手段来大力发展会展产业。韩国举办的会展数量在亚洲仅次于中国和日本,并以很快的速度增长。2000年韩国举办了140场会展,2005年增加为370场,之后以每年5%的速度增长。韩国旅游发展局的统计数据显示,韩国举办的展览数量占整个会展市场的23.4%,会议则占到50.9%[①]。韩国观光社的统计数据显示,2007年来韩国参加国际会议的与会者人均消费为2488美元,是一般游客的2.7倍[②]。出此可见,会展给韩国带来了丰厚的收益。

---

①全晓青.高筑墙、广积粮、练内功——韩国会展城市应对经济危机之道[J].中国会展,2009(19).
②顾金俊.韩国会展业借大型国际活动连上台阶[N].经济日报,2009-5-6.

在首尔建设的 COEX 首尔会议中心是世界十大会展中心之一,集会展、购物、娱乐等功能于一体。COEX 每年会举办超过 2500 场展会活动,吸引了大量的参展商和观众。2008 年的国际东方医学展,共有 200 家参展商和 6 万多名观众参与,同年的儿童用品展和幼儿教育展又吸引了 9 万多名观众前来参观①。不仅在本国举办,COEX 团队还将展会开到国外去。2009 年 COEX 团队在越南举办了国际流通设备产业展,进一步打造了首尔 COEX 会展品牌。除了 COEX 外,韩国政府已宣布还将于 2014 年在首尔新建一处规模更大的综合会展中心。

4. 其他营销事件

还有一些重要的事件也为首尔的城市营销带来了积极效应。20 世纪 90 年代,韩国力求把首尔打造为东北亚核心城市之际,首尔在 1994 年举办了定都 600 周年的庆典系列活动,有力地宣传了首尔的历史文化,并将每年的十月定为首尔市民月。之后又在 1999 年承办了第四届亚欧工商论坛,借会议之机宣传了首尔的国际形象。进入 21 世纪后,首尔还于 2002 年举办了世界大城市协会首尔总会,参加会议的世界重要人士也被邀请参加同年举办的韩日世界杯开幕式,极好地展示了首尔风采,提升了国际知名度。

(二)形象营销

城市的形象定位十分重要,它直接关系到外界对城市的关注和认知。在塑造城市形象时,首尔强调"活力"的概念,力求将其打造为高科技与文化艺术共同繁荣的开放型绿色国际都市。为此,首尔大力改善城市环境,确立城市标志,立志建设一座"设计之都"。

1. 城市环境建设

首尔重视城市的绿化建设,围绕着山脉和江水,建设起两条分别为南北走向和东西走向的绿化带。首尔还别出心裁地在城市屋顶建设绿色空间,比如"京东锅炉公司盆糖事务所",它的屋顶共种有 153 种植物,为建筑取暖能源减少了 14%,空调使用量减少了 13%②,既美化了城市环境,又节约了能源。此外,首尔大量建设公

---

①仝晓青.高筑墙、广积粮、练内功——韩国会展城市应对经济危机之道[J].中国会展,2009(19).
②孙强,许学工,段晓峰.城市绿色空间规划与设计——首尔的经验及其对北京的启示[J].安徽农业科学,2008(1).

园,每年都会新建 30 万坪[①]。995 年,首尔的公园用地为 105 平方公里,到 2011 年,增加到了 120 平方公里[②]。

首尔街头的垃圾箱不多,但街道仍干净整洁,这要归功于良好的垃圾管理。首尔的垃圾分类十分细致,单塑料就可分五六种。并且政府规定,市民只需花钱买垃圾袋(每月上限 2300 韩元,政府承担超过部分),无须缴纳垃圾处理费。1995～2006 年,首尔每天的垃圾量从 1.5 万吨降到 1.1 万吨,回收垃圾量从 3159 吨升至 7346 吨。2009 年的统计数据显示,垃圾回收利用率达到 73%[③]。

首尔变废为宝,进行绿化建设的典型例子就是清溪川改造工程。清溪川本因多年的洪涝灾害成了一条臭水沟,垃圾成堆,环境恶劣。2003～2005 年,首尔市政府投资 3900 亿韩元将清溪川复原为一条人工河,河上有桥梁和瀑布,环境宜人。河边广场和桥下如今已成为市民休闲娱乐、表演展览的场所,并且首尔主城区因清溪川的改造平均温度下降了 2℃。今天的清溪川已是各地游客必去的景点之一。

2. 城市标识确立

首尔有一整套系统的城市标识,包括市徽、口号、市歌、吉祥物、市树、市花等,强化了首尔的城市识别度。

图 7－3　首尔市市徽

首尔市市徽是由代表山、太阳和汉江三种含义的图案构成的(见图 7－3),其中蕴涵了韩文的“首尔”,体现了首尔欣欣向荣的景象。首尔市所有的政府人员名片,以至于所有的城市井盖都印有市徽的图案。

首尔的城市宣传口号是“Hi Seoul”(见图 7－4)。一句简单的“Hi”让人感到温暖自然,也表现出了首尔人在城市竞争中的自信。首尔的政府车辆、宣传广告、旅游纪念品上均印有“Hi Seoul”的宣传图案。

①③李晓婷,黑小普.首尔软魅力[J].商务旅行,2010(10).
②穆祥纯,杜孝民.考察韩国首尔城市建设的相关启示[J].特种结构,2006(2).

图7-4　首尔市城市口号宣传图案

除此之外,首尔还确定了市歌《首尔之光》、吉祥物"虎王"、市树银杏树、市花连翘、市鸟喜鹊等。

3."设计之都"

2007年10月,首尔在国际工业设计协会大会上被选为2010年的世界设计之都,2010年7月联合国教科文组织再次将首尔评为设计之都,首尔的城市形象因此而更加鲜明。

首尔的设计理念不光包括专业的工业和艺术设计,还包括民众对城市形象的设计,这使得首尔不仅吸引了国内外大量的设计师参与创作,也激发了全民的设计热潮,如首尔发起的"城市画廊"等项目让许多有设计意愿和才能的普通民众也参与进来,使设计渗透到城市的各个角落,无处不在。一项调查显示,62.5%的首尔市民对"设计之都"的建设和发展是非常满意的。首尔市政府还投入1181亿韩元建设"设计产业四大园区",完善了设计产业链。首尔利用设计不仅服务于民,同时也提升了城市的品位与气质。

(三)传媒营销

利用传媒手段可以在较大范围内将城市形象传递给受众群体,速度快,效率高。首尔积极利用多种传媒途径,如影视剧、网络、广告等对首尔进行营销。

1.影视剧

首尔在通过影视剧营销时,主要采用了电影和电视剧两种形式。

(1)电影

首尔的城市形象通过电影画面呈现出来是从 20 世纪 90 年代开始的,并且电影的题材也是随着首尔城市发展背景的变化而变化的。最初,电影题材带有浓重的政治文化色彩,如《美丽青年泰壹》(1990 年)通过讲述一场对抗资本主义的斗争展示了 70 年代清溪川开始转向现代化的状态。随着首尔现代化进程的深入,出现了《没有非常口》(1993 年)、《伤心街角恋人》(1997 年)等反映现代首尔人生活的电影。进入 21 世纪后,首尔不断改善城市环境,完成了清溪川复原、世界杯公园建设、汉江复兴等工作,电影作品更多地展示了当前首尔的城市风貌,宣传了其建设成果,如《野蛮师姐》(2004 年)拍摄到首尔的摩天大楼景观,《汉江怪物》(2006 年)从独特的角度描绘了汉江的形象。

21 世纪以后,"韩流"逐渐席卷亚洲甚至全球,韩国电影市场不断蓬勃发展,首尔的城市形象势必会通过电影渠道营销到全国甚至国外。图 7-5 和图 7-6 分别显示了 2001~2010 年十年间韩国电影市场的票房收入以及国产片所占比例情况。从图 7-5 中可知,尽管 2007~2009 年票房收入出现了短暂的低迷,但是整体上看,票房的趋势走向是升高的。另外从图 7-6 可见,韩国国产影片所占影片市场比例历年变化不大,保持在 50% 上下,甚至 2006 年突破了 60%,占据了较大份额。这表明,电影已经并且未来仍将会成为首尔进行城市营销的一个重要而有效的平台。

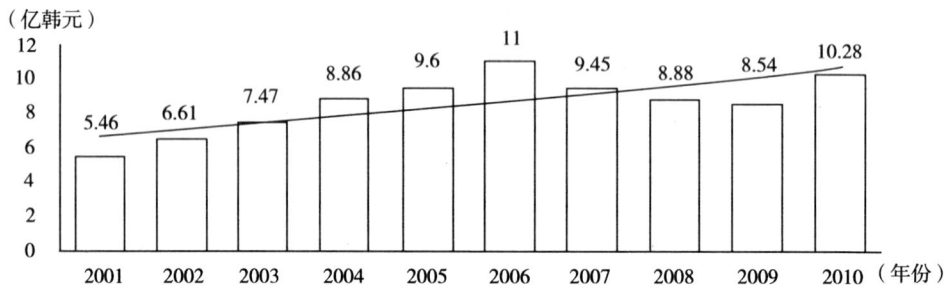

图 7-5　2001~2010 年韩国票房收入

资料来源:根据韩国电影振兴委员会资料,笔者绘制.

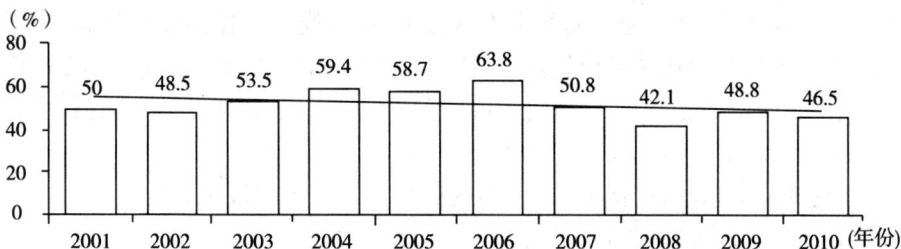

图7—6　2001～2010年韩国国产片所占比例

资料来源：根据韩国电影振兴委员会资料，笔者绘制。

（2）电视剧

韩剧倾销亚洲甚至全球，可谓是首尔城市营销的又一个重头戏。韩国社会对电影电视教育的重视为韩国影视产业带来了大量的人才，也吸引了诸多大牌企业对影视行业的投资，使得韩国影视产业发展迅猛。2003年，韩国出口的电视产品中，电视剧占到86％[①]，已经成为最主要的电视输出品。2004年，电视剧的销售目的地覆盖到整个亚洲，据统计，韩国MBC当年的电视剧出口额达1600万美元，比前期增长超过70％[②]。自此，韩国的影视业超过中国香港，在亚洲独占鳌头。

韩剧为首尔以至整个韩国带来了巨大的经济效益和营销效益。如2002年的《冬日恋歌》创收15亿美元，为韩国GDP贡献了0.18％的增长率，旅游创收增加了8.25亿美元[③]。2003年上映的《大长今》红极一时，除电视剧本身外，与《大长今》相关的漫画、小说和饮食等也成为了经济价值来源。播出期间，去韩国旅游的亚洲游客成倍增加，影片价格也增至1万美元一集。又如2009年热播的韩剧《IRIS》，收视率超过30％。2010年《IRIS》在日本播放时，每集的价格高达2.7亿韩元，打破韩剧外销最高价格的纪录。并且《IRIS》在各国播出后，剧中出现的场景，如彩霞公园、北首尔梦之林、广津桥步行桥、月光彩虹喷泉和汉江市民公园等地立刻就被投入宣传计划，相关机构将这些地方设定为首推旅游景点，在每一处都发放《IRIS》的宣传材料，还为游客包装出"最佳摄影地点"。

2. 网络

首尔主要利用官方网站的外语主页和网络杂志等向外界提供关于首尔的各方

---

①韩国文化、体育和旅游部，http://www.mcst.go.kr/main.jsp.

②韩国文化广播公司（MBC），http://www.mbccj.co.kr/rb/.

③李晓婷，黑小普.首尔软魅力[J].商务旅行，2010（10）.

面信息以加强宣传，并且还不断征求专家意见、关注受众群体的反馈信息，从而进行适时调整。以韩国旅游发展局网站[①]为例，它包含韩、英、日、法、西等 12 种语言版本，其中推介的信息十分丰富，包括韩国饮食、购物、交通、文化、庆典、演出、赛事等多项内容，特别是所提供的关于韩国影视剧的信息最为受众关注。关于影片、演员、外景的介绍，以及对剧情和角色的分析、甚至是主要拍摄地点的住宿、饮食、交通和价格等内容均可在网站中看到。

首尔还发展网络方面的合作关系，借此宣传首尔的城市品牌。比如首尔与北京签订了网络协作体系共同宣传意向协议，首尔通过北京市政府和北京奥运的官网来宣传"首尔－北京"网上摄影展和"Hi Seoul"文化节的信息；再如首尔与中国新浪网博客频道合作，向中国的网民公开征文，从中选出优秀文章，邀请作者来首尔采风，建立并传递良好口碑。

除此以外，首尔还因网络游戏产业的发展被称为"第九艺术之都"，吸引了许多游戏迷的关注。韩国政府大力支持和鼓励网游产业的发展，每年投入 500 亿韩元的资金，为游戏企业长期提供低息贷款，并免除网游产业科技人才的两年兵役。当前韩国的网游产业已处于世界领先地位，与美、日齐名。

3. 广告

首尔主要采用了两种广告形式进行城市的推介宣传。首先，首尔在国内外投放了大量的平面广告，比如在北京京信大厦的广告墙上、上海黄浦江边的游船上可以看到首尔的 LED 广告，在《新民晚报》、《周末画报》、《玩家旅游》等媒介上可以看到首尔的纸面广告，在纽约的"时装周"上可以看到首尔的展位，在韩亚航空由巴黎起飞的"纪念飞机"的机身广告中可以看到首尔的宣传标识等。其次，首尔拍摄了许多城市宣传片和广告片，并在同年针对不同的受众国家会拍摄不同的版本，主题多样，构思巧妙。如 2008 年宣传片的亮点是片中演员并非韩国人，而全部是来自目标国家的人，面向中国的宣传片中邀请了陈凯歌导演和一个普通的中国三口之家参演。又如 2009 年以"无穷乐趣，尽在首尔"为主题的宣传片邀请当红歌手组合参演，表现了首尔丰富多样的旅游资源，得到了极好的反馈。该片在 YouTube 上有超过百万的点击量，被评为全球 20 个国家旅游宣传片中最受欢迎的宣传片。

4. "首尔之旅"

首尔多次举办"首尔之旅"活动，即认真挑选并主动邀请世界各国主流媒体的

---

①简体中文，http://chinese. visitkorea. or. kr/chs/index. kto.

记者前来首尔采访报道。首尔市市长亲笔签署邀请函并尽可能每一届活动都接受记者采访，具体的记者人选也要逐一确定以确保报道质量，并且相关部门与大韩航空签订共同营销的业务协议，来访记者的机票全部半价优惠，可见首尔的公关技巧之高及对"首尔之旅"宣传活动的重视。同时收到各国记者的反馈效果也较好，单2008年来访的中国记者就有80多位。活动中，各国记者根据每届活动的不同主题从各个角度全方位地报道首尔，之后首尔新闻社会将各国报道的播出时间和刊登篇幅等内容换算成广告价格，从而评估"首尔之旅"活动的营销效果。

（四）文化与体验营销

文化是城市的根基，是营销城市最根本的立足点和支撑点。首尔致力于建设一座将高新技术与传统文化相结合、开放环保的大都市，从而使文化渗透到城市营销的各个方面。在这一过程中，首尔既挖掘和保护本国传统文化，又积极开拓现代城市文化，并且将游客的体验过程融入文化的开发和建设当中。

1. 传统文化

首先，首尔展开了城墙和政府首脑居住地的复原计划：延长首尔城墙18.627公里，其中北汉山城墙延长了12.7公里；新增洪兰坡、崔淳雨、朴钟等88处文化遗产；计划共复原6处政府首脑居住地。

其次，首尔对传统的韩屋实施保护。以北村为例，有600年历史之久的北村拥有900多座传统韩屋，在20世纪60年代曾遭到严重破坏。首尔从80~90年代起开始保护北村韩屋，规定韩屋土地所有人可以向政府出售韩屋，政府补贴修缮韩屋的家庭，并对韩屋保护有贡献的居民降低贷款利率。首尔还将传统韩屋打造成体验韩国传统文化的场所，大量的民俗表演地、传统作坊、体验馆和私人博物馆很好地满足了游客的体验需求。游客可以进入传统韩屋家庭中跟房屋主人学做泡菜和参鸡汤，还可以试穿朝鲜民族服装，扮演皇帝、皇后、公主、官员和商贾等。韩屋保护项目成效显著，仅2009年，南山谷韩屋村和云岘宫两处的游客就超过200万人[①]，同年北村韩屋保护项目获得联合国教科文组织亚太地区文化遗产保护奖杰出奖。

最后，首尔大力宣传韩国料理文化。首尔建有泡菜博物馆和泡菜研究院，每年举办泡菜博览会（世界上唯一的健康食品博览会），甚至在淑明女子大学还开设了泡菜课程，向外界介绍泡菜的历史背景和制作方法等，并提供专业的培训教育。

①本刊记者.创意文化城市——首尔[J].国际人才交流,2010(8).

2013年底,韩国投入约3800万美元将泡菜文化打造成国际品牌,力求在2017年前把韩食发展为世界五大饮食之一。

2. 现代文化

2008年,首尔文化局制定了《创意文化城市计划大纲》。秉承着丰厚的传统文化,首尔努力创新,让更多的人认识一个继往开来的首尔。为了实现这样的目标,首尔采取了许多做法,如建设大量的文化基础设施、举办多样的艺术演出等。

(1)建设文化基础设施

面向大众,首尔建有许多家文化机构,艺术场馆主要有世宗文化会馆、国立中央剧场、国立国乐院、贞洞剧场、首尔市立美术馆、德寿宫美术馆、首尔画廊、乐天画廊等上千家,博物馆主要有国立中央博物馆、国立民俗博物馆、世宗大王纪念馆、战争纪念馆、国乐博物馆、乐天世界民俗博物馆等一百多家;面向年轻群体,首尔基于建设"文化艺术空间"的理念,开辟了许多时尚文化场所。比如"弘大前街道",这里毗邻弘益大学,有不少推崇时尚独立文化的年轻人在这里宣传各色文化,甚至吸引了不少外国人前来。此外,还有许多通过再利用废弃场所(如工厂)而建设的文化艺术中心,如文来艺术工厂、城北艺术创作中心、弘恩艺术创作中心等。

(2)举办文艺演出

首尔的文艺演出十分丰富,几乎每天都可以在街头看到政府组织的免费歌舞表演,使首尔市民和游客零距离接触地方文化。在首尔的大学路,小剧场数量达90多个,其中的25个区厅有自己的文化馆,共有9个舞蹈、国乐和话剧等领域的艺术团体参演。这些文艺演出和基础设施建设所需的资金有一半来源于政府,并且政府还施行"1000韩元的幸福"计划,即每月提供一次仅需1000韩元的演出,演出收入用以补贴社会弱势群体。

(3)"诗意首尔"

首尔别出心裁,从1500多位当代诗人的大量诗歌作品中仔细挑选,并将其凸版印刷在地铁站、公交站等多处人群聚集的地方供人们阅读和欣赏。充满诗意的首尔让人感到温暖和浪漫。到2010年,首尔已经在290个站点呈现了3500篇作品。

(4)"造美首尔"

韩国的美容和整容行业闻名世界,它是全球整容技术最发达、价格最低的国家,首尔便因此形成了独特的整容文化。首尔市江南区的狎鸥亭洞当前有200多家整容医院,已成为"整容一条街"。首尔每年整容行业市场创收达2亿美元,并因这种独特的时尚文化吸引着不少游客前往。

（五）品牌营销

2009 年,时任首尔市市长的吴世勋在他的主题为"品牌就是竞争力"的演讲中指出,首尔要吸引游客,必须提高城市品牌的知名度。除"Hi Seoul"这样具有统领性的城市品牌外,首尔还针对不同的领域细分出许多其他的城市品牌定位,如针对创业投资产品设定了"首尔——具有国际竞争力的城市"的品牌;针对旅游休闲类产品,设定了"独有的文化之都——首尔"的品牌;针对城市家居类产品,设定了"绿色首尔"、"生态首尔"、"便利首尔"的品牌等,从而形成了一个相对完善丰富的城市品牌定位体系。在宣传推广方面,首尔通过与体育球队和中小企业的合作来营销"Hi Seoul"的城市品牌。

首先,首尔选择与体育球队进行合作,利用丰富的球迷资源宣传城市品牌。例如 2003 年首尔与"三星 Thundus"篮球队签订合作协议,时任市长的李明博成为该队的名誉球员,并参加球赛开幕式为球队加油,期间适时地宣传"Hi Seoul"的口号。2004 年,首尔与"FC 首尔"足球队合作,2008 年又与英国的曼联球队合作,通过合作,"Hi Seoul"的城市品牌会出现在比赛场地的电子广告屏、电光记分牌、助威工具和赛程广告上,有效地实现了宣传目的。

其次,首尔选择与那些产品质量有保障,但因资金或其他因素而使品牌效应低下的中小企业展开合作。2003 年 10 月,首尔用"Hi Seoul"的城市品牌与 11 家这样的企业进行联合品牌营销,企业因知名度高的城市品牌而受到更多关注并开拓市场,城市品牌"Hi Seoul"也因此在更大范围内得以宣传。

三、首尔城市营销手段评价及启示

韩国曾是一个十分贫困的农业国,经济发展水平低下,然而经过几十年的发展,韩国已经跃居发达国家之列,被称为"汉江奇迹"。首尔是韩国经济发展的主要增长点(约占到韩国经济总量的 70％)和代言人,近些年凭借丰富的营销手段为整个城市乃至整个韩国带来了丰厚的效益。通过对首尔城市营销手段及效果的研究分析可知,首尔的营销工作取得了显著的成绩,也尚存在一些问题。

在《2020 年首尔市发展计划》中,首尔提出要建设一座"人类与自然、历史文化与尖端科技相融合的世界城市"。在这样的发展愿景下,首尔将每一层次的目标进行了细致的分解与量化，制订了详尽而富有创意的营销规划。当前，首尔已建立专业的城市营销机构，基本形成了城市品牌体系，营销活动呈系统化、网络化发展。但是，首尔在将城市吸引力产品化，特别是转化为创业投资类产品相对不足。另外，首尔的营销网站存在不同语种的页面内容不一致的现象，应加强宣传材料的精细度。

首尔的城市营销在以下几个方面具有借鉴意义：

第一，首尔建立了结构完整、统一领导的城市营销机构。首尔的城市营销机构以政府为主导，以首尔营销担当官室为核心，其他营销机构围绕着核心目标分别从不同的方面展开工作，如此便形成了一个完整全面的营销组织体系。另外，首尔市市长及城市营销担当官发挥了很强的协调作用，宏观调度各机构的工作，使负责不同层面工作的营销机构有机地结合在一起。特别是，首尔还专门针对外国人设立了宣传与服务机构，这足以见得首尔对不同来源地的受众都做了细致的营销思考。事实上，首尔根据营销对象的不同国别也设计了不同的营销战略，如针对亚洲国家，首尔的城市营销着重突出现代感性因素，而针对欧美国家，首尔则着重表现东方元素，利用强文化差异来吸引眼球。而中国无论是在国家层面还是在城市层面，尚没有建立专门的城市营销机构，营销工作仍不够专业和系统。

第二，首尔拥有极具城市特色的文化节，并且在文化节上吸引了许多国际演出团体和外国游客的参与。我们看到，许多世界知名城市都拥有自己的文化节，如巴西的里约热内卢嘉年华、英国的爱丁堡艺术节、德国的慕尼黑啤酒节等，这些城市凭借精准的文化定位吸引了世界的眼光。中国历史悠久，有着极为丰富的文化资源，但是在城市层面进行准确的文化定位，并进而通过举办地方文化节进行城市推介仍显不足。以北京为例，北京虽然提出了"爱国、创新、包容、厚德"的城市精神，但其描述似乎并不足够具有北京的城市特色。并且北京举办的城市文化节形式主题多样，比较分散，并没有一个统一的文化节定位。如何凝结提炼中国的城市文化，举办具有国内外影响力的文化节，应当是我们进一步思考的问题。

第三，首尔借"设计之都"强力打造城市品牌，从城市品牌的设计环节到推广环节，首尔已基本形成了城市品牌体系。首尔的城市设计由政府主导，以"4U"理念（Universal、Unique、Ubiquitous、by U）为核心，强调设计的全民性、独特性和广泛性。首尔目前有 1500 多家专业的设计公司，可以说从政府机关到民间百姓，首尔掀起了强劲的"全民设计风"。吴世勋曾说，"Design is everything"（设计就是一切），可见设计已经成为首尔打造城市品牌的主要渠道，也是外界认识首尔、了解首尔的主要切入点。中国应进一步探索城市符号，将城市品牌标签化、主题化，增强城市的辨识度。

第八章　营销米兰
——一幅美不胜收的画卷

　　提到米兰,我们不禁想到 Armani、Prada 等世界知名品牌,想到达·芬奇的《最后的晚餐》,想到 AC 米兰、国际米兰这样的知名球队等。这座以时尚、艺术和文化著称,享誉全球的历史文化名城处处无不以"美"为主题,以其深厚的欧洲传统文化和独特的现代城市魅力深深地吸引着全世界的眼光。

一、米兰城市营销手段分析

　　总结起来,米兰使用了节事营销、形象营销和文化营销的手段来传递其独具美感的城市形象。

(一)节事营销

　　意大利是一个充满艺术的国家,而将大量的艺术作品呈现给外界离不开展览。米兰因其丰厚的艺术和文化底蕴而拥有发达的展览业,在整个欧洲乃至全世界的展览业中具有相当的地位。米兰的节事营销主要体现在利用会展的举办来传递城市形象。

1. 会展基础设施

　　米兰的会展场馆闻名遐迩,许多游客不仅来此参加会展,还慕名而来参观游览,其中米兰国际展览中心是不可不提的。

米兰国际展览中心是全欧洲，也是全世界最大的展览中心，拥有全球最先进的展览设备。它包括米兰新国际展览中心（Rho Fiera）、米兰城市展览中心（Fiera Milano City）和米兰展览中心（Milano Convention Center）等多个部分。米兰国际展览中心平均每年举办 80 场展览会[1]。值得注意的是，国际会展占比很高。以 2000 年为例，米兰国际展览中心共举办了 68 场展览会，国际性的会展就有 43 场。事实上，意大利所承办的国际会展有 1/3 是在这里举办的[2]。由此可见，米兰的会展极具国际性，主要有米兰国际时装展、米兰国际博览会、米兰国际木业及加工设备展览会和米兰国际家具展览会等。2013 年米兰国际展览中心主要承办的会展如表 8-1 所示。此外，米兰国际展览中心承接的参展商和游客数涨幅很大。1996 年，米兰国际展览中心接待了 31000 家参展商和 250 万名游客[3]。到 2000 年，参展商和游客数分别增加到 33500 家（其中包括 10% 的外国展商）和 470 万名[4]，为米兰会展品牌的打造贡献了不小的力量。

表 8-1　2013 年米兰国际展览中心主要承办的会展

会展时间	会展名称
2013 年 2 月 7～9 日	巴西维多利亚国际石材展
2013 年 2 月 14～17 日	意大利米兰旅游展
2013 年 3 月 2～5 日	意大利米兰鞋展
2013 年 3 月 27～30 日	米兰卫浴展
2013 年 4 月 9～14 日	意大利米兰家具展
2013 年 5 月 8～10 日	意大利米兰塑胶展
2013 年 5 月 12～15 日	意大利米兰国际照明及建筑技术展
2013 年 9 月 16～19 日	意大利米兰秋季鞋展
2013 年 9 月 22～24 日	意大利米兰纺织展
2012 年 11 月 15～18 日	意大利米兰双轮车展

资料来源：根据 http://fair. orangeway. cn/pavilion-Fiera-Milano-513/内容绘制.

---

①搜搜百科，http://baike. soso. com/v57601015. htm.
②④本刊作者. 米兰国际展览的舞台[N]. 国际商报，2001-11-14.
③欧洲展会网，http://fair. orangeway. cn/pavilion-Fiera-Milano-513/.

2. 主要会展

米兰举办的会展不仅数量较多,而且主题多元,其中影响最大,最具营销效力的有米兰时装周、设计周、科技展览周以及世界博览会。

(1)米兰时装周

全球有四大城市拥有时装周:巴黎、纽约、伦敦和米兰。与其他三个世界一流的城市相比,起步最晚的米兰却是当今时装会展界最受注目的时尚之都,被称为世界时装设计和消费的"晴雨表",成为独占鳌头的时装秀场。2013 年的米兰时装周共举办了 146 场新品展示会和 76 场时装走秀会[①],规模庞大。与我们通常认识到的米兰每年只举办春夏与秋冬两场时装周不同,米兰每年举办的时装周有 7 场,其中还包括时装的设计周与销售周,这样的安排为更多的服装品牌特别是一些中小品牌的展示提供了好的机会。通过高密度和高规格的展示与销售,米兰的城市形象与闻名全球的时尚品牌联系在一起。

由时装会展主导的意大利时尚产业规模庞大,整个意大利的时尚产业共有 7 万多家企业,有 65 万人参与,时尚产业占到整个意大利国内生产总值的 5%,可见时尚业对米兰乃至意大利形象推广的重要意义。由于受到欧债危机的影响,2012 年意大利时尚产业的收入约为 600 亿欧元,较之 2011 年下降了 5%,尽管略有回退,但 2012 年时尚业仍具有 430 亿欧元的出口和 260 亿欧元的进口,见涨的顺差额表明意大利的时尚业仍在蓬勃发展[②]。

(2)米兰设计周

每年 4 月份的米兰都因"设计周"的到来而引来大量客人。不仅云集了大量慕名而来的游客,还有设计界顶尖的明星。行走在米兰街头,随处可以获得去展场的路线图。每年米兰设计周像节庆一般,汇集数百种展览,受到世界时尚人士的极大关注。可以说,只要设计周长久地繁荣下去,米兰就永远值得拥有"设计之都"的美誉。

米兰设计周主要由"米兰家具沙龙"和"沙龙外围展"两部分构成。始于 1961 年的"米兰家具沙龙"是全球最大的家具商业活动平台,被称为世界家具业的"奥林匹克"盛会(各家具门类十分丰富,主要包括的展览门类见表 8－2),年均参观人数约 300 万人次。在 2011 年米兰家具国际展览 50 年庆中,来自世界各地的参观者

①网易,http://news.163.com/13/0924/11/99HJMVTV00014JB5.html.
②王立勇.时尚的未来就在中意两国之间[N].中国商报,2013－7－12.

达 321320 名,同比 2010 年增加 2%,并且其中的专业人士就有 282483 名[①]。在所有的参展商中,大约有 1/4 为外籍[②]。家具会展的参加者有众多的专业人士,不利于专业水平相对较低的人士跻身展览,为了解决这个问题,在 95% 的商业展区外,还专门设置了"沙龙外围展"。每年有几百个来自官方、民间、院校和企业的展览参加"沙龙外围展",许多世界各地的年轻设计师和设计院校的毕业生得以有机会参加米兰设计周。这样的安排极大地增加了米兰设计周覆盖面和传播度,让更多的人认识米兰设计周,认识米兰。

表 8—2　米兰家具沙龙主要包括的展览

展览名称	举办频率
米兰国际家具展	一年一次
米兰国际家具半成品及配件展	一年一次
国际灯具展	奇数年举办
国际装饰配套展览会	一年一次
米兰国际办公家具展	奇数年举办
国际青年明日之星沙龙展	一年一次
米兰国际厨房卫浴家具展	偶数年举办

资料来源:百度百科,http://baike.baidu.com/link? url=fO4yBi1U6q6PNbfoXpY__aJj2tDNkoh8tSfJw-YnCtCLaNZbhL3WjohK__l4ffivktGFTR0Ekvd1MavduCDwOSha.

(3)米兰科技展览周

除了艺术领域外,米兰在科技领域也有相关的展览。米兰科技展览周为世界科技产品与技术的展示和交流提供了平台,同样具有较强的国际传播性。在 2006 年的米兰科技展览周,大约有来自全世界 65000 名的观众、2000 多家参展商(外籍参展商占到 40%)参与。当然,米兰科技展览周不仅具有技术展览和交流意义,还具有很强的贸易意义。2006 年的米兰科技展览周所涉及的工业领域在意大利的产值总和超过 200 亿欧元,具有很强的贸易潜力[③]。

①彭亮.全球创意设计与时尚美学的大教堂——2011 米兰国际家具展设计趋势研究报告[J].家具与室内装饰,2011(6).
②周艳阳.管窥设计之都——记米兰设计周[J].装饰,2011(6).
③彭少虎.与米兰对话——2006 意大利米兰科技展览周侧记[J].现代制造,2006(31).

(4)米兰世界博览会

米兰曾于1906年举办了世界博览会,是为了庆祝辛普朗隧道的通车而举办的,当时有英、法、德等25个国家参加,有超过1000多万的参观者[①]。在2015年,米兰还将举办一场以"给养地球:生命的能源"为主题的世界博览会(会徽见图8-1)。此次世博会将会是推动米兰经济发展、推广米兰城市形象的良好契机。

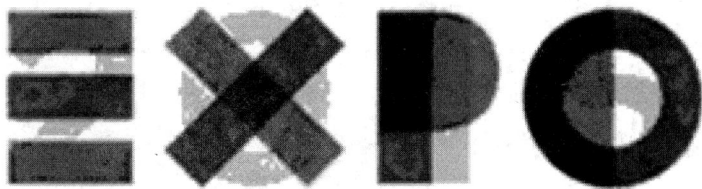

图8-1 2015年第44届米兰世界博览会会徽

为了积极地推广2015年的米兰世博会,米兰当前已经与世界各地的160个旅游机构签订了协议,为它们提供较为实惠的旅游套餐。米兰市政府还计划投资数十亿欧元建设米兰市区以及周边的基础设施,并将举办7000场各类精彩的活动。米兰旅游局局长玛利亚预计届时大约会有2000万游客来参观米兰世博会[②]。

(二)形象营销

米兰是意大利的经济首都,不但有极其悠久的历史传统,还是引领世界潮流的弄潮儿。因此,米兰的城市形象设计既包含有古欧洲的文化元素,又处处彰显着现代社会的时尚元素,既保留了历史的古朴品质,又担当着全球的设计先锋。

1. 城市建设

20世纪50年代以前,米兰是一座工业气息浓重的城市,城市中分布着大片的旧工业区,它们自成体系,单调乏味。50年代以后,米兰建立起了卫星城,城中的人口大面积外移。并且,伴随着工业革命的发展,原有的大量工厂也不断外迁。曾

---

①上海图书馆,http://m.library.sh.cn/shexpo/1906/1906.htm.
②张斌.走进世博 亲近米兰——访意大利米兰市政府旅游、城市营销和形象局局长玛丽亚·基耶帕[N].中国旅游报,2010-7-9.

经作为米兰工业革命象征的高大厂房和职业技术学校渐渐减少或消失，米兰变成一座萧索和沉默的城市。尽管如此，米兰城最具有代表性的工人居住区保留下来了，对于后来米兰历史文化的发展和传播、城市形象的塑造具有重要的意义。

今天的米兰古朴而又清新，具有一种别样的风格。城市的街道干净宽阔，街道两边栽种着馥郁的树木，街面上人来人往，车水马龙。城市的建筑以 14 世纪的主座大教堂为中心，围绕着建造于不同时代的不同风格的楼群，一座座哥特式、拜占庭式、巴洛克或洛可可式的教堂、长廊和城堡无不呈现着浓厚的文艺复兴气息。米兰的现代化摩天大楼与传统的城堡和街巷默契地融为一体，交相辉映，让人不禁回味着 20 世纪的美好，又对 21 世纪充满着无限的想象。这正是今天的米兰所具有的独特城市风情，在传统与时尚的交融中，城市文化与城市形象保持着继承与延续。

未来，米兰还将继续加强城市"功能区"的改造和建设。随着米兰 20 世纪工业化进程的减缓和转化，城区原有的中心工业区逐渐衰败。由设计师 Nicolin 领导的规划工作组建议，基于当前的米兰城市发展情况，应规划建设新的城市中心，每一个中心以公共游憩场所为核心，围绕着其他的城市功能建筑，彼此形成紧密的联系与依赖，增强每一个"功能区"的活力。这样，整个米兰形成健康而完整的城市系统，每一个"功能区"由于减少了对外界的依赖而使得城市的交通流量得以减少。此外，网络化的城市建设还重视建筑的历史性和透明度，从建筑的材料、标志及色彩角度出发突出城市建筑的风格和品位差异，从而使整个城市的形象更加鲜明、富有个性。

2."设计之都"

第二次世界大战后，米兰逐渐衍生出创意设计与时尚美学的理念，开辟了大量诸如设计创意区和设计博物馆等体现设计理念的空间，使米兰逐渐成长为一座充满创意活力的"设计之都"。很大程度上，"设计"塑造了米兰的城市形象，决定了游客对米兰的认识，以设计杂志《INTERNI》和"米兰三年展中心"博物馆为例说明。

《INTERNI》是意大利最权威的室内设计月刊，创办于 1954 年，每一期的刊物内容都包含时下国内外设计界最新潮流的作品，代表了意大利顶尖的设计水平。当每年的米兰设计周到来时，世界各地的游览者蜂拥而至，此时几乎在米兰全城随处都可见与《INTERNI》相关的信息。在出租车身上可以看到《INTERNI》的广告，在地下铁墙上也可以看到《INTERNI》的海报，在米兰的大街小巷都可以看到《INTERNI》的彩色旗帜，甚至在路边的摊位上还能看到《INTERNI》的米兰设计指南，其中还有详尽的米兰地图、设计活动及设计作品等信息。《INTERNI》已经成为了米兰设计周最重要的标识。

"米兰三年展中心"是意大利最重要的当代设计博物馆,代表了设计专业的全球最高学术平台,全球设计业的最高奖项"金圆规奖"就是由三年展中心评选的。博物馆包括现代设计历史陈列、专题设计展览区、设计图书馆、设计咖啡厅和户外公园,全面地展示了意大利的艺术和设计。米兰三年展中心还于 2007 年新建"Design Museum",一个独立的设计博物馆。该馆内的收藏穷尽意大利的设计名作,可称作是意大利现代设计史。此外,米兰三年展中心的设计咖啡厅和户外公园也传递着设计信息,如咖啡厅的椅子都是特展中的大师名作,咖啡厅还会邀请世界级的知名文化界人士讲学交流,户外公园的餐点也都有其设计品牌。米兰三年展中心处处传递和体现着以设计文化表征的米兰城市形象。

(三)文化营销

米兰是一座富有想象力和创造力的城市,是文艺复兴时期的重镇,拥有全世界 4% 的艺术财富[①],是名副其实的历史文化名城。除了艺术文化外,足球文化也是构成米兰城市文化重要的一部分,向全世界传递着米兰的文化信息。

1. 艺术文化

米兰的艺术文化丰富多彩。世界最伟大的画家之一达·芬奇曾在此居住 20 年,留下了包括《最后的晚餐》在内的许多巅峰之作。维多利亚二世拱廊、米兰布雷拉画廊等都是著名的画展中心。米兰也是歌剧之都,代表着世界歌剧圣地、有歌剧麦加之称的斯卡拉大剧院就坐落于米兰,包括世界著名剧目《茶花女》和《图兰朵》等在内的 400 多部歌剧都在斯卡拉大剧院首演。米兰还是天主教名城,拥有世界最大的哥特式建筑、世界第二大教堂米兰大教堂这一西方建筑艺术的经典之作。

米兰曾经是知名的商务旅行地,当前米兰正在凭借丰富的历史文化底蕴将城市打造成一个度假和文化旅游目的地,使游览者对米兰的认识逐渐从商务和时尚中心转向艺术和文化中心。为了实现这一目标,米兰将在 2015 年世界博览会召开之前开展许多读书和展览等活动来传播米兰的艺术文化,比如在上海世博会的意大利馆米兰周活动中,组织者就向游客免费赠送关于米兰艺术文化的书籍。为了宣传米兰的文化旅游,米兰还建立了有多国语言版本的专业旅游网站为游客服务。

---

① 米兰旅游网,http://www.turismo.milano.it/html/chinese/milan__shanghai.html.

2. 足球文化

意大利是一个足球大国，特别是在 20 世纪 90 年代以后，意大利足球空前发展。1993 年意大利体育产业产值占国民经济总产值的 2.5%，约合 260 亿美元，家庭体育消费就达 227 亿美元[①]。而米兰足球也有上百年的历史，其标志性的两支球队 AC 米兰和国际米兰闻名全球，受到全世界球迷的推崇和热爱。如今的米兰足球已经成为米兰的经济支柱产业之一，足球文化已经与浓厚的城市文化融为一体，极大地丰富了米兰的城市文化内涵。

米兰的足球文化包括德比文化、球队文化和球迷文化。"德比"是指处于同一座城市的两支球队（AC 米兰和国际米兰）进行比赛，两支百年球队有各自独立的历史、球迷团队和战术打法，受到全世界球迷和媒体关注的 200 多场巅峰对决为米兰创造了一种激情、文明而包容的足球文化。AC 米兰和国际米兰的足球打法讲究艺术性，他们对国家队的贡献不只体现在输送优秀球员上，还体现在输送优秀战术上，久之二者便形成各自独到的足球风格与球队管理风格，深深地影响着意大利的足球文化。两支球队的球迷团队也都形成了各自的文化体系，他们分别有各自的服装和口号，每当自己支持的球队胜利或失败时，都有各自独特的表达。总之，AC 米兰和国际米兰两支球队形成了独特的足球文化，不仅利于将球队品牌、也利于将米兰的城市品牌推广到全世界。

二、米兰城市营销手段的借鉴意义

单从米兰的城市营销手段上来看，米兰是以会展为主要手段，辅之以形象营销和文化营销，着重打造时尚、艺术、体育等领域的品牌，从而建立和推广米兰的城市形象的。相较于一些国际一流城市，其营销手段种类较少。然而，从效果上看到米兰多个领域，特别是服装领域的品牌享誉全球，为整个城市的形象增色不少，米兰当前已是全球最知名的城市之一。可见，米兰的城市营销并没有过多追求横向的扩张，而是将其做大做深，倾向于纵向深化。事实上，在 2006 年以前，米兰旅游业的发展一直较为疲沓，没有很大的起色。直到 2006 年 9 月，米兰市政府成立了新

---

①吴建喜. 意大利足球甲级联赛发展环境与内部运作研究[J]. 北京体育大学学报,2009(7).

的旅游、城市营销和形象局,米兰才初步建立起旅游业。经过几年较为系统地发展,每年来米兰旅游观光的人数达到 1000 多万,而在到访米兰的旅游者中,60％是外国旅游者,其中大部分来自德国、俄罗斯、日本、法国和英国[①]。中国及其他亚洲国家到访米兰的游客还不是很多,2009 年到访米兰的中国旅游者只有 25 万人次,在旅游者总人次中所占的比例不高。米兰能在短时间内将旅游业发展起来,并且极大地推进米兰的国际化进程,是非常难得和不容易的。所以说,米兰城市营销是很有借鉴意义的。

(一)米兰会展的专业化和国际化

刚才已经提到,米兰的城市营销手段并不算丰富,会展是让全世界认识和了解米兰的主要渠道。然而米兰却并没有因营销手段的单一而黯然失色,反而因会展建立起了"时尚之都"的美誉,就是因为米兰将会展做大做强,使米兰的会展业呈专业化与品牌化发展。

作为起步较晚的城市,米兰跻身世界四大会展之都非常不易。米兰在打造会展品牌方面有两点值得我们学习和思考。首先,米兰不仅着重打造时尚界的尖端品牌以增加城市吸引力,还特别关注时尚界的"弱势群体"。比如在时装周上特别安排了设计周与销售周,为中小品牌提供展示的空间,在家具沙龙中还特别设置了"沙龙外围展",让更多来自民间和设计院校的专业水平相对较低的人士参与其中。正是这样的设计和安排使得米兰在时尚界更具有活力、更具有专业领域碰撞和交流的可能性,从而刺激了时尚界的发展。其次,米兰的会展国际性很强,家具沙龙中有 1/4 的外籍参展商,而科技展览周中有 40％的外籍参展商。中国在打造城市品牌的过程中,也应当注重加强城市在某一领域的专业化和国际化发展。

(二)米兰提供了展示和合作的国际平台

米兰在时尚会展领域已经成为一个开放的国际性平台,世界各地的参展商和游览者都参与其中,然而当前中国的参与度还不是很高。中国应更多地关注及参

---

①张斌.走进世博 亲近米兰——访意大利米兰市政府旅游、城市营销和形象局局长玛丽亚·基耶帕 [N].中国旅游报,2010－7－9.

与国际会展平台,将本土品牌推向世界。

此外,米兰拥有巨大的世界品牌优势,而中国的城市拥有巨大的消费潜力,二者之间是具有极大的合作可能性的。米兰与中国的城市可以通过互相提供商业机会和市场、交换数据和信息等方式建立合作联盟,实现城市之间的商业渗透,从而进一步将米兰享誉全球的品牌引入中国。中国的城市可以建立"米兰精品街"等专营米兰国际名牌的商业区,在这一过程中不断学习米兰品牌的推广及管理模式,借由米兰的品牌优势打造属于中国城市的品牌,刺激中国城市从"功能化"到"时尚化"的发展。进而,中国城市也可以逐步建立品牌展示的国际平台,吸引世界各地的到访者。

(三)米兰积极构建创意城市

米兰是一座闻名世界的"时尚之都",设计要素的投入成为米兰建立创意城市的重要切入点。米兰的许多建设项目都从设计出发,以"创意是米兰的未来所在"为宣传口号,旨在建设创意之城,比如"米兰三年展"的建设等。2015 年世博会的举办将是米兰创意要素的另一个重要体现,米兰将利用创意资源博取世界的关注,将其转化为更多的经济收入。

创意欧洲组织对意大利主要城市的创意指数进行了统计排名,从而对各个城市的创意能力、创意活力和竞争力进行比较分析。如表 8-3 所示,意大利创意指数(ICI)综合了多项指标,包括人才、技术和包容度。米兰较好地平衡了这三种要素,综合指数排名第二,其技术和包容度排名都较靠前,而人才排名相对靠后,这说明米兰创意产业的发展并不是人才导向型的,而是技术导向型的,并且米兰依托了一个较为包容和开放的环境,印证了米兰是一个国际性强的开放平台这一观点。

表 8-3　2006 年意大利城市创意指数前十名

总排名	城市总排名	创新指数	人才排名	技术排名	包容度排名
1	罗马	0.786	1	4	1
2	米兰	0.720	5	1	2
3	博洛尼亚	0.665	4	2	4
4	的里雅斯特	0.602	2	8	9

总排名	城市总排名	创新指数	人才排名	技术排名	包容度排名
5	佛罗伦萨	0.585	6	6	3
6	热那亚	0.555	3	7	20
7	都灵	0.518	19	3	17
8	帕尔玛	0.516	11	8	6
9	里米尼	0.489	21	12	5
10	佩鲁贾	0.477	12	19	10

资料来源：毛里齐奥·卡尔塔，胡敏.意大利创意城市：新景象与新项目[J].国际城市规划，2012(3).

在城市需要实现跨越式发展的今天，依托并开发丰厚而独特的文化资源，创造新的文化价值，已经越来越成为城市未来发展的方向。回想中国的许多城市，创意活力和其他发展条件间存在一定程度的不匹配，有些城市人才丰富但缺乏创意活力，而有些城市的创意要素充足，但是缺乏相对应的人才。我们应积极思考如何合理地配置资源来促进创意城市的发展，并进而通过营销手段，使城市创意成为新的经济驱动力和增长点。

(四)米兰实现了历史与现代的统一

当代城市的发展理念不仅要求城市与自然环境和谐融洽，还要求其实现古今传承，并在保持传统文化和精神的基础上有所发展和创新。米兰的城市建设，一方面保留了教堂、歌剧院、美术馆等承载民族传统文化的建筑，另一方面又大力建设会展中心、摩天大楼等表达现代文明的建筑，真正实现了历史与现代的和谐统一。中国有着上千年的悠久历史，城市底蕴深厚，在发展时同样面临着如何平衡古今文明的问题，一定程度上可以说，米兰与中国的城市是相近的。然而，中国的城市却频频出现饱含传统文化的街区与房屋遭到拆迁或者为了弥补传统元素而人工重建古代宫殿等现象，呈现给外来游览者的城市形象丧失了质朴与自然。无论是抹杀传统文化的拆迁还是亡羊补牢地重建都让城市的规划和发展显得被动。

当前，北京已经开始尝试将意大利城市风格应用到城市改造和建设中，比如在北京开展了"2006中国意大利年"以后，北京的西四北大街在改造时融入意大利的浪漫主义情怀和创意精神。除了北京外,中国还有许多城市在打造城市形象的过程中需要保持传承和创新的统一。僵硬地使用拆迁手段会改变城市的本质,损害传统的历史与文化,不利于城市性格的塑造。而弥补性的重建同样不足以体现文化的质朴与真实,短时间内,新的城市文化氛围难以建立。两种发展方式都将改变城市的文化形态和人们的生活方式,造成文化形态的失衡。诚然,当代城市同时肩负着保持历史人文景观和引导经济快速发展的任务,是极富挑战性的。米兰作为意大利兼具传统和现代文化的典型城市之一,其城市建设的原则和方式启示我们在为营销城市而打造城市面貌的努力中,对待城市、历史和文化要保持一种客观、冷静、科学和富有前瞻性的态度。

第九章　营销维也纳
——塑造音乐之都

维也纳是奥地利的首都，是奥地利最大的城市和政治中心，位于多瑙河畔。奥地利素有"欧洲的心脏"的美誉，维也纳则被称为"心脏的心脏"。维也纳是古典音乐发祥地，享有"音乐之都"的盛誉，又以精妙绝伦、风格各异的建筑而赢得"建筑之都"的美称。城市品牌的成功塑造得益于维也纳自然环境、历史文化、悠闲生活方式以及稳定社会秩序，更离不开维也纳成功的城市营销活动。

一、营销机构

城市形象的完美塑造不仅依靠城市特有的文化、环境，还需要城市建设者的共同努力。城市建设者包括政府、游客、市民，以及建筑工程师、媒体人。鉴于城市建设者对城市营销的重要性，维也纳打造了一个完备的城市营销系统。详细阐述维也纳城市营销手段之前，首先着重介绍维也纳城市营销的幕后推动者。

（一）维也纳旅游局

维也纳旅游局在城市品牌建设和城市宣传中扮演着最重要的角色。1955 年，维也纳法律明确指定维也纳旅游局为旅游营销非营利机构。维也纳旅游局的组织结构是灵活的、扁平型的类似民营企业结构，维也纳州政府任命一名主席和旅游执行总裁对旅游局进行管理。维也纳旅游局划分为七个部门，部门间各司其职、相互配合①。

第一，战略目标发展部，负责市场调研，统计，预测，游客调查。

第二，品牌管理和广告部，开发品牌和通过广告宣传维也纳旅游局的企业形象。

第三，企业公共关系部，负责在企业中推广旅游局，提高公共和私有组织对旅游产业的认知。

第四，信息管理部，负责向旅游局提供维也纳旅游信息，维护商业活动，挖掘广告合作伙伴，发放宣传材料。

第五，市场和媒体管理部，四个市场小组负责策划和实施营销活动，处理新闻发布会、演讲、研讨会、展销会事宜。

第六，会议部（维也纳旅游局会议办公室）。

第七，游客服务部，负责酒店预订及处理投诉。

维也纳旅游局财政来源于维也纳住宿业税收、城市发展基金及自筹资金。维也纳旅游局的 2009 年预算共计 2310 万欧元，2010 年增长到 2770 万欧元，其中将近 47％预算来源于维也纳住宿业，22％来源于城市发展基金，2％来源于维也纳商会，29％是维也纳旅游局自筹。维也纳旅游局的责任区主要包括：维也纳全球代表（如展销会、圆桌会议、研讨会、考察访问等）；为维也纳旅游和营销提供支持；负责维也纳媒体推广；运营和维护维也纳宣传门户网站；处理公共关系和信息材料；负责市场调研和旅游开发；研究全球其他城市树立标杆。

（二）维也纳营销协会

维也纳营销协会成立于 1999 年，由维也纳市完全拥有。维也纳营销协会一直作为一个私人机构运行。该机构的创立纯粹出于经济方面的考虑：因维也纳营销协会在经济上和政治上享有若干福利，很多赞助活动纷至沓来。维也纳营销协会基于五年期的合同开展活动。在每个连续五年内，维也纳营销协会规划诸多城市推广的活动，譬如"维也纳冰梦"、"维也纳电影节"、"维也纳新年音乐会"等。维也纳营销协会的活动经费部分来源于城市的财政预算，剩余依靠广告赞助，故维也纳

---

① Anastasia Baskina. From Image to Brand：Marketing Policy of the City of Vienna［D］. Maser thesis vienna university，1997.

营销协会有很大权力决定活动的规模和形式。维也纳营销协会每年大概发起40～60个项目，这相当于90～200场活动，吸引将近300万游客[①]。这些活动主要针对维也纳本地居民，从这可以看出维也纳协会是地区性的组织，国际性的营销活动则由维也纳旅游局负责。

(三)维也纳商会

维也纳商会作为维也纳的企业的代表，主要负责传达企业的意见。它是由维也纳的企业组成，运营经费由会员赞助。虽然不受政府控制，维也纳商会一直和政府密切配合。维也纳经济商会的主要任务是给会员提供服务和协助，发掘潜在的客户和合作伙伴，提升维也纳的商业环境。

(四)国际战略和协调办公室

国际战略和协调办公室成立于2009年，目的是规范维也纳的国际活动以及集中协调内外部合作伙伴关系，是政府结构内的战略部门。主要任务包括：负责研究工作（监测国际媒体，寻找潜在国际合作伙伴，探析经济和政治的发展趋势）；为维也纳城市规划和经济发展提供建议；组织维也纳的主要国际活动（如旅游业和商业推广，在经济、文化、教育等领域的专家会谈）；为维也纳城的技术和战略提供支持[②]。

二、营销手段

明确城市营销主体后，维也纳城市营销系统中各部门开始各司其职，积极通过各种营销手段来推销维也纳。通过对维也纳城市营销活动的梳理和总结，维也纳城市营销手段包括形象营销、主题营销、关系营销、音乐营销、会议营销以及媒体营

[①]From the official website of Vienna City Marketing and from the interview with Michael Draxler, CEO of Vienna City Marketing 2006.

[②]From the official website of the Office for International Strategy and Coordination and the interview with Andreas Launer, CEO of the Office 2006.

销六个方面。

(一)形象营销

城市形象塑造通常是城市营销活动的开端,打造能够让人经久难忘的城市形象是提升城市竞争力的重要途径。维也纳通过城市标识的设计和完善、拍摄城市宣传片和传递城市口号来塑造维也纳在人们心中的形象。

1. 城市标识

维也纳的城市标识简洁大方,由宣传标语和宣传网址两部分构成,颜色以红色和白色为主,展示一座延续皇家传统、优雅的奥地利城市。2009 年,维也纳旅游局对城市标识进行重新设计(见图 9—1)。城市宣传语由之前的"维也纳,等待您的到来"改为"维也纳,此时不来,更待何时"。新的城市宣传语更具吸引力、号召性和渲染力。城市宣传标识里的网址表明维也纳旅游局对城市营销的关注,同时游客可以通过网址获取维也纳旅游的重要信息。宣传标识延续之前的主打色,与维也纳国旗颜色一致,目的是为了保持维也纳这座城市的"原真性"和"独特性"。维也纳的城市标识是正方形,周围由红色的实线环绕,即使在颜色鲜艳的广告牌里城市标识依然引人注目。游客可以透过这个城市标识,感受到维也纳悠久的历史、悠闲的生活方式、恢宏的建筑物以及维也纳人民的热情。

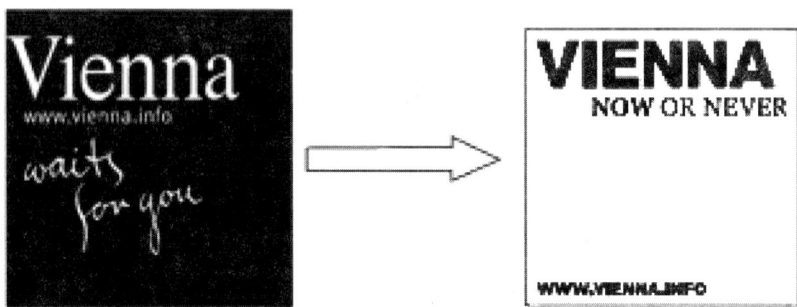

图 9—1　维也纳城市标识

2. 城市宣传片

拍摄宣传片是城市推广的有效手段。2011 年,维也纳旅游局联合著名广告公司推出主题为《此时不游,更待何时——行走在维也纳》的 3D 宣传片。宣传片展示了不朽的华尔兹,错落有致的皇家建筑与现代建筑,悠闲的生活节奏,"维也纳式"的咖啡馆、酒馆,呈现出了一座古老的皇家城市,现代的艺术中心。城市宣传片在欧洲许多国家电影院上映,起到了很好的宣传效果。

3. 城市宣传口号

2003 年,城市宣传口号为"维也纳,等待您的到来"。维也纳旅游局经市场调查发现 60％的游客表示还会再次游览维也纳。于是 2009 年维也纳旅游局提出新口号——"维也纳,此时不来,更待何时?"新的城市宣传口号对维也纳"老顾客"、"新顾客"具有更大的感召力,更能打动游客的心。

(二)主题营销

2009 年,维也纳旅游局发起一个关于对维也纳城市品牌的国际市场调查,旨在挖掘维也纳品牌的核心要素。被访者要求回答如下问题:为什么选择到维也纳观光;对维也纳的印象是什么;维也纳的城市价值是什么;维也纳城市特质是什么。调查问卷通过专家分析,维也纳旅游局发现维也纳城市品牌的重要五个要素,即帝国历史古都、音乐之都、慢节奏的生活之都、高效率运转的城市以及绿色海洋。这五个要素日后成为了维也纳城市推广的重要名片。

1. 帝国历史古都

维也纳悠久的帝国历史是吸引游客的关键因素。罗马帝国和奥匈帝国的辉煌时代在维也纳留下了诸多的雄伟建筑。维也纳有 27 座恢宏的宫殿,150 多处王朝古迹以及一个被联合国教科文组织评为"世界文化遗产的广场"。维也纳森林、阿尔贝蒂娜博物馆、史蒂芬大教堂、霍夫堡皇宫、美泉宫、维也纳艺术史博物馆、维也纳国家歌剧院,这些都是举世闻名的历史建筑,是维也纳城市品牌的重要构成因素。"转瞬即逝的美"、"优雅"和"恢宏"是这座城市特有的气质。基于这些恢宏宫殿对游客的吸引力,维也纳旅游局致力于将景点和历史故事相融合,打造一座游客必须前往的历史名城。

2. 音乐之都

音乐一直离不开维也纳,每个夏天的夜晚,公园会举行音乐会。维也纳是孕育音乐天才莫扎特、贝多芬、舒伯特和约翰·施特劳斯的音乐圣地。维也纳的音乐遗产延续至今。闻名全世界的维也纳交响乐团和维也纳儿童合唱团在世界各地的巡回演出中一直观众爆满且掌声热烈,维也纳音乐学院不断的孕育出在国际音乐界脱颖而出的乐者。除此之外,维也纳丰富活跃的现代热门音乐舞台吸引了不少的年轻人。人们在漫步时,随时可以听到优雅的华尔兹圆舞曲。夏天的夜晚,公园里还举行露天音乐演奏会,悠扬的乐声伴着花草的芬芳,在晚风中飘扬、回荡。维也纳的许多家庭有室内演奏的传统,尤其在家庭聚会的时候,总要演奏一番,优美的旋律传遍街头巷尾。更有趣的是,在举行集会、庆典甚至政府议事时,会前会后也要奏一曲古典音乐,这几乎成了惯例。对于音乐爱好者,维也纳是一座让人难以忘怀的"音乐之都"。

3. 慢节奏的生活之都

"咖啡屋"和"葡萄酒馆"是维也纳生活中不可或缺的元素,维也纳的饮食文化让许多游客慕名前来。咖啡馆是维也纳市民精神生活的一部分,维也纳市民甚至把咖啡馆、音乐和华尔兹并称为"维也纳三宝"[1]。20世纪初维也纳的"咖啡馆作家"曾享誉西方,当年这些文人大都生活拮据,没有自己的客厅和书房,于是整天聚在咖啡馆里,讨论文学、结交朋友、激发灵感。他们的不少鸿篇巨制都是在咖啡桌上完成的。如今,维也纳的咖啡馆仍是人们获取和交换信息的重要场所。正宗的咖啡馆里备有大量报刊供客人阅读。据说,维也纳老城区著名的中央咖啡馆为客人准备的报刊最多时高达250种。在咖啡馆,游客可以读书、看报、谈天说地。这里齐聚洽谈生意的商人、温习功课的学生、排遣寂寞的老人以及坠入爱河的恋人,维也纳市民将喝咖啡变成了一种文化、一种艺术和一种生活。维也纳的咖啡屋成为城市营销的重要元素,是维也纳居民的"第二个家",是游客必到之地。尽管经历了19世纪的巅峰发展时期,咖啡馆作为社会精英和知识分子聚集场所的功能已经消失,但咖啡屋已经融入维也纳文化[2]。另一个具有浓厚文化底蕴的场所是维也纳葡萄酒馆,葡萄酒馆已经成为维也纳城市地标。现在的维也纳葡萄酒馆从口味到菜单发生了很大改变。坐落在村落的葡萄酒馆不仅是游客的体验地,还是维也

---

①Hamb öck,Gabriela. Coffee,Cake and Literature:The Viennese Coffeehouse[EO/BL]. Vienna Tourist Board;Paress Texts about Vienna. http://www. wientourismus. at/en/press-medi-services/reports.
②感悟咖啡文化 到维也纳"泡"咖啡馆,http://jjckb. xinhuanet. com/whsh/2008−01/16/content__81766. htm.

纳城市品牌一部分。具有悠久传统的咖啡屋和葡萄酒馆是维也纳生活的必要元素,"回味无穷"、"不可抗拒"是游客对维也纳休闲生活的真实描述。

4. 高效率运转的城市

对传统生活方式的精心保护和慢节奏的悠闲生活,维也纳连续三次荣登全球最宜居城市排行榜的榜首。高效的运转保障维也纳城市营销效率,维也纳的有效运转主要体现在稳定的社会秩序、良好的治安、整洁的市容以及高效率的公共交通。维也纳气候寒冷,但各项完善的城市基础设施可以有效地帮助居民在寒冷的冬季抵御严寒。维也纳的每处住宅都配有取暖设备,包括公交车、有轨电车和地铁。维也纳居民只需花上30分钟就可到达工作地点,完美地实现了工作与家庭生活两不误的梦想。学校、免费幼儿园和高质量的公共医疗可以让居民生活得到充分保障[①]。一年当中丰富的文化娱乐活动给人们高品质的生活注入活力。每逢周末和节假日,人们不用出城就可在市内公园、森林和阿尔卑斯山休闲度假区享受大自然的气息。维也纳在公共管理,水资源管理、公共交通、社会福利以及公共卫生方面,已经成为西欧各国学习的榜样。

5. 绿色的海洋

维也纳是世界上最早重视绿化并采取绿化措施的城市之一。"圆舞曲之王"施特劳斯的名曲《维也纳森林的故事》,动人的旋律描绘了维也纳森林的美丽景色,让人产生无限的遐想和向往。维也纳是个山水城市、花园城市,多瑙河横穿市区,森林与城市相拥抱,市内众多的绿化小区,特别是那些分布在市郊的森林,在改善和提高市民的生活质量方面发挥了重要作用。成片的森林和草地,构成了城市绿色的主旋律,维也纳市绿化面积为200平方公里,其中75平方公里是森林和草地。维也纳市的森林覆盖率为18%,位居欧洲各城市绿地面积之首。维也纳城市绿化总体布局:在市区有国家级管理的自然公园和市级管理的自然公园,有行道树、街头绿地、中心广场、居民小区绿地等。郊区有历史公园、花园、自然保护区。在郊外规划了一个600米宽的林带网区域,借以形成大面积的环城天然林带,使市区和郊外绿化有机协调,使城市环境优美、空气清新,城市居民时时感到生活在绿色的自然怀抱中[②]。为了更好地宣传

---

①维也纳何能成为最宜居的城市.http://jjckb.xinhuanet.com/gjxw/2010－06/04/content＿224460.htm.

②沈宏.维也纳 绿色的海洋[J].道德与文明,1995(1):46.

绿化,维也纳非常注重绿化教育。他们从小抓起,让小孩和年轻人对森林逐步了解,认识绿色的重要性,从而强化他们的环保意识。1998年,维也纳市政府更开办了森林学校,让小孩能够通过各种途径获取专业、系统的环保知识,对他们进行森林、绿化和生物知识的科普教育,使他们从小就热爱自然。

(三)关系营销

维也纳政府很早就重视友好城市的缔结。维也纳友好城市范围由最初的欧洲拓展到亚洲、北美洲,维也纳积极透过维也纳城市名片参与城市交流活动。截至2012年,维也纳已经和24个城市缔结友好关系①,部分维也纳的市区还和其他城市的市区签署合作协议,就城市建设、城市推广展开密切合作。维也纳市政府还出具专门报告列举与友好城市开展合作的具体领域,加速维也纳在全世界范围内的推广(见表9-1)。

表9-1　与维也纳缔结友好关系的城市

城市	所属国家	时间	城市	所属国家	时间
贝尔格莱特	塞尔维亚	2003	务米亚由	印度尼西亚	2012
特拉维夫	以色列	2005	大不里士	伊朗	2009
华沙	波兰	2001	柏林	德国	
萨格勒布	克罗地亚	1994	突尼斯	突尼斯	
莫斯科	俄罗斯	1991	瓦杜兹	列支敦士登	
布达佩斯	匈牙利	1990	尼什	塞尔维亚	
布拉迪斯拉发	斯洛伐克	1993	东京	日本	1985
伊斯坦布尔	土耳其	2007	北京	中国	2007
安卡拉	土耳其	2012	纽约	美国	2007
基辅	乌克兰	1992	重庆	中国	2004
卢布尔雅那	斯洛文尼亚	1999	哈尔滨	中国	2008
伯尔尼	瑞士		大阪	日本	1995

①维基百科,http://en.wikipedia.org/wiki/List of twin towns and sister cities.

（四）音乐营销

维也纳是欧洲古典音乐的摇篮。它以"音乐之都"的美誉蜚声世界，全球很难找到第二座像维也纳这样沉浸在浓厚音乐氛围中的城市。维也纳是一座用音乐装饰起来的城市。这里到处可以看到音乐大师的雕像、纪念碑、故居、首演地，维也纳有闻名遐迩的音乐殿堂和世界一流的交响乐团，音乐已经成为维也纳城市推广的核心要素。

1. 音乐传统

在奥地利，音乐一直以来被视为国家精神的象征。从 13 世纪开始，音乐就得到了哈布斯堡王室的喜爱并获得长足发展。而随着罗马和奥匈帝国时代的辉煌，维也纳的音乐事业也走向巅峰。18 世纪，维也纳是古典音乐"维也纳乐派"的活动中心；19 世纪，由于优美圆舞曲的伴奏，维也纳成为舞蹈音乐的发祥地；20 世纪以来，维也纳音乐艺术长盛不衰，成为世界著名音乐家的聚集地。海顿、莫扎特、贝多芬是维也纳古典乐派的三位杰出代表，舒伯特、约翰·施特劳斯就是出生在维也纳的音乐大师，李斯特、勃拉姆斯、格鲁克、维瓦尔第等客籍音乐家都曾在维也纳倾情创作，将这些闪光的名字放在一起，简直就是古典音乐的全部灵魂。海顿的《皇帝四重奏》，莫扎特的《费加罗的婚礼》，贝多芬的《月光奏鸣曲》和《英雄》、《命运》、《田园交响曲》，舒伯特的《摇篮曲》和《冬之旅》，约翰·施特劳斯的《蓝色多瑙河》、《维也纳森林的故事》等都是诞生于维也纳的著名乐曲[1]。在维也纳，音乐已成为城市的灵魂，并融入城市的各个角落，人们的言行举止把城市蕴涵的音乐素养展示得淋漓尽致。维也纳得天独厚的传统古典音乐气质吸引了世界各地的音乐爱好者纷纷前往，打造出了一座无可替代的音乐殿堂。

2. 音乐节事

维也纳每年都会举办诸多举世闻名的音乐节，音乐节的举办已经成为维也纳旅游局城市推广的最重要战略。根据维也纳城市推广部门相关人员的统计，维也纳每周会举办将近 2500～4500 场文化音乐节（涵盖音乐剧、音乐会、音乐展览等）。密集且竞争性极强的音乐节事的同步举办保证游客能够物有所值，充分享受音乐

---

[1] 卢长宝，石占伟. 音乐元素与城市营销——基于维也纳与厦门的比较研究[J]. 城市问题，2010(4).

熏陶,加强顾客对维也纳音乐元素的认同,提升城市推广的效果。

(1)新年音乐节

维也纳新年音乐节是维也纳历史最悠久、最具影响力的音乐盛会,于每年的一月一日举行。新年音乐节由世界一流的演奏乐团——维也纳爱乐团演奏,全球大多数国家的电台和电视台都会转播,在全球拥有大批的忠实观众,一致被评为"全球最具吸引力的音乐盛会"。鉴于维也纳新年音乐会在全球范围内的影响力,各大唱片公司都争夺音乐节的 CD 和音像资料出版权。到目前为止,维也纳新年音乐节已面向全球 60 多个国家直播,每年收看的人数达 10 亿以上,成为推广维也纳音乐元素最直接、最有效的方式。

(2)夏季音乐节

每年 6~8 月,维也纳迎来仲夏夜,维也纳夏季音乐节拉开帷幕。从摇滚到流行音乐,从 hip-hop、爵士乐,布鲁斯到传统维也纳音乐和美国乡村音乐,整整 3 个月,维也纳沉浸在音乐节的海洋。每年夏季音乐节都吸引来自全世界各地的音乐迷,强化维也纳作为音乐"发源地"的城市形象。

(3)多瑙岛音乐节

中欧最大的露天音乐节——多瑙岛音乐节(Donauinselfest)从每年 6 月 24 日开始。与金色大厅的演出不同,多瑙岛为期三天的演出将更为"亲民"和"热闹",它将汇集包含古典音乐、爵士乐在内的各种音乐表演形式。根据相关统计,2011 年多瑙岛音乐节吸引了大约 280 万游客,创造 4000 万欧元(约合 3.69 亿元人民币)的收入。

(4)音乐地标

维也纳拥有 50 多座大型歌剧院,100 多座音乐博物馆和音乐展览馆,其中最著名的是维也纳国家歌剧院。维也纳国家歌剧院有"世界音乐圣殿"的美誉,许多知名的演奏家、歌唱家都以登上维也纳金色大厅演奏而感到自豪。同时,维也纳还建立了许多矗立着著名音乐家雕像的公园和广场,不少的礼堂和街道都以音乐家的名字来命名。维也纳还是诸多音乐家故居的所在地,来自全世界各地的乐迷都会前往维也纳参观和凭吊。维也纳音乐学院和布雷纳音乐艺术学院等世界著名的音乐学院都云集于此,增加了维也纳的音乐厚重感。

(五)会议营销

维也纳是一座著名的国际会议城市,已经连续八年被国际会议协会评为"全球第一会议城市"。政局的稳定、社会的安定、深厚的文化底蕴和优质的旅馆服务以及便利的交通为维也纳成为国际会议城市奠定了坚实的基础。维也纳很早就意识到"绿色会议"将成为国际会展业的发展方向，为此维也纳建立了 16 个"环保会议"认证机构，着手打造一座"绿色会议城市"。此外，对于国际会议城市而言，"国际无障碍"这一要素是至关重要的。维也纳在城市规划时候充分考虑到这一要素，维也纳国际机场专门设立了针对国际会议与会人员的第三条机场跑道。正是因为这些完善的基础设施，维也纳会议行业突飞猛进。

2012 年，共有 707 个国际会议在维也纳举行，同时还有 439 个国家会议和 2230 个工商企业主办的各种活动在维也纳举行，这些会议为维也纳的旅馆提供了近 152 万个住宿，保证了 17500 个工作岗位，营业额达 914.7 百万欧元①。当前国际会议产业趋势有助于维也纳发展，2013 年维也纳会议产业是蓬勃发展的一年（见表 9－2、表 9－3）。

表 9－2　2011～2012 年维也纳会议统计

时间	2011 年	2012 年	变动比例（%）
总数（场）	3151	3376	＋7
国内会议（场）	380	439	＋16
国际会议（场）	638	707	＋11
国内企业活动（次）	996	998	＋0
国际企业活动（次）	1137	1232	＋8
参加人数（人）	475.298	498.009	＋5
国内会议（场）	114.813	116.338	＋1
国际会议（场）	213.974	250.789	＋17
国内企业活动（次）	43.585	47.794	＋10
国际企业活动（次）	102.926	83.088	－19
度过夜晚（时）	1412.133	1521.170	＋8
国内会议（场）	149.997	143.951	－4
国际会议（场）	947.785	1119.247	＋18

①VTB (2009) Vienna Tourist Board[J]. Tourism Concept, 2010.

续表

时间	2011 年	2012 年	变动比例(%)
国内企业活动(次)	48.084	61.374	+28
国际企业活动(次)	266.267	196.598	-26

表 9-3 2013 年维也纳重要会议日程

会议名称	参会人数
国际商务大会	1500
欧洲风能会议	10000
欧洲克罗恩病和结肠炎会议	4000
欧洲放射学大会	20000
欧洲地球科学联盟大会	10000
关于前糖尿病和代谢综合征的国际会议	3000
维也纳国际汽车研讨会	1000
维络城会议	1200
关于可再生能源和核电的国际会议	15000
欧洲内镜外科协会	3000
STI 世界大会	1500
世界神经病学大会	8000
欧洲心胸外科协会	5000
世界精神病学协会大会	5000
欧洲生物技术大会	3000

(六)媒体营销

2010 年,维也纳旅游局开展一项名为"说服战略"的营销活动。维也纳旅游局在全世界范围内展开一场营销攻势,从广播到户外,再到点对点的营销。

1. 广播

CNN 对维也纳连续两次进行广播报道。第一条报道的主题是"踏入春天的维也纳",报道时间长达 25 分钟,重复播放 342 次,覆盖 1.47 亿户欧洲、非洲以及中东的家庭。第二条报道的主题是"维也纳之秋",报道时间长达 25 分钟,重复播放 448 次,覆盖欧洲 1.55 亿户家庭。同时长达 45 分钟的"踏入春天的维也纳"和"维也纳之秋"纪录片在巴黎的 121 家影院上映。

2. 户外广告

在伦敦,将近 130 辆出租车和 250 辆双层巴士带有"维也纳"广告,250 辆巴黎出租车,罗马、米兰、巴塞罗那和林茨的电车,柏林、斯图加特、杜塞尔多夫的公共汽车都充当着维也纳的"移动广告牌"。

3. 互联网营销

维也纳成功建设了一套涵盖旅游、商务以及会议的网站系统,网站系统包括维也纳信息网(http://www.vienna.info)(见图 9-2),维也纳商务网(http://b2b.wien.info/en),维也纳会议网(www.vienna.convention)。该网站系统覆盖了所有维也纳信息,网站默认 12 种语言(英语、德语、意大利语、法语、西班牙语、日语、中文、俄语、阿拉伯语、匈牙利语、捷克语、罗马尼亚语),对维也纳著名景点和博物馆从 A 到 Z 进行排序,维也纳 280 多家酒店可以直接在网站预订。同时访客可以直接从网站下载维也纳游记、维也纳饮食文化指南、旅行计划以及公共交通地图。据统计,维也纳信息网每个月的访问量将近 18 万次[1]。

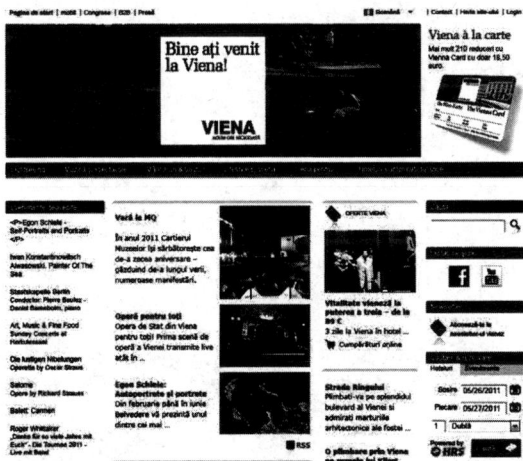

图 9-2 维也纳信息网

此外,维也纳在世界上用户活跃量最多的社交网站脸书(Facebook)、推特

---

[1]Vienna Tourist Board. Brand Manual "Vienna:now or never".

(Twitter)以及世界上最大视频分享网站 YouTube 开通账户,对互联网用户进行城市宣传。维也纳账户的"粉丝"数量不断在攀升。游客可以通过社交网站就维也纳主题进行互动,同时维也纳账户的运营人员可以收集游客的反馈,这就形成了一个良好的互动平台。

4.定点营销

为了达到更好的营销效果,维也纳市旅游局在维也纳开展了点对点的营销,通过发放宣传册、纪念品直接向维也纳游客进行宣传,提升维也纳在游客心中的魅力。

(1)宣传册

为了达到更好的营销效果,维也纳旅游局批量印刷和发放维也纳宣传册。宣传册描绘了维也纳城市魅力的各个领域,宣传册包括维也纳大事件月刊、饮食文化指南、维也纳期刊、维也纳停车指南、维也纳博物馆指南。对游客而言,这些种类齐全的宣传册不仅实用还可以成为纪念品。

(2)海报和横幅

维也纳城市宣传标识"此时不来,更待何时"? 遍布整座维也纳城。广场、博物馆、咖啡馆、酒馆、商场都能看到显眼的城市宣传标识,甚至在欧洲的其他广告牌上都能看到维也纳城市宣传标识。

(3)纪念品

2011年维也纳旅游局开发诸多针对维也纳城市宣传纪念品。纪念品设计精致,彰显维也纳城市特质,覆盖人们生活各个方面,包括背包、水杯、购物袋、围裙、毛绒玩具、雨伞。最出名的是价值 18.5 欧元的维也纳优惠卡。只要购买维也纳优惠卡,游客在博物馆、剧院、音乐会、商场、咖啡店以及酒馆都可以享受优惠折扣,还可以免费使用 72 小时的地铁、公交以及电车[①]。

图 9—3　维也纳宣传纪念品

①Heinz,Fumann,Hatz Gerhard and Joseph F. Patrouch. Understanding Vienna:Pathways into the City [M]. Wien:LIT-Verlag,2007.

三、营销经验总结

维也纳通过系统的、专业的方式成功地进行城市营销，打造了一个无法替代的城市品牌。提起维也纳，人们都会联想到维也纳悠久的王朝历史、优雅的音乐盛宴、闲适的生活节奏。维也纳在游客心中就是一个急不可待的圣地，成功实现营销主题"此时不来，更待何时?"从维也纳城市营销过程中，以下四个方面值得国内城市借鉴。

（一）从区域营销转向品牌营销

维也纳成功地把城市文化、城市历史、生活方式以及城市建筑融入城市品牌塑造。营销这个概念最初源自于区域营销后来逐渐扩展并应用到城市宣传。随着城市间的竞争加剧，城市营销已经成为吸引游客的重要手段[1]。20 世纪 90 年代区域营销成为城市营销的一个分支。20 世纪 80 年代，维也纳旅游局意识到维也纳城市营销需向品牌化发展。在 1997 年，维也纳市政部门以及大多数企业都采用了统一的城市宣传标识和宣传语，即"维也纳，与众不同"。区域营销好比讲故事，品牌营销就是在讲故事前先了解观众的爱好。维也纳通过事前策划将责任分配到各部门，针对目标客户设计产品，最后合力宣传。维也纳通过"四步曲"成功塑造城市品牌。首先，维也纳认真分析目前拥有的资源，譬如城市发展拥有的机会、城市的资产、独有的特质、目标顾客。其次，维也纳确立一个城市发展愿景，竭力打造一座让人急不可待的欧洲小城。再次，规划相关活动以及开展相关营销活动来实现城市发展目标，再把任务分配到各个营销机构。最后，提前开展已经规划好的城市营销活动。与维也纳相比，国内的城市营销稍显滞后。大多数仍局限在区域营销，部门之间的分工界限不清楚，协作性较差，缺乏系统规划。所以，国内的城市营销可以充分借鉴维也纳的"四步曲"，实现从区域营销向品牌营销的转变。

①Michalis Kavaratzis. From city marketing to city branding：towards atheoretical frame work for developing city brands［J］. Place Branding，2004（1）：58—73.

(二)发布政府公报来规范和指导城市营销活动

2003年，维也纳旅游局、维也纳市政府及旅游行业代表联合规划了"2010年维也纳旅游概念"。新规划强调动态竞争力，旨在加强维也纳的旅游吸引力和提升维也纳的旅游品质。维也纳作为一个高品质的旅游目的地，不仅朝着构建自由化、公平化环境方向发展，而且要捍卫游客权利，尊重特殊群体[①]。2007年，维也纳旅游概念的提出催生了一轮广告营销，营销的主题是"怀旧"和"创造力"。广告都彰显了维也纳恢宏的帝国历史以及维也纳的创新潮流。在新一轮的城市营销攻势下，2010年维也纳营业额突破32亿欧元，游客客流量突破10万人次。

2009年，又一轮的城市营销浪潮开始。维也纳旅游局发布了"2015年维也纳旅游概念"。维也纳旅游局发起大规模的在线民意调查，面对约11,000名来自主要目标市场的游客。通过与国际专家和当地产业代表的圆桌讨论和深入访谈，维也纳旅游局确定了品牌发展的成功因素。调查发现，阻碍维也纳旅游发展的重要因素是城市营销宣传的"瞬间逝去的美"，因为游客发现维也纳的美一直都存在，故没有迫切渴望前往维也纳。2009年"2015年维也纳旅游概念"开始实施，恰逢世界金融危机。经济危机中断了维也纳旅游行业连续六年增长的趋势。然而，2009年维也纳旅游收入在过去几年收入排行榜中位居第二，游客总体数量只下降了5%，而整个欧洲下降了8%。

从"2010年维也纳旅游概念"以及"2015年维也纳旅游概念"的实施效果可以看出，政府发布城市发展战略不仅可以规范城市发展活动，还可以良性拉动经济发展、提前规避风险。维也纳旅游局对于未来城市发展可能遇见风险由事后处理转向事先预防，发布城市发展规划引导城市发展，营造一座稳定、有序的欧洲小城。维也纳旅游局的城市发展路径为国内城市塑造提供了新视野即将顾客的意见融入城市发展规划，明确城市规划主题，通过规划带动城市商业发展，有条不紊地开展城市营销。

(三)市场细分，锁定顾客

维也纳大多数游客是生活富足、追求高品质生活的中年人群。据统计，维也纳

[①]VTB (2009) Vienna Tourist Board[J]. Tourism Concept，2010.

45％游客在 50 岁以上,43％游客有大学学历(其中 44％有本科学历)。维也纳的旅游大多数结伴而行,每人平均每天消费在 276 欧元左右(2010 年上升到 420 欧元)。作为"音乐之都",那些对文化艺术兴趣浓厚的富裕阶层、高学历的人群经常聚集在此。但这些人群不再是维也纳旅游局现阶段的主要营销对象。维也纳旅游局将目标顾客锁定在 20～39 岁年龄段的人群,目标顾客的改变对维也纳旅游局无疑是一个巨大的挑战。因为这意味着城市营销者必须通过特别方式丰富文化,给传统注入活力以及承办新型活动。新定位的目标顾客对价格适中的酒店需求量大,于是 2010 年夏季维也纳标准双人间的住宿费整体降低 17％。维也纳游客中,一半是新游客,一半是维也纳"忠实粉丝"。故维也纳旅游局不仅努力提升新目标顾客的数量,同时竭力维持维也纳传统顾客数量的稳定。高等学历和经济独立的目标顾客充分带动了维也纳住宿行业的发展。40％游客选择入住四星级酒店,其次入住人数最多的是三星级酒店,大约 9％游客会入住五星级酒店。大约 1/3 的游客来自团体,其余都是自助旅行。50％游客会选择乘坐飞机到维也纳,30％游客自驾车,15％游客搭乘火车,4％游客搭乘公共汽车。维也纳在城市交通建设方面充分考虑这一趋势,保障交通的高效运行。

维也纳主要目标顾客来自欧洲,其次是美国,日本游客数量逐年上升[①]。维也纳的城市营销力度和主要客源地相互契合,维也纳在欧洲投入大量资金进行广告宣传。在欧洲各国的街头可以看到当地出租车、公交车以及电车张贴维也纳宣传海报,购物广场有维也纳宣传广告,甚至维也纳宣传电影在欧洲上映播放。科学的市场细分是目的地营销的基础,将客源市场按照空间分布进行划分,有利于提高营销的针对性和有效性,维也纳成功实践这一营销理论。国内大多数城市营销鲜有发起市场调研,科学细分营销市场,这也是国内城市营销品牌出现雷同的根源之一。

表 9—4　2008～2010 年维也纳旅游业的主要市场

主要市场	2008 年	同比上一年度(％)	排名	2009 年	同比上一年度(％)	排名	2010 年	同比上一年度(％)	排名
德国	888764	13.6	1	855711	-3.7	1	952061	11.3	1

①Popescu R. I. and Corbos R. A. Vienna's Branding Campaign Strategic Option for Developing Austria's Capital in a Top tourism destination[J]. Theroretical and Empirical Resrarches in Urban Management,2011(3):4—14.

主要市场	2008 年	同比上一年度（%）	排名	2009 年	同比上一年度（%）	排名	2010 年	同比上一年度（%）	排名
意大利	224895	2.6	2	221616	-1.5	2	246930	11.4	2
美国	216810	-17.2	3	207937	-4.1	3	234622	12.8	3
英国	174079	-4.5	4	158506	-8.9	4	166446	5.0	4
西班牙	149779	2.2	5	127091	-15.1	5	136249	7.2	6
罗马尼亚	146842	37.5	6	126463	-13.9	6	116882	-7.6	10
瑞士	126537	6.6	7	121236	-4.2	8	130156	7.4	7
日本	119896	-6.4	8	123009	2.6	7	128222	4.2	9
俄罗斯	117260	55.3	9	107009	-8.7	10	145580	36.0	5
法国	115968	5.5	10	115362	-0.5	9	128501	11.4	8

（四）完善的城市营销系统

维也纳有五个职责分明的机构进行城市宣传,这可以保障城市营销工作有条不紊地进行以及城市营销的质量。在维也纳城市营销系统中,维也纳旅游局是核心要素,维也纳城市营销协会负责本地营销,维也纳商会为城市营销活动提供资金支持和反馈企业的意见,维也纳国际战略和协调办公室负责国际营销活动。这是一个层次分明、职责清晰、目标明确的营销系统,涵盖维也纳城市营销运营的各个方面。各个部门间相互配合,步调一致,保障维也纳城市营销的高效率。相比维也纳完备的城市营销系统,国内城市营销的缺点暴露。国内大多数城市营销都是由当地政府的宣传部负责,"宣传"和"营销"混为一体。很少有城市成立专门机构从事城市营销活动。这导致国内城市营销方式老套、缺乏系统的规划,很难打造出一座让人真正期盼的城市。

第十章　营销纽约

——缔造世界之都

纽约是美国最大的城市和港口，由曼哈顿区、皇后区、布鲁克林区、布朗克斯区、斯塔滕岛区五个行政区组成。纽约是世界著名的国际金融、商业、贸易、文化中心，联合国总部位于纽约，纽约是公认的"世界之都"。

一、营销机构

纽约是全球第一个创建专门的城市营销部门的城市。纽约将城市营销提升到城市发展战略的高度，通过塑造城市品牌形象，塑造纽约良好的全球声誉，达到了整体提升纽约城市软实力的目标。纽约营销开发公司、纽约观光局、纽约重大会议筹建办公室以及纽约市政府形成了一个职责明确、相互支持的城市营销网络，合力打造纽约城市品牌。

（一）纽约营销开发公司

纽约营销开发公司是全球第一个专门从事城市营销活动的组织，是城市营销的创新模式，在世界范围内获得高度认可。2003 年 4 月，纽约市长布隆博格宣布成立纽约市营销开发公司，作为推广纽约城市品牌的核心机构，集中力量把纽约推广到全世界。作为专职的城市营销机构，纽约营销开发公司面临的挑战就是创造一个自负盈亏的、带动纽约城市推广的引擎。

纽约营销开发公司是以自负盈亏方式运行，并不依赖纳税人的税款。这样的运行方式就保证纽约营销开发公司不受政府政策的约束，可以高效的运转。所以公司的实际运营体现出了市场效率。纽约营销公司组织结构健全，纽约营销开发公司由首席主席统领。纽约城市营销活动分解为三个部分，又具体细化到各个环节，各环节由具体的专职人员负责（图 10-1 为纽约营销开发公司结构）①。

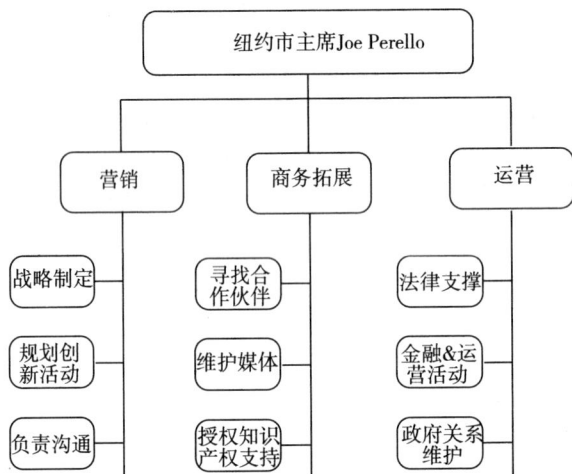

图 10-1　纽约营销开发公司结构

该机构的宗旨：挖掘纽约市政府拥有的有形与无形公共资产，依托纽约市自身的世界级城市品牌，吸引潜在合作伙伴，为城市经济和社会生活创造经济收益，进一步巩固纽约市多元化的形象。纽约市营销开发公司作为地方层面的开发公司，确立了三大基本目标：为纽约市开创非传统的财富收入；支持纽约市政府各机构的工作和市政府重要的激励政策；向全球营销纽约市，增加就业机会和旅游量。因此，在每一项政府与民间展开合作的项目中，纽约营销开发公司均努力落实三大目标。

经过 10 多年发展，纽约城市营销公司的业绩非常耀眼。纽约营销开发公司采用以文化娱乐、体育运动和社会公益营销为基础的模式，创建了纽约城市营销的新模式。包含合作伙伴关系、媒介关系和许可证关系的全面运营模式正给纽约带来激动人心的效果。纽约营销开发公司还通过赞助和许可证收入，给纽约 2009 财年带来了 3200 万美元收入。自创立至今，纽约营销开发公司已经为或代表市府机

①NYCM，http://home.nyc.gov/html/nycmktg/html/home/home.shtml.

构、委员会和下属机构筹划了 500 多万美元现金和价值超过 2900 万美元的广告。30 多家政府机构从该公司的赞助、媒介和许可证合作中受益。此外,纽约营销开发公司已与 17 家全球引领的广告公司建立了合作伙伴关系,诸如通用汽车、美国最具实力的跨国电视网络(A&E Television Network)、美国全国广播公司、宝洁公司、吉佰利—杰伊斯公司等。纽约营销开发公司与纽约市重大活动筹划办公室联手,创造了一种依托企业赞助来承办纽约高层次的大型活动的全新模式。2005 年乡村音乐联合会大奖赛在纽约成功举办①。

纽约营销开发公司作为纽约城市营销战略的重要部分,充分挖掘了纽约城市资源,成功推动了纽约城市品牌塑造,成为全球各大城市效仿对象。诸如杜塞尔多夫、新加坡、阿姆斯特丹、伦敦、芝加哥、波士顿、亚特兰大、洛杉矶等全球各大城市都开始考虑学习纽约营销开发公司的模式,设立类似的市政府机构。

(二)纽约市观光局

纽约市观光局是纽约市官方的营销机构、旅游机构以及合作机构。纽约市观光局的宗旨是提升纽约五个区的旅游发展,促进经济繁荣,向全世界推广活力四射的纽约城市形象。纽约市观光局主要通过纽约旅游观光网(www.nycgo.com)和纽约官方信息中心来进行城市推广。世界各地的游客可以从观光局获取有关纽约的一切信息。纽约观光局在城市营销中发挥了重要作用,纽约重要的国际会议、会展活动以及重大活动都是由观光局挖掘的。纽约观光局一直致力于成为一个促进经济发展、发掘并推广纽约城市魅力的独立机构。

(三)纽约重大活动筹划办公室

纽约重大活动筹划办公室主要负责承办大型的会议和节目,通过高标准、高规格举办节庆活动,为纽约城市营销会聚了人气以及媒体的关注。该部门成功地发挥了节事营销,通过大型活动把纽约推广到全世界。

---

①Rangan,V. Kasturi,Anita Elberse,and Marie Bell. Marketing New York City[J]. Harvard Business School Case 506－022,April 2006(Revised October 2008).

（四）纽约市政府

纽约市政府由市长和理事会负责管理，纽约市政府主要通过财政预算来支持纽约城市营销活动。纽约市政府的预算位于全美城市之首。作为纽约市的CEO，市长把预算方案交给理事会审核，然后分配到各部门。"9·11"事件后，纽约的形象急转直下，被认为是恐怖犯罪活动高发的地方。重塑纽约城市形象成为纽约市政府的主要工作。于是纽约市政府进行战略规划，投入大量的财政预算重塑纽约城市形象。

二、营销活动

构建良好的城市形象，促进城市的发展，提升城市的综合竞争力离不开一系列营销活动的支持。纽约在缔造"世界之都"城市意象过程中，通过各种形式和媒介平台，有条不紊地开展以营销纽约为主题的一系列活动。

（一）形象营销

城市形象是指城市给予人们的综合印象。城市形象的好坏影响公众对城市的认知，进而影响城市的发展。纽约凭借着实力雄厚的金融中心，名扬四海的娱乐之都，活力四射的现代文明，赢得了"国际大都市"的美誉，成功展示了一个多元化、充满活力的城市形象。

1. 城市标志一

1977年，纽约市商务部副部长邀请Wells Rich Greene广告公司为纽约设计城市宣传标志。此后，纽约政府大力推广"I Love NY"城市标志。在标志中，大写字母I和一颗红色的心位于上方，下方则由大写字母N和Y构成，字体是圆形的板衬线字体（见图10-2）。1977年这个城市标志为纽约市吸引了1700万游客，并且不断有商家出资获取城标的使用权又给政府带来一笔可观的经济收益。纽约市的标志至此深入人心，它也引领了现代城市LOGO设计的潮流，世界各地的城市也开始竞相效仿。这个创造性的城市标志获得巨大成功,影响力延续至今。这个标志与纽约市命运紧紧相连,印有该标志的 T 恤在世界各地销售,强化了纽约城市形象。这个城市标志在"9·11"事件中发挥着重要作用,它象征着团结。许多游客纷纷通过购买这种 T 恤来支持纽约度过危机。

2007 年,纽约市政府邀请曾为伦敦奥运、联合利华、New Museum 等设计形象的 Wolff Olins 公司设计纽约城市品牌形象。这个设计倡导了"Brand New Growth"的概念,强烈突出纽约的独一无二,融合了纽约的现代感和文化感。纽约是多元化交融的城市,城市形象成为了会聚城市力量的强有力标志。这个新的城市标志促进了纽约旅游业的繁荣,创造了一个充满生机的城市意象。2007 年,纽约游客增加了 5%,创造了 350000 个岗位。2010 年,纽约游客突破 4900 万游客大关、创造了 310 亿美元的收入,纽约成为全美国最受欢迎的城市[①]。

图 10-2 纽约的城市标志

2. 城市标志二

纽约另一个重要的城市标识就是"大苹果"。在美国文化中,"大苹果"是个耀眼和具有魔力的形象。大苹果代表着活力、异彩纷呈、激动人心以及成就的意象。20 世纪二三十年代,大苹果是大时代的代名词,常被爵士乐手、体育明星和娱乐圈内人士使用。纽约观光局在营销战略中赋予了大苹果新的含义。主要寓意是树上有许多大苹果,当你选择了纽约,就意味着把最大的一个摘到了手。大苹果标识常常出现在文艺作品、信笺、T 恤衫、领带、珠宝首饰、围巾、眼镜、明信片、餐具等日常物品上。大苹果经过宣传和广泛使用,得到了公众认同,一提到大苹果时,人们自然就想到了它所代表的是纽约。

①邵春.关于城市营销的思考——以宁波为例探讨目的地营销中的一个关键问题[N].中国旅游报,2005-6.

3. 城市宣传口号

纽约最著名的城市宣传口号是"我爱纽约"（I love New York），宣传口号源自1977年设计的城市标志。这个宣传口号与"大苹果"为扭转纽约城市形象和振兴旅游业做出了巨大贡献。纽约每年吸引了1700万游客，为旅游业工作的就业人数达40万人。1983年，纽约市为此荣获了美国旅游协会颁发的全美旅游营销大奖。此外，纽约城市银行（花旗银行）的广告语"城市永远不会沉睡"（The City Never Sleeps）也是影响力巨大的城市宣传口号。纽约城市银行斥巨资建立了一套完善的基础设施和高效稳定的应用系统，确保每一个客户打电话到呼叫中心，任何时刻都会有人接听，真正做到了"城市银行永远不会沉睡"，打造了纽约另一种城市意象。

4. 城市代言人

"9·11"事件以后，纽约大力宣传的城市形象代言人既非明星，也非大腕，而是承担着最基础性城市安全保障工作的普通消防队员。他们在恐怖袭击事件发生后，义无反顾地投身于一线救援工作，他们流过汗、流过泪甚至伤亡惨重，但这都无损于其伟岸形象的雕塑与矗立。普通消防队员作为城市形象代言人，向全世界展示这座城市市民平凡、敬业、履责、勇敢的人文品格。与这座国际大都会的灯红酒绿、经济繁盛、物质富庶的"外观"比起来，这些品质更稀缺、更让人感动和震撼[1]。

（二）节事营销

节事营销是大多数城市在城市推广中惯用的方式。通过举办大型的体育赛事和相关节庆活动，城市能够快速汇集人气、获得媒体的关注并推进城市形象的传播。纽约市政府专门成立了机构促进纽约大型体育赛事和时尚活动、节庆活动的举办。

1. 体育赛事

纽约被认为是国际著名的体育赛事之都，每年都要举行各种各样的体育比赛。2008年纽约市举办的固定赛事，即每年定期举办的赛事中，至少包含37项国际性赛事，40项全国性赛事。

---

[1]陈阳.城市需要什么样的形象代言人[N].中国青年报,2005－9.

纽约的体育赛事平均分配在 1~12 月,体育赛事本土化程度很高,民众都热情参与。在纽约,比较流行的运动项目有篮球、自行车、田径、跑步或行走,纽约城区内隔三岔五就会出现篮球赛、自行车赛或跑步比赛等,市民参与的热情都很高,更是全城总动员。每年,纽约市将举办超过 200 项的大小赛事,以呼吁每一位纽约市民成为每日骑自行车大军中的一员。纽约的群众体育赛事往往都有运动的主题,这些主题不与国家或城市政府的大事或号召相关,更多是与社会的公益事业或者市民的切身利益相关。纽约赛事广泛的群众基础对纽约的城市精神、市民素质的培育、城市形象塑造都有积极的促进作用,也利于团结全市市民的力量推动整体赛事的发展①。

综合纽约赛事的整体情况,纽约具有几十年甚至上百年历史的赛事,如环五区自行车赛(FiveBoro Bike Tour)于 1977 年开始举办;贝尔蒙特有奖大赛(The Belmont Stakes)起源于 1866 年。这些赛事在长期的发展历程和与城市的互动中形成了深厚底蕴的赛事文化,它们是城市的标志和象征,是城市文化的体现②。

在纽约举行的诸多赛事中,美国网球公开赛和纽约马拉松比赛是最盛大、影响力最深远的赛事。美国网球公开赛与澳大利亚网球公开赛、法国网球公开赛、温布尔顿网球公开赛合称为四大职业网球赛。美国网球公开赛的比赛场地是在纽约市的皇后区,每年都能吸引大批国外游客前来观战,大大促进了地方经济的发展。每到比赛时期,纽约市的旅馆、餐馆销售额直线攀升,门票比电视转播和广告收入要高得多,成为纽约城市宣传的重要工具。

2. 时尚活动

纽约和巴黎、米兰、伦敦是世界四大"时装之都"。根据美国的全球语言监测所公布的《全球最时尚城市》报告,纽约从 2004 年起连续四次超越米兰、伦敦、巴黎稳坐头名宝座。时尚成为纽约城市形象的一个重要元素,应接不暇的时尚活动把纽约推广到了全世界。

纽约是美国的设计、媒体和营销中心,有 900 个品牌将总部设在纽约。纽约是美国最大的服装零售市场,销售额达到 150 亿美元,税收 7.68 亿美元。纽约也是

①李南筑,姚芹,张颖慧.上海市体育赛事发展的国际比较——以与纽约、伦敦、墨尔本的比较为例[J].体育科研,2010(1).

②周良君,陈小英,周西宽.上海市体育竞赛表演业竞争力的核心——与世界城市纽约、伦敦、巴黎的比较分析[J].体育科研,2007,28(2).

美国最大的服装批发地,占到全美 27%。每年 75 个展会和数以千计的 Showroom 吸引 57.8 万买手前来采购。

纽约时装周是塑造纽约时尚标签的核心活动。纽约时装周源自新闻媒体周,著名的时尚公关埃莉诺·兰伯特于 1943 年创立。纽约时装周强调务实和商业,重视商品。在巴黎时装周之后,许多知名服装品牌在纽约再次举办发布会。为此,"征服了巴黎只是赢得了你自己,而征服了纽约,你才算得到了整个世界"这句口号在时装界流传开来。

纽约推出了工业化大批量生产高级成衣的新型商业模式。纽约大多服装品牌都以简约风格为主,无论是 T 台上冷艳的模特还是普通大众,他们都能穿出自己的味道。这也与纽约多元化、包容的城市文化相契合。新型的运营模式、独特的风格和巨大的消费市场把纽约推向了时尚的前沿。一年两次的纽约时装周大概要举办 500 个活动,23.2 万专业人士参与,雇用 7 万名工作者,直接就产生 5.32 亿美元的消费。据统计,纽约拥有 5000 多家时装企业,每年销售额大约是 20 亿美元,给与时装相联系的其他产业带来 1 亿多美元的收入,比如餐饮业和交通业①。同时纽约拥有包括著名的纽约时装技术学院等 8 所时装研究学院,为纽约时装产业发展提供智力支持。纽约的时装业不仅仅是纽约的支柱产业,更是纽约城市推广的重要手段。

3. 节庆活动

举办传统的节庆活动是展示城市魅力、彰显城市风土人情、传播城市文化的重要渠道。纽约每年都会举办许多的传统节日,纽约连续不断的节庆活动贯穿整个四季,成功塑造了"不寂寞的大苹果"城市形象。年末纽约的第五大道、百老汇剧院、帝国大厦观景台以及众多的博物馆和大街小巷,在缤纷的冬日节庆中洋溢着热闹的气氛,即便是经历了磨砺的华尔街,也在圣诞的节日温情中收起了严峻的面孔。在一系列节庆活动的烘托下,纽约成为了快乐的天堂。

纽约食品节于每年 9 月中旬的星期日举行,是美国的传统节日。节日当天,纽约的 100 多条街上摆满了具有各国风味的小吃。来自各国侨民的后裔将举行盛大游行,街上的广告车使人眼花缭乱。庆祝活动在纽约大教堂的钟声和主教的祝福声中结束。

11 月的梅西感恩节大游行,带给了人们狂欢的喜悦,点燃了整个热情的纽约。"圣诞老人"在人们的簇拥下抵达 34 街,一年一度的纽约假日季便正式宣告来临。

---

① 李晓萍.实用主义大赢家——从纽约时装周的人气说起[J].中国服饰,2009(10).

热闹的游行队伍从 77 街和中央公园西大道路口处出发,直到游行线路的终点。游行方队、缤纷彩车、巨型气球、蜘蛛侠和圣诞老人在纽约街道上穿行,人们在路旁狂欢。这向世界展示了一座充满热情、喜悦、快乐的纽约。

(三)会展营销

纽约作为美国的工业中心,拥有迅速发展的服装、化妆品支柱行业,修建了发达的交通网络系统以及拥有规模巨大的终年不冻港,纽约凭借这些得天独厚的条件成功打造了"世界会展之都",在北美会展行业中处于领先地位。据《美国贸易展览会周刊》统计,2006 年在全美前 200 位的顶级展览会中,纽约举办了 16 个,占据全美会展市场的 8%,成为继拉斯维加斯、奥兰多、芝加哥之后第四大北美会展城市。诸多会展中心和展览馆以及不计其数的豪华酒店为纽约承办展览奠定坚实基础。其中最负盛名的是美国第二大会展中心——贾维茨会展中心。贾维茨会展中心拥有 9 个展馆,75 个会议室,约 760000 平方英尺的展出面积,配套设施齐全。每年都有许多顶级展览在贾维茨会展中心展出(见表 10-1)。

表 10-1　2013 年在纽约举行的部分国际会议及会展

时间	会议名称	时间	会议名称
2013 年 1 月 14 日	美国纽约国际服装展	2013 年 7 月 17 日	世界 BPO/ITO 论坛第六届年度峰会
2013 年 2 月 12 日	美国纽约国际玩具展	2013 年 9 月 19 日	2013 年联合国全球契约领导人峰会
2013 年 3 月 14 日	美国纽约国际影像展览会	2012 年 10 月 7 日	世界建筑节
2013 年 3 月 29 日	纽约国际车展	2013 年 10 月 10 日	2013 年美国纽约国际动漫展
2013 年 3 月 21 日	2013 年美国纽约国际艺术展览会	2013 年 10 月 10 日	2013 年美国纽约国际酒店、旅店及餐馆用品展览会
2013 年 5 月 15 日	美国稀土峰会	2013 年 12 月 1 日	第 89 届美国纽约国际口腔医学展览会

资料来源:维基百科,http://zh.wikipedia.org.

《世界会展城市实力报告》根据展馆、展会和展商三个影响会展业实力的核心评价指标,纽约被评为国际会展三线城市。纽约展业内部要素的某一方面居于世界前列,单项优势明显,然而就会展产业整体而言,仍有很大的发展空间①。

(四)传媒营销

纽约是北美最大的媒体市场,世界上著名的电视台、广告公司,报纸、杂志企业以及图书出版公司都在纽约设立总部。据统计,包括时代华纳、维亚康姆以及新闻集团在内的七大知名媒体企业在纽约设立总部;在全球四大唱片公司中有三间入驻纽约市。纽约国际大都市的形象也随着新闻媒体进入千家万户,渗透到世界每一个角落。美国学者尼尔·彼尔斯曾说:"纽约的电视、广播、报纸、杂志、书籍和时装,年复一年地塑造和影响美国人的思想,美国任何其他力量都无法办到。"

1. 影视营销

纽约的影视产业位居全国第二,获得了"媒体娱乐之都"的称号。纽约市政府专门设立了纽约影视广播办公室,致力于向影视制作提供全面服务,吸引世界各地的制片商前往纽约拍摄,通过影视作品传达纽约之美。"9·11"事件后,纽约的影视产业受到巨大冲击。许多制片商考虑到安全因素纷纷离开纽约。

2002年,纽约市政府专门出台了"纽约制作"(Made in NY Incentive Program)的激励政策,旨在带动纽约电影产业的发展,重建"电影之都"。纽约制作政策给予那些在纽约市完成影视制作过程75%的制片商15%的免税优惠;还赠送等价于影视制作费用1%的免费户外媒体广告,比如公交车篷广告,纽约市电视台和电台的等值广告;所有参与"纽约制作"计划的场所中享有折扣优惠,包括宾馆、航空、租车和信息服务等。此外,为了吸引电影公司前往纽约拍摄,纽约市政府还加强城市建设。在过去几年,纽约新建了六个大型拍摄场,改造了布鲁克林海军码头拍摄场,让曼哈顿和布鲁克林成为电视热拍基地。纽约营销公司也拟定了营销计划来补充纽约市和纽约州对主要在纽约拍摄的故事片和电视剧的税收优惠。2005年,"纽约制作"刺激计划对纽约的直接经济产出为15亿美元,同时创造了10万多个工作机会,支持了4000多个地方企业的发展,并促成了数十亿美元的旅游产业②。

纽约还与环球电影公司展开战略合作,与纽约市重大活动筹划办公室、市长电

---

①张敏.2012中外会展业动态评估年度报告[M].北京:社会科学文献出版社,2013.
②祝碧衡.借纽约制作纽约重谋电影之都[EO/BL].上海情报服务平台. http://www.istis.sh.cn/list.aspx? id=2742.

影戏剧与广播办公室联手,使得纽约市不仅成为导演彼得杰克逊大作《金刚》的首映地,还将含有纽约市市景的电影《金刚》作为宣传纽约市的机会。

2012 年 1 月 26 日,纽约市长出席了电视剧《绯闻女孩》100 集庆祝活动,公开表示把 1 月 26 日定为"绯闻女孩日"。绯闻女孩大部分场景都在纽约拍摄,从第五大道、百老汇剧院、高级百货公司到博物馆、帝国大厦,完整地展示了纽约城市风貌。《绯闻女孩》在世界各国受到热烈追捧,引领了时尚潮流,影响力非凡。全世界许多影迷也通过该剧了解纽约,感受到纽约的城市魅力,许多游客纷纷前往《绯闻女孩》在纽约的拍摄地留影纪念。

2. 电视频道营销

纽约市政府为纽约城市营销活动搭建一个平台,自己经营了一个公共广播频道 NYCTV,节目内容大多涵盖纽约市内的音乐、文化,以及政府相关活动。NYCTV 制作的一些节目获得艾美大奖,具有很大的影响力。此外,纽约营销开发公司和历史频道合作,通过电视媒体进行城市宣传。历史频道美国国内的有线电视网——跨国电视网络旗下的权威频道,该频道赞助 1950 万美元用于为纽约市以遗产和历史为主的旅游部门开创新市场,其中 1500 万美元用于旅游广告,350 万美元用于历史遗迹保护,100 万美元用于节目制作。历史频道可以从纽约市政府处获得市内公交车候车亭、电话亭和街道宣传横幅的广告权,此外该频道正着手协助重建纽约市下属五区内超过 250 家公园的纪念碑[①]。

3. 网络媒体营销

纽约观光局建立了一个涵盖纽约景点、宾馆、博物馆、剧院以及会展等信息的网站(www. nycgo. com)。世界各地的游客可以通过该网站获取有关纽约的一切信息,甚至一些企业还可以通过这个网站与纽约进行商业合作。此外,纽约观光局在世界最大的社交媒体(Facebook 和 Twitter)注册账户,经常发布一些宣传活动,与社交网站用户进行交流。纽约观光局会根据用户的反馈和关键搜索词来提升网络的性能。此外,纽约观光局在中国最大的社交网站(新浪微博)注册,面向中国市场进行城市推广。

---

①吴卓群. 城市品牌与公共资产:纽约市营销开发公司的经营支点[EO/BL]. 上海情报服务平台,http://www. istis. sh. cn/list/list. aspx? id=4181.

（五）关系营销

国际友好城市联盟是美国政府建立的一个非营利性的外交网络,旨在建立和加强社区在美国和其他国家之间的合作伙伴关系,特别是通过建立友好城市。纽约通过该联盟和许多城市在经济、文化、社会方面展开了合作(见表10－2)。

表10－2　纽约的友好城市

城市	所属国家	年份	城市	所属国家	年份
马德里	西班牙	1982	耶路撒冷	以色列	1993
开罗	埃及	1982	北京	中国	1980
圣多明各	多米尼加共和国	1983	伦敦	英国	2001
罗马	意大利	1992	约翰内斯堡	南非	2003
东京	日本	1960	上海	中国	1993
布达佩斯	匈牙利	1992	巴西利亚联邦区	巴西	2004
巴库	阿塞拜疆	2002			

资料来源:维基百科,http://zh.wikipedia.org.

此外,纽约还通过跨城市合作推动海外市营销活动的开展。2011年10月4日,首尔市代理市长权宁奎、纽约市旅游会展局首席执行官乔治·福蒂塔(George Fertitta)、大韩航空旅客本部长禹基洪当天出席了"推进城市共同营销业务相互合作谅解备忘录"的签字仪式。纽约和首尔在10月的一个月内在两座城市人流密集地区等主要景区交替进行户外广告。纽约在首尔市内的133个公交车站和出租车站打出包括"This is New York City"字句的广告。参与共同合作的大韩航空将通过降低机票价格等向两市市民提供优惠。首尔市将利用时代广场的LED广告牌和纽约市内的70个公交车站打出写有"Infinitely Yours,SEOUL"字句的广告,向3000万纽约市民和游客宣传首尔魅力。此外,纽约和首尔还同时在网上开展宣传。首尔(http://english.seoul.go.kr)和纽约(http://www.nycgo.com)的官网和两市在大韩航空的"脸谱"、"推特"等社交网站上也都提供丰富的相关信息。

（六）文化营销

文化营销是描绘和传播一座城市意象最直接、最有效的方式。在纽约文化中，最具有代表性的风格就是多元化，多元化的文化风格直接推动了纽约城市地标的建设和文化产业的繁荣。

1. 多元文化

纽约是一个典型的移民城市，世界上所有主要国家都有移民在纽约。纽约城市整体风格的文化定位为"多元文化"，其特点为现代、恢宏、奢华。多元文化表现在城市标志性建筑风格上，是不刻意追求单一的文化内涵，而熔各种文化于一炉，铸实用、和谐、统一的物质形态。爱玛女爱尔寺庙带有明显的希腊、罗马的风格，博物馆的门廊、立柱却又显示出亚洲帝王宫殿式的雄伟，而曼哈顿的摩天大楼被深深地打上了后工业社会的烙印。所有这一切都是多元文化的真实写照，也都或明或暗地折射出移民精神的实质，从而烘托出纽约作为国际性大都市的整体形象①。

2. 塑造广场文化

城市广场，它既是城市政治与经济活动以及大型典礼活动的场所，也是市民"休闲文化"的重要组成部分，同时还是城市旅游业的重要资源。宽阔、豪华的"时代广场"坐落在纽约市中心，在百老汇与第七大道和第42街的交会处。每年纽约市政府都在时代广场举行各种各样的文化活动，吸引大量的国内外游人。从"时报广场"看百老汇，其灯火最为壮观：影剧院、宾馆及广告标志牌五颜六色，彩灯闪烁跳跃，烟雾缭绕，泉水叮咚，浮木翻动，或组成绚丽图案，或形成小品景观②。因此，纽约城市广场以及由此产生的"广场文化"，既丰富了人们的文化娱乐生活，又促进了城市商业的繁荣，同时也提高了城市的国际知名度。

3. 文化产业

对纽约而言，文化艺术不仅是陶冶市民情操、放松身心的活动，更是带动纽约城市发展的重要力量。百老汇的音乐剧、纽约电影节以及千姿百态的艺术节和文

---

①林广.浅论美国纽约的城市印象［J］.城市问题，1998(3).
②Flierl Urell, Living in New York［M］.Chicago：Follel Publish Compang Chicago, 1965.

艺表演塑造了纽约"文化之都"的形象。纽约市政府非常注重文艺投资，从长远的角度推动纽约文化产业的发展，鼓励文化艺术的创新，财政支持大众文艺团体，为纽约文化艺术产业的发展创造良好的社会环境。

4. 城市地标

纽约成功打造了六大城市地标——自由女神像、华尔街、中央公园、第五大道、帝国大厦、大都会博物馆。纽约和这六个地标紧密相连，当人们提起纽约自然想到六大景点，同时当看到这些地标就会联想起纽约。

（1）自由女神像

自由女神像（Statue of Liberty）堪称是纽约的第一城市地标。身披长袍、手举火炬和美国独立宣言、脚下环绕断链的自由女神像笔直地矗立在纽约港口，它不仅是美国独立的象征、美国梦的重要元素，更代表着包容、自由、活力的纽约。

（2）华尔街

华尔街位于曼哈顿区南部从百老汇路延伸到东河的一条街道，是英文"墙街"的音译。美国摩根财团、洛克菲勒石油大王和杜邦财团等开设的银行、保险、航运、铁路等公司的经理处集中于此。著名的纽约证券交易所也在这里，交易所的总部主要包括纳斯达克、美国证券交易所、纽约期货交易所等。"华尔街"这个词现已超越这条街道本身，成为了整个美国经济具有影响力的金融市场和金融机构。

（3）中央公园

中央公园，它被誉为是全世界大都市中最美的城市公园，这里有湖、树、花、鸟。公园在第五大道和中央公园西道，从59街到110街区，名副其实地坐落在纽约曼哈顿岛的中央。号称纽约"后花园"的中央公园，不只是纽约市民的休闲地，更是世界各地旅游者喜爱的旅游胜地。

（4）第五大道

第五大道聚集了各大奢侈百货公司，不计其数的国际品牌入驻，成为全世界租金最高的商业街。"最高的品质和品位"成为第五大道的代名词，它吸引了全世界大量游客前往购物，成为纽约的商业旅游中心，是纽约的商业中心、居住中心、文化中心、购物中心和旅游中心。

（5）帝国大厦

帝国大厦是纽约著名的摩天大楼，共计102层，从楼顶可以俯瞰整个纽约城。大厦落成后，来自全球各地的电影、电视剧剧组纷纷前来取景。截至目前，共计90多部电影在帝国大厦拍摄，其中最著名的包括《金刚》和《西雅图不眠夜》。通过电视剧和电影的广泛宣传,每天都有成千上万的游客在此等候登顶观景。

(6)大都会博物馆

纽约生命力强大的文化创新能力,与这里各大博物馆是息息相关的。纽约有条著名的博物馆大道,在这条大道上坐落着大都会艺术博物馆、古根海姆博物馆等数十所闻名世界的博物馆。其中最著名的就是大都会博物馆。纽约大都会博物馆是美国最大的博物馆,共收藏有 300 万件展品。博物馆年复一年地接待大量的游人,它已成为城市的文化元素,并且激发纽约的文化活力和创造力[①]。

三、营销经验总结

纽约开创了城市营销的先河,最早开始把城市当作一个产品进行包装和宣传。20 世纪 70 年代,纽约面临着形象危机,几乎陷入"颓势"的窘境之中。为了扭转这种局面,纽约市政当局一是通过城市"复兴"计划,大力发展广告创意、发展地产经济和文化产业等"象征经济",使城市经济重新充满活力,一跃成为全球"象征经济"的策源地,获得了全美旅游营销大奖。纽约在城市营销领域的运作方式值得国内城市思考和借鉴。

(一)设置政府框架内专门的城市营销机构

纽约是全球第一个创建专门的城市营销部门的城市。"9·11"恐怖袭击重创纽约,为了挽救纽约城市形象,纽约市长布隆博格筹划建立政府框架内的城市营销专职机构。2003 年 4 月,纽约营销开发公司应运而生。纽约营销开发公司负责管理纽约城市品牌、负责纽约城市形象推广。纽约营销开发公司以体育运动、文化娱乐和社会公益为基础开创城市营销新模式。纽约营销开发公司在实施城市营销工作中,设计了一套完整的营销整合框架,从而保证了纽约城市营销的整体有序开展。纽约营销开发公司将城市营销活动划分为营销、商务拓展和运营三个部分,然后把具体的任务制定到特定部门,系统开展纽约的城市营销。此外,纽约观光局、

---

①周洋.文化是城市营销的最高境界——纽约城市意象札记[J].营销管理,2012(7).

纽约营销开发公司和纽约重大活动筹建办公室形成了纽约城市营销网络,负责纽约城市营销的各个领域,职责明确。与此同时,三个部门在一些重大活动上相互协调和配合,形成巨大的聚集效应,推动纽约的城市营销。

(二)城市领导人直接领导和参与城市营销活动

城市领导人不仅是城市的政治、经济、文化生活的管理者,更是城市品牌、城市形象的重要代表者和城市营销的核心运作者。城市高层领导者参与到城市营销之中,证明了一个城市对城市营销工作的重视,还能够协调城市营销各个机构之间的关系,并与其他城市、组织之间多层次合作和对话[①]。纽约市长布隆博格就是典型代表。2001 年,布隆博格就任纽约市长,此后连续三年成功连任,是纽约最具影响力的人物。"9·11"恐怖袭击后,纽约城市形象急转直下,许多企业纷纷撤离纽约。为了重塑纽约城市形象,布隆博格提出成立专门的城市营销机构,重新包装纽约,找回世界对纽约的自信。布隆博格还通过财政预算支持纽约城市营销活动,还带领出台了支持纽约电影产业发展的"纽约制作"计划。"世界之都"的成功塑造和布隆伯格的个人努力是密不可分的。

(三)通过跨城市合作推动城市营销

在城市营销过程中,大多数城市都把注意力集中在本土,思考如何利用本土资源实现最大的营销效应。纽约则率先跳出传统的营销思维定式,开始寻求海外合作伙伴,进行跨文化的城市推广。2011 年 10 月 4 日,纽约和首尔携手开展城市营销。纽约和首尔在两座城市人流密集地区等主要景区交替进行户外广告,参与共同合作的大韩航空向两市市民提供机票优惠。除了首尔,纽约还与伦敦、马德里、圣保罗等诸多城市进行城市营销合作,借用国外城市的资源进入海外市场,推广纽约的城市形象,从而带动纽约的经济发展。

---

①屠启宇.城市营销管理的战略规划、组织机制和资源配置[J].社会科学,2008(1).

（四）城市营销和产业发展相结合

将城市营销的重点同城市经济产业相结合是城市营销的重要路径。因为城市营销和产业的结合既可以赋予城市营销更实在的内容，又可以将营销工作直接服务于城市的具体发展重点，更可以将政府、业界和社会在同一引导下实施营销的分工与合作。影视产业是纽约非常重要的经济命脉。包括时代华纳、维亚康姆以及新闻集团在内的七大知名媒体企业在纽约设立总部；在全球四大唱片公司中有三间入驻纽约市；来自世界各地的剧组前往纽约取景拍摄。为了带动影视产业的进一步发展，纽约市政府提出了打造"电影之都"的宣传口号，并出台"纽约计划"吸引世界各地的制片商前来纽约拍摄。与此同时，纽约市政府还给予前往纽约取景的制片商税收优惠和特殊援助。纽约营销开发公司也出台相应政策支持纽约影视产业的发展。纽约成功地实现了城市营销和产业发展的契合，带动了纽约产业链的发展。

第十一章　营销慕尼黑
——尽显巴伐利亚风情

慕尼黑是德国巴伐利亚州的首府，是德国著名历史古城。慕尼黑总面积310.43平方公里，是德国主要的经济、文化、科技和交通中心之一，也是欧洲最繁荣的城市之一。慕尼黑同时又保留着原巴伐利亚王国都城的古朴风情，因此被人们称作"百万人的村庄"。水陆交通十分便利，加之气候温和，物产丰富，环境优美，成为国际著名的旅游城市。

一、慕尼黑城市营销手段

慕尼黑通过形象营销、会展营销、体育营销、节事营销、网络营销这五种手段，树立了慕尼黑的城市形象和城市品牌，将慕尼黑的城市形象传播到世界各地，加强了人们对慕尼黑城市的认知。

（一）形象营销

城市形象是一座城市内在历史底蕴和外在特征的综合表现，是在城市功能定位的基础上，将城市的历史传统、城市标志、经济支柱、文化积淀、市民行为规范、生态环境等要素塑造成可以感受的表象和能够领会的内涵。城市形象的优劣影响到人们对城市的认同和评价，关系到城市经济和社会的整体发展，对城市品牌的形成和发展具有重要作用[1]。

---

①徐颖，殷娟娟.城市形象资源对城市品牌塑造的作用机理研究[A].中国地质大学（北京），国际区域科学学会，中国地质大学（武汉），国土资源部资源环境承载力评价与规划重点实验室 2012. Proceedings of International Conference on Sustainable Development and Policy Decision of Mineral Regions & the 3rd Annual Meeting of the Regional Science Association International[C]. 中国地质大学（北京），国际区域科学学会，中国地质大学（武汉），国土资源部资源环境承载力评价与规划重点实验室，2012:6.

1. 慕尼黑市徽——"Coat of arms of Munich"

图 11－1　慕尼黑市徽——"Coat of arms of Munich"

慕尼黑市徽"Coat of arms of Munich"表现了一个手拿红书、身穿黑袍的年轻修道士,被称为"慕尼黑之子"。与此类似的形象出现于 13 世纪,因为慕尼黑这个名字的本意是"僧侣之地"。自 1957 年,它演变为现在盾形纹章的形式,成为巴伐利亚的首府慕尼黑的重要象征。"Coat of arms of Munich"特色鲜明,被广泛应用于慕尼黑各种形式纪念品,受到世界各地游客的欢迎。

2. 慕尼黑城市标语——"慕尼黑爱你"

2005 年之前,慕尼黑的城市标语是"The World City with Heart"——"有心脏的世界城市"。"München mag Dich"的城市口号从 2005 年开始启用,英文是"Munich loves you",翻译成中文是"慕尼黑爱你"。

2005 年,对于慕尼黑是重要的一年,这一年它将为 2006 年世界杯足球赛做准备,也将引来城市建立 850 周年及第 200 届啤酒节。慕尼黑市议会希望以"有吸引力的,热情好客"的形象将慕尼黑营销向全世界,于是,为征集城市口号举办了一场创意人员的竞赛。最终"München mag Dich"胜出,成为新的城市标语。之后,据此设计的标识广泛应用于慕尼黑官方的各种活动,成为慕尼黑新的象征。

3. 慕尼黑城市商业品牌标识——狮子

狮子是慕尼黑的象征。公元 1158 年,受封于巴伐利亚州的亨利公爵为了从当地教主的兜里抢夺税收,在这里建立了慕尼黑市。因为亨利公爵素有狮子公爵的绰号,狮子也就成为慕尼黑的象征。慕尼黑著名的 1860 足球俱乐部,绰号就是狮子;慕尼黑当地政府更鼓励全市的商铺把狮子摆在自家门前,用城市雕塑的形象来招徕生意。各个商家的狮子雕塑与自家经营的主题相结合,使狮子公爵呈现出不同的神态、形象。这些随处可见的狮子们受到游客的欢迎,很快成为慕尼黑新的象征。这是慕尼黑这个文化、经济、旅游城市用以建立城市形象,扩大旅游经济的一个明智的举措①。

4. 城市荣誉称号——世界宜居城市

2007 年,慕尼黑被美国《国际先驱导报》评选为全球最宜居城市。此次评选经过大量的材料统计、数据处理以及商议,慕尼黑以其经济蓬勃发展、基础设施完善、住房品质高、犯罪率低、政治自由、族群和谐、四季气候宜人、消闲设施与夜生活舒适等优越条件当选为世界最宜居住城市。调查显示,从公共交通到环境一直到想喝一杯时的方便程度,慕尼黑都排名领先。慕尼黑依靠其对居民的服务成为了最佳城市的优胜者②。

2010 年,慕尼黑被世界著名的英国生活时尚杂志《Monocle》评为世界最宜居城市。《Monocle》的宜居城市榜单被认为是最权威以及最值得信任的"全球最宜居城市"排名之一。《Monocle》的评判标准包括犯罪率、医疗保健制度、国立教育和经济环境等。绿化面积、文化投入、阳光时数、汽车充电点的多少和新企业成立的难易程度也都被考虑在内。

慕尼黑被形象地称为"百万人的村庄"。慕尼黑是德国的第三大城市,是德国南部重要的政治、经济、交通和文化中心,巴伐利亚州的首府,人口 142 万人,但这里没有摩天大楼,所有建筑高度不超过 36 米,而且建筑物掩映在绿色之中,以其独特的人文景观和田园风格在国际大都市中独树一帜。

(二)会展营销

慕尼黑是德国著名的会展中心城市之一,拥有国际知名的会展企业和设施先进的展览中心。慕尼黑国际博览集团成立于 1964 年,是世界十大展览公司之一,每年在全球范围内举办近 40 个博览会,涉及行业包括资本货物、高科技和消费品,并在各个领域都拥有专业超群的品牌,即资本货物类的工程机械、物流运输、环保科技、饮料酿造技术及房地产商务;消费品行业的体育休闲用品、高档消费品、时尚和化妆品;高科技产业的电子元器件、通信和电信、分析仪器和生命科学、材料和产品工程

①②新浪网,http://travel.sina.com.cn/world/2010-09-10/1527143219.shtml.

等。贸易和手工业类的展会则是集团另一亮点。每年有 90 多个国家的30000 多家企业来到慕尼黑参展,观众遍及全球 180 多个国家和地区,总人数超过 200 万。

新慕尼黑展览中心是最现代化的展览中心之一,它提供约 360000 平方米的室外空间,17 个最具先进水平的展览大厅,共计 180000 多平方米的展览空间。硬件方面,慕尼黑展览中心拥有先进的通用性高的基础设施和便捷的交通;软件方面,新慕尼黑展览中心追求卓越,为来自全球的展会参观者和参展商提供高品质的服务。

根据《进出口经理人》在 2010 年 7 月发布的"世界商展 100 强排行榜",慕尼黑占 6 席①。其中,德国慕尼黑国际工程机械博览会(Bauma)位于首位,还包括位列第 29 的慕尼黑国际环保能源博览会(IFAT),位列第 40 的慕尼黑国际建材博览会(BAU),位列第 42 的德国慕尼黑冬季运动用品博览会(ISPO),位列第 71 的慕尼黑国际饮料及液体食品技术博览会(Drinktec)以及位列第 94 的德国慕尼黑太阳能展(INTERSOLAR)。

1. 德国慕尼黑国际工程机械博览会(Bauma)

德国慕尼黑国际工程机械博览会是国际工程机械领域的三大展中规模最大、展出效果最好的一个,被誉为工程机械的奥林匹克。Bauma 展是了解和评估工程机械行业发展相关技术进步的重要标尺,为计划开发国际市场的工矿机企业搭建了一个很好的平台。参展企业能够结识到真正的客户,是该行业企业进入国际市场的首选展览,是开拓海外市场最直接、最有效的途径。

2013 年的德国慕尼黑国际工程机械博览会,汇集了来自 200 个国家的 530000 位参观者,是有史以来参观者最多的一届。其中,海外参观者 200000 位,高于往届。主要来自澳大利亚、瑞士、俄罗斯、法国、荷兰、英国、瑞典、波兰和印度尼西亚。大约 800 人的高水平的海外政治代表团受到了强烈的关注。本届慕尼黑国际工程机械博览会参展商共计 3420 家,来自 57 个国家,其中来自德国的有 1346 家,其余 2074 家来自海外。在展出的面积上也有了新的突破②。

2. 慕尼黑国际环保能源博览会(IFAT)

慕尼黑环博会(IFAT)始办于 1966 年,每年举办一次,是目前世界上环保专业贸易的旗舰博览会,引领国际环保业的最新潮流,被公认为业内全球风向标。2012

---

①出口经理人. http://www.tradetree.cn/content/850/20.html.

②德国慕尼黑国际工程机械博览会网站, http://www.bauma.de/en/fuer __ die __ presse/schluss-bericht/schlussbericht.php.

年的慕尼黑环博会有来自 180 个国家的近 125000 位参观者和来自 54 个国家的 2939 家参展商,到场参观者数量上创造了新纪录。其中,50000 名参观者来自海外,达到了空前的国际化水平,展出面积达 215000 平方米。有 97％的参观者评价本届展会很好,91％的参展商认为此展会是此行业最重要的展会。

3. 慕尼黑国际建材博览会(BAU)

每两年一届的德国慕尼黑建筑材料、建筑系统、建筑更新国际贸易展览会(BAU)是建筑行业欧洲最大的展览会,是使建筑行业进入一个新的层面中最大、最重要的贸易展会。截至 2012 年,该展会已经成功举办了 19 届,在 2011 年 BAU 展会中,与会者创纪录达至 238000 名观众,比 2009 年上升了 12％。这种增长在 BAU 近 50 年的历史上是从来没有过的。在国际参与方面,这次业界顶级展览会进入了一个全新的层面,观众来自 150 多个国家。展会有大约 60000 名观众是来自德国以外的。这一比例从 2009 年的 18％升至 25％。另一个显著的增长比例是参与展会的规划师及建筑师达到了 22％,仅这一部分的专业观众就超过了 50000 名。96％的 BAU 观众评价展会为“优秀至良好”;97％的人愿意再次参加[①]。

4. 德国慕尼黑冬季运动用品博览会(ISPO)

慕尼黑体育用品和运动时尚国际博览会(ISPO)始办于 1970 年,只对专业观众开放。ISPO 的展出内容包括了所有与体育用品有关的各类产品及相关产业,每届展会都由若干个不同展区分馆展出、集中展示、突出主题,展现 ISPO 展会的专业性和权威性。ISPO 展览会期间将举办各种新品发布、潮流论坛、高峰研讨会、新品牌竞赛和专业观众游览,以吸引更多的专业人士和决策者参与其中。无论从展览会的规模、创新以及专业化、国际化,还是从贸易观众的质量等方面,都堪称业界的顶级盛会,并反映运动产业发展的潮流与趋势。2013 年 2 月 3～6 日,来自全球 109 个国家和地区的 81000 多名观众参观了位于德国慕尼黑的 ISPO MUNICH 展会,其中 66％为国际观众[②]。

5. 慕尼黑国际饮料及液体食品技术博览会(Drinktec)

慕尼黑国际饮料及液体食品技术博览会(Drinktec)每四年举办一次,它是全

---

① 工程机械博览会网站,http://www.bau-muenchen.com/en/.

② ISPO 官方网站,http://www.ispo.com/munich/en/All－Sports/Press/Press－releases? clb＝52. 201.24.39.138368.

球饮料及液体食品技术行业首屈一指的展览会,是全球市场的风向标,是展示饮料技术方面卓有成就的盛会。Drinktec 包罗了饮料和液体食品行业的全部产业链,聚集了国际上所有业内知名企业,被誉为"饮料及液体食品技术的奥林匹克"。

在 2013 年的慕尼黑国际饮料及液体食品技术博览会,会集了来自 183 个国家的 66886 位参观者,参观者数量比上一届增长了 14％,来自 77 个国家的 1445 家参展商参展。从国际化来看,本届 Drinktec 突破了 2009 年的最高水平,参观者的国家由 172 个增加到 183 个。一个显著的特征是,外国参观者的数量大幅提高,比例由 57％上升至 62％,尤其是来自亚洲和美国的。来自日本的参观者比上届增长了 1 倍,达到 1170 位。来自美国的提高了 16％,达到 1779 位。来自中国的增长了 46％,达到了 1423 位[①]。

6. 德国慕尼黑太阳能展(INTERSOLAR)

德国慕尼黑国际太阳能技术展(INTERSOLAR)是欧洲乃至全球规模最大的太阳能专业展览交易会。主办单位为德国太阳工业联盟、国际太阳能学会德国分会及德国联邦太阳光电产业协会。2007 年之前,展会举办地一直位于德国弗赖堡。由于增长势头强劲,弗赖堡国际展览中心的场馆(共 10 个馆,3 万平方米)已无法满足广大展商的摊位面积需求,因此展会主办方决定移师至德国高新技术中心城市慕尼黑举办。展会同期还将举办国际太阳能利用大会和欧洲光伏论坛。2012 年的 INTERSOLAR 在慕尼黑新展览中心举办,展会面积达 16 万平方米,有 41 个国家的 1642 家参展商和来自 155 个国家的 60000 多名参观者到场[②]。

(三)体育营销

体育因其超越了意识形态、宗教、种族的隔阂,可以说是目前实现全球传播障碍最少的内容之一。相比于传统文化难以快速移植而言,"体育拥有改变世界的力量"。可以创造出新的城市文化内涵[③]。体育赛事、体育明星及体育俱乐部,拥有数量大、范围广的受众与狂热粉丝,因此体育品牌与城市的结合为传播城市品牌、

①慕尼黑国际饮料及液体食品技术博览会官方网站,http://www.drinktec.com/en/Home/ForExhibitors/berichte/schlussbericht.

②慕尼黑政府网站,http://fair.mofcom.gov.cn/Exhibit/2012/9/2012924175147-542486-7334.htm.

③罗青,温基眹.全球化体育事件与国家营销传播——以 2006 世界杯德国、韩国为例[A].中国传媒大学广播电视研究中心,美国宾夕法尼亚大学安南堡传播学院;奥林匹克的传播学研究[C].中国传媒大学广播电视研究中心,美国宾夕法尼亚大学安南堡传播学院,2006:19.

形象创造了无限可能。从城市经济发展来看,著名体育赛事、明星、俱乐部的引入,会带来体育关联产业的发展,从而实现体育对城市品牌与形象的持续营销①。慕尼黑是热爱足球运动的城市,有两个世界知名的足球俱乐部"拜仁慕尼黑"和"慕尼黑1860",拥有世界一流水平的体育场奥林匹克体育场和安联足球场,曾举办过2006年世界杯开幕赛,2012年欧洲冠军联赛决赛。

1. 慕尼黑知名足球俱乐部

慕尼黑拥有两个世界知名的足球俱乐部"拜仁慕尼黑"和"慕尼黑1860"。

(1)拜仁慕尼黑

拜仁慕尼黑足球俱乐部于1900年创立,在1932年赢得首次德国足球冠军,在20世纪70年代中期,曾连续3次(1974~1976年)夺得欧洲冠军杯。曾创纪录地赢得23次德国足球冠军及16次德国杯冠军,为德国最成功的足球俱乐部。自建立以来,拜仁慕尼黑已10次进入欧洲冠军杯或欧洲冠军联赛的决赛,最近一次是在2013年,并夺得俱乐部历史上的第五座欧洲冠军奖杯。此外,拜仁慕尼黑也曾获得过欧洲联盟杯、欧洲优胜者杯和2次洲际杯冠军,使其成为欧洲最为成功的足球俱乐部之一。在当前的欧洲足联积分排名中位列第二。拜仁慕尼黑荣获了德国球队所能荣获的所有荣誉,拥有德国最优秀的球员,每个队员都称得上是国际巨星。它的光芒足以吸引来自世界各地的球迷。

(2)慕尼黑1860

慕尼黑1860正式成立于1860年,1942年夺得德国足协杯冠军,赢得他们首个冠军。他们在1963年夺得首个联赛冠军后自动成为新成立的德国足球甲级联赛的成员,1964年第二次夺得德国杯冠军,1966年赢得德甲冠军。20世纪70年代后,由于表现不佳降级至德乙,1992年重返德甲,但在2003/2004赛季排第17位,令他们再次降级至德乙。尽管慕尼黑1860并非一帆风顺,但仍拥有众多的忠实粉丝。

2. 大型体育赛事

大型体育赛事,特别是世界级的体育赛事在一定时间段内集中了大量的观众,传播范围极广,具有超强的营销效果,各大企业不惜出重资投入于此。对于一个城

---

① 卢长宝,于然海.体育元素与城市营销——印第安纳波利斯与郴州的比较研究[J].中国城市经济,2009—1.

市，获得大型体育赛事的举办权意味着获得了让世界进一步认识该城市的机会，全球的媒体在比赛期间聚焦在这里。

(1)2006 年世界杯

体育赛事营销具有传播范围广、持续时间长、进行时密度高、柔性传播的特点。全球性体育赛事吸引世界各地的体育迷的关注，因而借助体育赛事进行营销有传播范围广的特点。体育运动勇于拼搏、团结奋斗的体育精神对于观众有强烈的刺激作用，赛事期间体育氛围浓重，因此而导致体育赛事具有很强的传播性[①]。2006 年的德国世界杯成为一次名副其实的全球化体育事件，共有 213 个国家的 288 亿人次观众，累计观看时间 49 亿小时，广告赞助 75 亿元。电视转播权销售 100 亿元，相关衍生产品价值达到 100 亿元。根据德国旅游中心数据，为期 4 周的世界杯吸引将近 100 万名外国游客[②]。慕尼黑是承办 2006 年德国世界杯的 12 个城市之一，2006 年世界杯的开幕式在这里举行。开幕式标志着一场活动的开始，是一场活动给参与者和观众的第一印象。全球性赛事的开幕式会吸引世界各地媒体和民众的关注，并成为当时讨论的热点话题。

(2)2012 年欧洲冠军联赛决赛

2012 年欧洲冠军联赛决赛于 2012 年 5 月 19 日在慕尼黑安联体育场举行，以决出 2011/2012 赛季欧洲冠军联赛冠军。这场比赛共有 62500 人到达现场观看，并在全球范围内有约 3 亿人通过电视直播观看[③]。

(四)节事营销

提起慕尼黑，大部分人会想到啤酒，想到慕尼黑啤酒节，慕尼黑啤酒节已经成为慕尼黑的象征之一。另外，慕尼黑也是著名的文化艺术之都，是众多艺术家、艺术团体的聚集地，"慕尼黑电影节"、"慕尼黑歌剧节"、"慕尼黑音乐节"在这样的环境下应运而生，成为慕尼黑向世界各地传播慕尼黑文化的途径。

1. 慕尼黑啤酒节

慕尼黑可说是建筑在啤酒桶上的一座城市，它的一颦一笑都带着巴伐利亚的

---

① 惠民，孔国强，褚跃德.体育营销的内涵、特征及其影响因素的探讨[J].武汉体育学院学报，2006(11).

② 罗青，温基眹.全球化体育事件与国家营销传播——以 2006 世界杯德国、韩国为例[A].中国传媒大学广播电视研究中心，美国宾夕法尼亚大学安南堡传播学院；奥林匹克的传播学研究[C].中国传媒大学广播电视研究中心，美国宾夕法尼亚大学安南堡传播学院，2006(19).

③ 维基百科.欧洲冠军联赛决赛，http://zh.wikipedia.org/wiki/2012.

风情,啤酒在慕尼黑已不是一种简单的饮品,而成了一种城市的精神符号和精神图腾。慕尼黑啤酒节是世界规模最大的民间节庆活动之一,在狂欢的气氛中,它向全世界展现了慕尼黑的啤酒文化,展现了慕尼黑这座德国小城的魅力。慕尼黑啤酒节(The Munich Oktoberfest)最初起源于 1810 年,每年 9 月末到 10 月初在德国的慕尼黑举行,持续两周多(大概 16 天),是慕尼黑一年中最盛大的活动。它与英国伦敦啤酒节,美国丹佛啤酒节并称世界三大啤酒节。每年都吸引了超过 600 万名的观光客。2013 年的慕尼黑啤酒节吸引了来自世界各地的 640 万游客①。

节日期间,丰富多彩的娱乐活动令人目不暇接,包括盛装游行,"敲开酒桶"仪式、跳蚤马戏表演等。活动内容涉及体育活动、游艺活动、戏剧演出、民族音乐会等。整个啤酒节的本土化气息相当浓郁,节日期间的所有啤酒全部出自慕尼黑的本土品牌,帐篷内随处可见身着巴伐利亚传统服饰的女服务员。每年啤酒节第一个周日举行的盛装游行,来自全德国各个州的人们穿上富有特色的民族服装,演奏音乐,浩浩荡荡地穿过慕尼黑的市中心,它向全世界人民展示慕尼黑本土人民的热情、豪放的性格和慕尼黑这座城市的魅力。它以优质的啤酒,浓郁的民土风情,丰富多彩的活动内容及欢乐的气氛,每年吸引世界各地的游客。慕尼黑啤酒节期间,各种游乐设施之间会举办许多有意义的展览会,如现代电器展览、优良小麦展览等。

2010 年,巴伐利亚首府慕尼黑迎来慕尼黑啤酒节 200 周年纪念。2010 年 9 月 18 日至 10 月 3 日的第 177 届慕尼黑啤酒节,生活的乐趣和庆典的喜悦将再次充满特里西亚草地的啤酒节大帐篷。在 200 周年庆典之际,来到巴伐利亚首府的客人们将经历一场超越这一传统民间节日之外的别开生面的"草地"生日庆典,由艺术、文化和地方风俗组成的精彩节目将把整个活动推向高潮。200 周年庆典之际,慕尼黑啤酒节将节日的起源作为重点:特里西亚草地的南半部专门开辟为"历史悠久的草地",人们在这里可以深入了解啤酒节的历史和发展历程。除了"历史悠久的高速运转设备"展览,还将举行有国际知名人士参与的竞赛活动:如激励他们赎回或者参与一个高速驾驶游戏。在草地南半部,慕尼黑 Festring 协会还在 2010 年啤酒节期间组织赛马,这项活动是为了纪念 1810 年巴伐利亚王储与萨克森王国公主的婚礼。

慕尼黑啤酒节设立官方网站(http://www.oktoberfest.de),通过此网站,游客不仅可以了解啤酒节节庆活动的相关信息,还可以查询交通信息,进行慕尼黑酒店的预订,啤酒节纪念品的购买。啤酒节纪念品种类丰富,主要有服装、杯子、饰品等;面向群体广泛,包括男士、女士和儿童的;纪念品蕴涵巴伐利亚的传统文化元

---

①慕尼黑啤酒节. http://www.oktoberfest.de/en/article/About＋the＋Oktoberfest/About＋the＋Oktoberfest/The＋Oktoberfest＋2013＋roundup/3734/.

素,设计精美,堪称艺术品。慕尼黑通过举办世界知名的啤酒节,营销的不仅仅是慕尼黑啤酒,更向全世界展示了慕尼黑的传统文化,并且借助此平台,进行文化营销。会展营销,对于提升其国际影响力和国际形象起到了举足轻重的作用。啤酒节期间,吸引了全球各大媒体的关注,使慕尼黑啤酒节成为了慕尼黑寄往世界各地的一张城市名片。

2. 慕尼黑电影节

慕尼黑电影节是德国夏季举办的最大的电影节,在规模和重要性方面,仅次于柏林电影节。慕尼黑电影节从 1983 年开始,每年在 6 月下旬至 7 月上旬举行。电影节上展示故事片和长篇纪录片。它引以为豪的是在发现有天赋、有创新精神的年轻导演方面发挥了重要作用。

电影节期间,放映的故事片和长篇纪录片超过 200 部,每年吸引大约 7 万名电影爱好者,600 多位国际媒体人和 2500 多位电影行业专家,为欧洲和德国电影行业人士的聚会提供了机会。

3. 慕尼黑歌剧节

慕尼黑是德国的音乐中心,慕尼黑歌剧节始于 1975 年,每年 7 月的第四周举行,演出剧目由慕尼黑歌剧院过去一个演出季中的重要剧目和几部新制作剧目构成。慕尼黑歌剧节在时间上与南部的萨尔茨堡艺术节及北部拜洛伊特的瓦格纳艺术节相衔接,凭借丰厚曲目、杰出乐团以及强大的歌剧界明星阵容,在欧洲众多的艺术节中口碑非凡。慕尼黑歌剧节的演出主体是巴伐利亚歌剧院,场地是国家剧院、摄政王剧场和皇宫内的居维利埃剧院。现在,慕尼黑歌剧节已成为欧洲历史最久、在国际上享有盛誉的艺术节之一。

慕尼黑歌剧节的特点是场次多、密度大、品种广、明星阵容强大。2013 年慕尼黑歌剧节,从 6 月 27 日至 7 月 31 日,历经 35 天。仅巴伐利亚歌剧院便上演 21 部(30 场)歌剧和 5 套(8 场)芭蕾舞,独唱音乐会 5 场和乐队音乐会 9 场。因此,慕尼黑歌剧节吸引了世界各地的歌剧爱好者。

2012 年的慕尼黑歌剧节,1700 人的"裸舞"对歌剧节开幕的宣传受到了媒体的广泛关注。在 Google 中搜索"裸舞歌剧节",出现 46200 条信息对此宣传活动进行报道,包括具有广泛影响力的搜狐网、中国新闻网、环球网视频、酷 6 视频及地方性的新闻网。1700 名裸体男女在德国慕尼黑巴伐利亚国家歌剧院前举行活动,他们从头到脚漆成红色或金色,整齐划一地做出动作,场面相当壮观。此活动创意出自美国摄影师史宾塞·图尼克,通过诠释德国歌剧巨擘华格纳的《尼伯龙根的指环》,为慕尼黑 2012 年歌剧节开幕做宣传①。

4. 慕尼黑国际音乐节

慕尼黑国际音乐比赛是德国最大的古典音乐国际比赛,自 1952 年首届开始,该比赛每年在德国慕尼黑举行一次。本比赛的特点之一是比赛类别逐年轮换,不但包括多种独奏乐器,还有声乐和室内乐团体。慕尼黑国际音乐比赛是国际音乐比赛世界联盟成员之一,至 2013 年,该比赛已经成功举办了 62 届。

本届比赛受到了德国联邦共和国公共广播联盟企业的大力支持,如德国巴伐利亚广播、慕尼黑黑森广播电台、中德意志广播电台、北德广播电台、布莱梅市广播电台、德国柏林电视台、萨尔布吕肯无线广播电台、德国西南广播、西德广播电视台、德国之声电台、德国知音等。

(五)网络营销

慕尼黑网络营销的手段丰富多样,包括官方网站(http://www. muenchen. de)、博客、社交网站(Facebook、Twitter)、视频网站(Youtube)和综合搜索网站(www. google. com)向外界进行城市的宣传介绍。官方网站(http://www. muenchen. de)提供汉语、英语、德语、法语、意大利语、俄语、阿拉伯文的七种语言版本,介绍的内容包括慕尼黑的生活、商务、旅游、文化、城市大事件等。通过此官方网站,可以链接到慕尼黑官方在博客、Facebook 等社交网络媒体上发布的信息,并且,该网站提供最新的手机移动应用,方便了用户使用,完善了用户体验。

二、慕尼黑面向中国的城市营销实践

中国拥有众多的人口,并且中国消费者的购买欲望强烈,消费能力不断提升,成为世界各地旅游业竞相开拓的市场,慕尼黑也不例外,对中国开展了一系列的城市营销活动,以提升慕尼黑在中国的知名度和城市形象。

---

①搜狐网,http://news. sohu. com/20120625/n346433446. shtml.

（一）慕尼黑啤酒节

中国拥有青岛国际啤酒节、大连国际啤酒节等啤酒节品牌,虽然在国内外有一定的名气,但是距慕尼黑国际啤酒节的影响力仍有不小的差距。因此,我们需要与慕尼黑啤酒节多多交流,近年来,"慕尼黑啤酒节——北京之旅"及"慕尼黑大篷"密切了双方的联系。一方面,我们向其学习经验,另一方面,提高了慕尼黑啤酒节在中国的知名度。

1."慕尼黑啤酒节——北京之旅"

2013 年 9 月 6～21 日,"2013 慕尼黑啤酒节——北京之旅"活动在北京奥林匹克公园举办。活动期间,现场按慕尼黑啤酒节的规格建造了四座各具特色的啤酒主题大篷,身着巴伐利亚民族服装的金牌酒娘、乐队与现场游客亲密互动,德国传统美食也成为此啤酒节的一大亮点。让中国游客不出国门便可感受到慕尼黑啤酒节的巨大魅力和浓郁的慕尼黑民俗风情。此次活动由德国慕尼黑市市政府和慕尼黑啤酒节授权,由北京市国有文化资产监督管理办公室、北京市商务委员会、北京市旅游发展委员会、北京市文化局主办,受到了中国媒体的强烈关注,活动期间及前后,有中国网、新华网、新浪新闻、北京卫视等具有影响力的网络、电视、报纸媒体对其进行报道,游客可登录活动的官网(http://www.oktoberfest-bj.com)对活动进行全面的了解并进行门票的预订。慕尼黑啤酒节的影响力在中国进一步提升。

2. 中国国际啤酒节上的"慕尼黑大篷"

德国慕尼黑大篷由德国慕尼黑市人民政府、德国慕尼黑啤酒节组委会、大连市人民政府、大连市啤酒节组委会联合筹办,是中国国际啤酒节上最耀眼的明星(见表 11－1)。

表 11－1　中德"慕尼黑大篷"交流合作大事记

年份	事　件	意　义
2005	正式签订合作协议,共同在大连运营啤酒节上的"慕尼黑大篷"	标识"oktoberfest"首次在德国境外授权使用
2006	德方派出由市长特使、市政议员贝里克先生率领的德国国家二套电视台的记者、慕尼黑啤酒节运营商、著名酒娘等 11 人城市代表团来访	中德双方的合作一时成为媒体关注的焦点,令慕尼黑大篷声名远播

续表

年份	事件	意义
2007	德方派出市长特使率领的政府代表团前来参节,并亲自主持"德国慕尼黑大篷开篷仪式"。中方组委会主要领导亲自带队,组织媒体采访团赴慕尼黑回访	双方合作加强,慕尼黑啤酒节的知名度在中国进一步提高
2008	对慕尼黑大篷贡献最大的特使胡博先生,成为了中方组委会最亲密的朋友	双方的合作全面展开
2009	中方组委会代表赴德国参加慕尼黑啤酒节,受到了慕尼黑市政府的热情接待	多家德国知名媒体的采访更是让德国人熟知了中国城市大连,中国国际啤酒节
2010	德国 HB 皇家啤酒高层亲临"慕尼黑大篷";中方组委会代表应邀赴德国参加慕尼黑啤酒节 200 周年	双方合作持续升温
2011	大篷的管理人员经常到啤酒节的发源地慕尼黑进行实地考察	双方在各方面相互学习、交流经验

(二)中国国际旅游交易会

中国国际旅游交易会是亚洲地区最大的专业旅游交易会,得到了世界各地旅游业界人士的关注。中国国际旅游交易会一年一届。从 2001 年起,分别在上海和昆明交替举办。

2012 中国国际旅游交易会已于 2012 年 11 月 15～18 日在上海新国际博览中心举办。展出面积 57500 平方米,展台总数 2514 个,参展国家及地区达 104 个,国内展位 1582 个,国际及海外展位数量大幅增加,达 932 个。国内外各方面均给予该届旅交会高度重视。国家旅游局、上海市人民政府等领导出席了旅交会相关活动。来自俄罗斯、朝鲜、马来西亚、菲律宾、老挝、捷克、马其顿、喀麦隆、墨西哥、巴哈马、汤加、巴布亚新几内亚、库克群岛等国,亚太旅游协会、南太旅游组织等国际组织及中国港澳台地区等 20 个海外贵宾团组,50 余位贵宾出席了相关活动。一年一度的中国国际旅游交易会,已成为海内外旅游部门及业界开展交流与合作的重要舞台。

慕尼黑旅游局出席了 2012 年中国国际旅游交易会,并接受了国内知名媒体的专访。慕尼黑旅游局中国代表通过媒体向中国游客介绍了慕尼黑的啤酒文化、足球文化、知名景点、节庆活动以及慕尼黑高质量的生活,并为中国游客出游慕尼黑提供了的建议。

三、慕尼黑城市营销实践评价及经验借鉴

慕尼黑的城市营销实践为我国城市的营销提供了借鉴,体现在形象营销、会展营销、体育营销、节事营销、网络营销方面。

(一)形象营销

慕尼黑有明确的市徽"Coat of arms of Munich"和城市标语"Munich loves you"。在设计方面,市徽"Coat of arms of Munich"象征着慕尼黑的历史,形象生动,具有独特性,引人注意,具有较高的辨识度。城市标语"Munich loves you"通过比赛的方式选出,让民众广泛参与到政府的城市营销活动中,在此过程中,民众的主人翁观念会得到提升。因此,征集的过程本身就是对市民的营销。"Munich loves you"表达了慕尼黑这座城市的热情好客,一定程度上颠覆了人们印象中德国人严谨、刻板的印象。在传播方面,市徽"Coat of arms of Munich"和城市标语"Munich loves you"频繁地被慕尼黑官方使用。如在慕尼黑官网(http://www.muenchen.de)的显著位置出现,在慕尼黑旅游局参展 2012 中国国际旅游交易会时使用。特别是"Munich loves you"借 2006 年德国世界杯的机会推出,具有广泛性地传播效果。

(二)会展营销

慕尼黑之所以成为世界排名前列的会展城市之一,有以下原因:

在宏观环境方面,一是从慕尼黑地理位置来说,慕尼黑坐落于欧洲中部,与巴黎、伦敦、维也纳、苏黎世等欧洲众多发达城市来往方便;二是从城市经济环境来说,慕尼黑是德国的高科技产业中心,来自汽车、航空、机械、通信、电子等领域的

22000 多家高科技企业坐落于此,其中包括众多实力雄厚的跨国企业;三是慕尼黑基础设施建设发达,特别是有先进的交通运输系统,根据 2010 年一个名为"欧洲测试"团体发布的报告,慕尼黑公共交通被评为欧洲最佳,也是唯一被评为"优"的城市。

从会展行业角度,慕尼黑拥有世界知名的会展企业和设施先进、服务发达的会展中心。加上德国展览业协会(AUMA)对德国会展行业的协调管理。AUMA 紧密联系德国展览场地拥有者、展览会举办者、参展商、参观者、展览服务企业等各相关组成部分,协会在世界各地对展会进行考察,并写成报告,为德国政府赞助本国企业出国参展以及目的地整体营销提供了很好的建议和非常重要的参考,是具有世界影响力的会展行业协会。

我国的会展城市仍与其有较大的差距。在建设世界知名会展城市的道路上,我们还有很长的路要走。首先,要设立统一的展览管理机构,充分发挥行业协会的作用;其次,要完善会展行业的硬件设施的建设,扩大展馆的规模;再次,要提高会展企业的服务水平,完善相关会展服务,加强会展专业人才的培养;最后,实施品牌化战略,建设具有国际知名度的会展企业,与国际接轨[1]。

(三)体育营销

大型体育赛事、体育明星及体育俱乐部是体育营销的元素。大型体育赛事与后者相比,具有阶段性、高强度的特点。大型体育赛事在举办期间将吸引民众高密度、广泛的关注,但赛事准备时间长,进行时间较短,引发的关注是阶段性的。而体育明星及体育俱乐部引发的关注是持续的,忠实的粉丝可随时随地关注自己喜爱的体育明星。因此,世界知名的体育明星的培养和体育俱乐部的建立对于城市持久性的营销是必要的。我国是乒乓球的王国,但篮球、足球、网球等在世界范围内最流行的体育运动却是我国不擅长的。要通过体育明星和体育俱乐部进行营销,首先,我国的体育运动应当与世界接轨,让足球等运动融入我国民众的生活中;其次,借鉴国外体育明星培养的经验和体育俱乐部经营管理的制度。

---

[1]乔小燕,胡平.中德会展中心城市的比较分析——以上海、慕尼黑和法兰克福为例[J].上海经济研究, 2010(10).

(四)节事营销

慕尼黑是"啤酒之都"。慕尼黑的啤酒节是世界知名的,我国虽然有青岛啤酒节、大连的中国国际啤酒节,但是,影响力和知名度不及慕尼黑啤酒节。因为,慕尼黑的啤酒节是原汁原味的,具有浓厚的慕尼黑传统文化特色,啤酒对于慕尼黑已经是一种文化,渗入到慕尼黑人的生活中。慕尼黑盛产啤酒,是啤酒的进出口大国;慕尼黑人爱喝啤酒,和啤酒相关的服务业发达,啤酒馆 3000 多个,正式注册的传统啤酒花园有 29 家;啤酒产业与教育相结合,有啤酒酿造研究所每年举办一次国际性技术研讨讲座。所以,我国的节事活动,既要与世界接轨,又不可盲目模仿,要建设与之相关的完整的产业链,上升到文化的高度。

(五)网络营销

慕尼黑的官方网站设计简洁、一目了然。导航栏涉及慕尼黑城市文化、大事件、商务、旅游等方面,是对城市整体的概括,是游客希望了解的。与之相比,北京市官网"首都之窗"(http://www.beijing.gov.cn/)的设计显得过于烦琐。从导航栏上看,网站的主要功能是为市民服务的。城市营销的作用较小。慕尼黑的官网有 7 种语言版本,并且可与 Facebook 等社交媒体相链接。北京市官网没有其他语言版本,也没有与其他网络媒体的链接。总之,与慕尼黑官网相比,北京市官网的城市营销的作用较小,也没有其他专门的城市营销网站。

第十二章 营销新加坡
——引领亚洲新风尚

新加坡是亚洲重要的金融、服务和航运中心之一,有"花园城市"的美称。目前,新加坡提出了"城市花园"的新理念,希望新加坡的整体环境能够向更高的层次迈进,通过提高新加坡居民的生活质量,打造适宜居住、工作和娱乐的完美环境,以吸引更多的居民和企业。新加坡政府非常重视旅游业、会展业的发展,根据Public Affairs Asia和奥美公关亚太区联合发布《2012城市品牌营销》报告,新加坡在亚太地区城市品牌排名中名列第一位①。

一、新加坡城市营销手段

新加坡国土面积非常小,却在亚洲甚至世界扮演着重要角色,这与新加坡对城市品牌建设及城市营销的重视是分不开的。

(一)形象营销

形象营销是其他营销手段的基础,一个城市要进行营销,首先要塑造自身的城市形象。犹如一个人,要与外界建立联系的第一步就是打扮自己,树立良好的第一印象才能获得进一步的发展机会。

---

① 中国城市网,http://www.chinacity.org.cn/csph/csph/92137.html.

1. 城市标志性建筑

城市的标志性建筑是一个城市寄往世界各地的城市名片。新加坡的城市建筑既包括代表新加坡特色的鱼尾狮，又有近年来迎合现代需求的建筑"新加坡摩天观景摩天轮"和"金沙娱乐中心。"

（1）新加坡城市象征——鱼尾狮

鱼尾狮是一种虚构的鱼身狮头的动物。它于1964年由当时的 Van Kleef 水族馆馆长 Fraser Brunner 先生所设计。两年后被新加坡旅游局采用作为标志，一直沿用到1997年。而这期间，鱼尾狮已成为新加坡的代表。鱼尾狮与新加坡的历史现实紧密相关。鱼代表着该国的过去，从前新加坡只是一个渔村，是一个海之镇。狮子则有双重含义，它代表新加坡原本的名字，意味着狮子城，同时也象征新加坡在当今全球经济的力量[①]。

现在，人们把鱼尾狮的塑像作为新加坡的标志性建筑，世界各地的人们把新加坡称为"狮城"。世界各地的游客会专程造访鱼尾狮公园，与世界著名的鱼尾狮塑像拍照留念。不仅如此，包含鱼尾狮设计元素的新加坡旅游纪念品受到游客的喜爱。2007年，新加坡推出以鱼尾狮为原型创造的卡通形象"乐宾莱恩"。"乐宾莱恩"的上半身是狮子头，下半身是鱼尾，一副彬彬有礼、笑容可掬的模样，很受当地公众及海外游客的青睐。当年，新加坡旅游业收入约达136亿新元，旅游纪念品的销售收入占了一半以上，"乐宾莱恩"功不可没[②]。

（2）城市新地标——新加坡摩天观景轮（Singapore Flyer）

新加坡摩天观景轮坐落在滨海中心填海得到的土地上，总高度达到165米。相当于42层楼的高度，直径达150米，安置在3层的休闲购物中心楼上，这一高度超过了160米高的南昌之星和130米高的伦敦眼，成为世界上最大的摩天轮。摩天轮于2008年3月1日对公众开放。前三天的门票以每张8888新加坡元（6271美元）的价格销售一空。新加坡国庆节和春节期间，摩天巨轮层层焰火齐放，以45度角打出烟花，呈现旋转的壮观效果。F1公路赛时，在摩天轮上观看获得的体验吸引了大批游客[③]。

①维基百科，http://zh. wikipedia. org/wiki/鱼尾狮.

②礼多多网，http://www. lidodo. com/news_infodetail_8fa6deb7－25b8－47d8－8a56－4afd0e2471e6. html.

③续慧颖，谢煌. 玩转新加坡四大地标[J]. 厦门航空，2011(5).

(3)娱乐王国——金沙(Gold Sands)

滨海湾金沙娱乐城是由拉斯维加斯金沙集团所开发,被誉为是世界上最贵的独立赌场建筑物,包括土地成本在内价值约 80 亿新元。娱乐城占地 20 公顷,包括赌场、歌剧院、艺术、科学博物馆、大饭店、会展中心及宴会大厅,共六大建筑系列。在高达 55 层楼的酒店内,拥有 2561 个房间、占地一公顷的空中花园以及户外游泳池。金沙由新加坡政府斥重资打造,目的是以独一无二的魅力留住旅客的目光。这座建筑群由加拿大籍以色列设计大师萨夫迪(Moshe Sadfie)设计,造型新颖独特。由于建筑颇为复杂,整个工程历时四年,该娱乐城于 2010 年 6 月 23 日正式开幕。

纪录片《新加坡滨海湾金沙赌场》由国家地理 2010 年出版,是 NG Mega Structures 系列之一。国家地理是播放以自然、科学、文化与历史纪录片的全球知名的电视频道。NG Mega Structures 系列记录了全球最具野心和愿景的工程建筑案是如何展开的,在全球建筑界很有影响力。

2. 城市整体形象塑造——"城市花园"(City in a Garden)

新加坡致力实现观念的转变,从"花园城市"变为全球化"城市花园",通过更多全面的整体性计划提升市内的绿化和花卉景观,大幅提高新加坡居民的生活质量,打造适宜居住、工作和娱乐的完美环境。

城市花园的设计方案是 2006 年从全球 24 个国家 170 个公司的 70 幅作品中挑选出来的。南部公园、东部公园、中心公园作为"城市花园"即滨海湾花园的主要组成部分,总占地约 101 公顷,是世界最大的公园建筑之一,建成后整个海岸线将与公园连为一体。此项目目的是提升新加坡的国际形象,在新加坡下一步建设国际化城市战略占据中心位置。

滨海湾花园第一期滨海南花园于 2012 年 6 月 29 日隆重开幕。南花园各个景点都竭力规划、设计能源和水资源的可持续性循环。整个工程耗费 10 亿新元(约合 50 亿元人民币)。建成后的滨海南花园占地 54 公顷。中花园可连接滨海南花园和滨海东花园。它将建造长达 3 公里的水滨长廊,城市美景尽收眼底。

花园中的标志性建筑是擎天大树,它是 25～50 米的树形结构。这些独具一格的垂直花园通过垂直展示的热带攀缘植物、附生植物和蕨类植物,制造令人惊叹的景观。

（二）旅游营销

新加坡的旅游营销具有政府主导、目的性强、计划性强、投入巨大、营销活动力度大、与时俱进的特点。

1. 旅游投入

2005 年,新加坡旅游局制定了名为"旅游 2015"的发展计划,新加坡计划在 2015 年将旅游收入从 2004 年的 96 亿新元(约合 58.6 亿美元)增加到 300 亿新元(约合 183.3 亿美元),并创造 10 万个就业机会。为实现这一计划,新加坡旅游局同时建立了一个总额为 20 亿新元(约合 12.2 亿美元)的旅游发展基金,以增加新加坡在旅游基础设施建设、商业会展、休闲、娱乐、教育和医疗服务方面的吸引力①。

2006 年 8 月,新加坡推出了名为"Be in Singapore"的奖励计划,旨在为新加坡举办的各类商务活动和奖励旅游项目提供多方位的财政和非财政支持。

2. 旅游市场宣传推广活动

新加坡历来注重旅游形象宣传。新加坡旅游局根据国家发展规划需要不断提出新的主题形象宣传口号,突出新时期的新特点。先后经历了"一站式亚洲"、"无限惊喜新加坡"、"新加坡,新亚洲"、"非常新加坡"和"我行由我,新加坡"等变迁,而且投入大量经费进行深入推广。新加坡旅游税收的大部分用于宣传招揽工作,该项经费每年大约 2600 万新元②。

营销手段方面,首先,新加坡特别重视网络传播的作用,除了建立官网外,还同多国的门户网站合作,通过网络进行宣传推广。其次,新加坡旅游局会直接派员进驻客源国,以期加强和各国政府的合作。再次,重视和各国旅行社的直接合作,包括建立绿色通道,提供一站式服务等。另外,新加坡通过旅游局的区域办公室推出强劲的广告活动,利用国际知名媒体进行宣传,将多种媒体相结合,加强目的地的可视性。例如利用旅游手册、附随的录像带、照片。可谓用尽了一切手段来宣传新加坡、推广新加坡③。最后,积极把握时机来推广旅游主题,比如 2005 年,新加坡

---

①搜狐网,http://news.sohu.com/20050111/n223892421.shtml.
②田纪鹏.国际大都市旅游产业结构优化经验及其对上海的借鉴[J].现代管理科学,2013(6).
③陈瑞民.新加坡城市包装和促销[N].北方经济时报,2005－10－19.

政府借助于郑和下西洋600周年,大搞纪念活动,举办新加坡郑和下西洋600周年庆典,宣传"非常新加坡"。

为推进客源市场的多元化,新加坡加大旅游宣传促销和市场开拓力度,在世界若干大城市积极开展旅游宣传活动。在新兴客源市场,新加坡旅游局通过新成立代表处或者营销办公室,利用媒体加大广告宣传力度,增加新加坡的宣传。在日本、英国、美国和澳大利亚等传统市场,新加坡继续加大营销工作力度。新加坡还先后加入"远东旅游协会"、"太平洋地区旅游协会"、"东南亚国家联盟旅游协会"等组织,借助区域旅游组织开拓海外客源市场,以求推进客源市场的多元化[①]。

(1)"非常新加坡"

"非常新加坡"(Uniquely Singapore)是新加坡旅游局2004年推出的新加坡旅游主题。"非常"是独一无二、与众不同的意思。旅游局在其官方网站上的解释为,"非常"是最能够形容新加坡的词语,因为新加坡有着多种族文化的融合、现代与传统的融合[②]。

为了使"非常新加坡"的观念深入人心,新加坡旅游局在全世界发起了推广活动,并与重要的国际媒体如有线电视新闻网、《时代周刊》和《国家地理杂志》等合作,邀请知名的主持人、撰稿人和摄影师到新加坡来观光和感受新加坡;同时也大打"名人牌",在重点旅游市场邀请名人担任新加坡旅游大使,使"非常新加坡"更加平易近人[③]。

"非常新加坡"品牌在新加坡成功推出后,随后在德国柏林等很多城市进行市场推出,受到了全球的普遍接受。政府还通过寄发明信片抽奖活动进行宣传。通过居住在新加坡的人免费寄发明信片给海外的亲友并邀请来访,寄发明信片者可以参加抽奖以资奖励。基于"非常新加坡"主题,新加坡旅游局根据不同时期的发展需求、不同群体的需求,推出不同的宣传口号。

(2)"非常新加坡,三天还不够"

2004年起,新加坡在大中华地区以"非常新加坡,三天还不够"作为宣传口号,目的是延长游客在新加坡的停留时间,该宣传口号得到了很好的效果。这是新加坡旅游局花费大量心思后给自己国家的一个定义。宣传口号推出后,旅行社方面不再将新加坡作为新马泰三国旅游中仅做一天安排的目的地,而是将新加坡单立出来,作为一国游安排3天左右,实现新加坡自创的"三天还不够"形象。

---

①③伍琴琴,刘连银.进入新世纪以来新加坡旅游业发展战略研究[J].东南亚纵横,2009(7).

②夏心愉."非常新加坡"——从新加坡旅游宣传文本看国家整体认同的建构[J].新闻大学,2008(3).

"三天还不够"实现后,新加坡开始提升形象档次。通过新加坡旅游局等机构向海外传播新加坡高端商务市场信息,并将便捷留学、高投资回报和移民的政策放送出来,让更多海外人看到新加坡高文化性和高商业性的形象[①]。

(3)"说得完,玩不完"

2006 年,新加坡旅游局在上海召开新闻发布会,打出"说得完,玩不完"的宣传口号,并邀请小天王林俊杰担任新加坡旅游形象大使,同时为"非常新加坡"拍摄系列主题广告。此系列广告包括时尚篇、购物篇、享乐篇、美食篇等。为配合该主题,各个国家的旅行社推出相应的旅游产品,比如北京中旅推出了"非常新加坡"自主任我行系列产品,该产品分为快捷便利篇、美食购物篇、海岛休闲篇、浪漫游轮篇。内容在机票＋酒店＋签证的基础上,根据人们不同需求增加各种单项行程安排。此产品的特点是:自由度高,选择性强,因此更符合大众旅游爱好者自由行的要求[②]。

(4)"非常家庭、非常新加坡"

2008 年 5 月,新加坡针对中国游客推出"非常家庭、非常新加坡"活动,以中华民族最重视的"家"的概念为"非常新加坡"抹上一缕温馨的色彩,为即将到来的暑假做准备。新加坡特别推出暑期亲子游特惠计划,众多知名景点只要凭两张成人票,12 岁以下孩子就可以免费进入。此外,新加坡还为孩子们精心准备了游学套餐,让孩子们在新加坡的自然景观、人文景观中学习英语,了解新加坡的历史和异域文化。还可以游历新加坡国立大学、南洋理工大学等多所亚洲著名的学府,将娱乐性与知识性相结合。

新加坡旅游局配合"非常家庭,非常新加坡"全新主题,推出全新旅游大使——"非常家庭"虚拟人物形象。时尚漂亮的"妈妈"、活力阳光的"爸爸"和灵气可爱的"孩子",每个人身后都有精彩的故事。目的在于使中国家庭能够在栩栩如生的"虚拟家庭"成员身上找到共鸣,以此吸引更多中国家庭前往新加坡旅游。

(5)"非常自我·非常新加坡"

2008 年 8 月,新加坡旅游局推出深度游主题"带上感觉去旅行——非常自我·非常新加坡",旨在强调新加坡带给游客独特的旅游体验。此次新主题针对的是 28～45 岁的都市"新贵"。这个消费群体有自己的生活主张,有独特的个性和兴趣,旅行对于他们来说是一种释放"真我"的方式。融合了宁静或动感、时尚或怀旧

①乐琰.营销"国家符号"[N].第一财经日报,2010－8－17.
②张洵涛.北京中旅推出"非常新加坡"产品[N].中国旅游报,2004－8－6.

的多面的新加坡迎合了这一群体的需求,让他们在精彩中绽放自我。配合新主题的推出,新加坡金曲歌后蔡健雅成为了新任的大中华区新加坡旅游形象大使。新加坡旅游局之所以选择蔡健雅,除了看中蔡健雅的极高人气和音乐才华之外,更在于蔡健雅坚持自我风格、随性独立的生活态度,与"非常自我·非常新加坡"的主题高度吻合。蔡健雅参与拍摄了新加坡全新电视广告,并亲自创作演唱广告主题曲《To Be Happy》。为了推广新主题,此次新加坡旅游局尝试开辟新的市场渠道,嫁接了 IPTV、网络视频等一系列新兴媒体。

围绕新主题,新加坡旅游局努力为该主题的目标群体提供深层的旅游服务,让他们能在有限的时间内,获得非常的旅游体验。为了丰富游客在新加坡的体验,新加坡旅游局还推出了特别优惠礼券。只要在指定地点出示礼券和护照,就可兑换一次美妙的新加坡河马船之旅,并在机场享受美味的班兰雪芳蛋糕。针对部分经新加坡转机游客,新加坡旅游局推出 96 小时特许过境免签,中国内地游客如持有澳大利亚、加拿大、日本、新西兰、英国、美国、德国或瑞士 8 个国家的有效签证或长期通行证到新加坡过境,便有机会享受在新加坡落地过境 96 小时特许免签证待遇[1]。

(6)"Your Singapore 我行由我 新加坡"

2010 年 3 月,新加坡旅游局发布了"非常新加坡"新加坡旅游品牌升级战略——从"非常新加坡"升级为"Your Singapore 我行由我 新加坡"。升级的旅游品牌强调定制化的旅行体验,目的在于提升新加坡旅游目的地的核心竞争力,增强新加坡旅游品牌的吸引力。与新品牌同时发布的还有新加坡重磅推出的交互式智能平台——www.yoursingapore.com。在此平台之上,游客可以根据自己的需求定制私家旅行计划,以全新的方式体验新加坡[2]。

(三)会展营销

据统计数据显示,2011 年,新加坡商务游客增至 320 万人次,较 2010 年增长2.6%,商务游客的消费支出增长 4.1%,达到约 56 亿新元,其中不包括观光和娱乐消费。2012 年上半年,新加坡的商务会展与旅游游客较上年增长 8%,商务游客的

---

[1]李玲.新加坡推深度游新主题[N].中国旅游报,2008-9-19.
[2]人民网,http://lady.people.com.cn/GB/11225793.html.

消费支出同比增长 12%,达到约 30.6 亿新元①。

会展业在新加坡旅游业中占有非常重要的地位。会展业包括会议、奖励旅游、大型会议及展览。新加坡会展业发展始于 20 世纪 70 年代,新加坡具有发展会展业得天独厚的条件。较高的国际开放度、地理区位优势、完善的城市基础设施以及高水平的服务业水准,使得新加坡会展旅游蓬勃发展。在国际协会联合会(UIA)公布的 2012 年全球排名中,新加坡继续保持世界领先的会议举办国家和城市的地位。新加坡连续两年获得"最佳国际会议国家",连续六年获得"最佳国际会议城市"的称号。2012 年,共有 952 场会议在新加坡举办,几乎占据国际协会联合会全部会议的 10%,有 18 场世界大会在新加坡举办②。

新加坡通过大力发展国际会展旅游市场。获得丰厚的经济回报,而且提升了旅游形象,提高了国际地位及知名度。

1. 会展营销主体

新加坡会展业属于典型的政府主导型发展模式,由政府专职部门牵头协调行业协会、会展企业、媒体、社会组织等多方力量,共同促进产业发展。促进会展业发展的主要政府部门是新加坡会议局(SCB),主要的行业协会是新加坡会议与展览会主办及供应商公会(SACEOS)。

(1)政府机构——新加坡会议局(SCB)

新加坡旅游局的展览会议署建于 1974 年,主要任务是协助、配合会展公司开展工作,向国际上介绍新加坡举办国际会展的优越条件,促销在新加坡举办的各种会展。新加坡展览会议署不是管理部门,只是协调配合,而且不向新加坡的会展公司收取任何费用。在新加坡举办会展没有任何管理法规,举办展会也不需要任何审批手续③。

(2)行业协会——新加坡会议与展览会主办及供应商公会(SACEOS)

新加坡会议与展览会主办及供应商公会(SACEOS)于 1980 年成立,成员包括展览组织者、会议组织者和会展业的设备服务供应商三个方面,涉及会展业供需双方各相关企业。此组织以促进会展服务专业化为宗旨,鼓励成员积极参与,共同促进新加坡会展业市场的有序发展,将新加坡建设成为国际主要的会展城市。

---

① 周春雨. 新加坡商务会展业领跑东南亚[N]. 中国贸易报,2013-3-26.

② 会议在线网,http://www.ccchinaol.com/zixun.asp? lsh=1746.

③ 新华网,http://news.xinhuanet.com/expo/2006-02/07/content__4145937.htm.

2. 会展企业

新加坡会展业已经形成完整的产业体系,专业分工合理,有专业的会展组织、承办、营销及会议服务专业公司。专业会展公司具有运作大型营销活动的专业人才、知识和丰富的经验;与国际营销团队经常保持业务联系以及成熟的商业化运作模式等众多营销优势。新加坡会展服务有限公司、环球万通公司等均是世界知名的会展企业[①]。

3. 宣传推广

新加坡政府重视会展产业的宣传营销,但并非是单纯地宣传会展产业,而是以旅游带会展,借助电视、网络、电子出版物等多种手段进行联合营销。新加坡旅游局展览会议署每年都有计划地向世界各地介绍新加坡会展和旅游方面的情况,并在世界各地举办新加坡会展经济方面的研讨会,积极宣传和推广新加坡在会展和旅游方面的优势,新加坡会展企业利用自己的市场调研部门或人员,每年会根据目标市场客户的特殊需求制订专门的推广计划[②]。

(四)节事营销

新加坡是一个多元种族的移民国家,是全球最具国际化的国家之一,这为新加坡开展国际化的节事活动奠定了良好的基础。

1. 2013 年新加坡国际能源周(SIEW)

2013 年第六届新加坡国际能源周于 10 月 28 日至 11 月 1 日在新加坡滨海湾金沙酒店金沙会展中心举行。本届的主题是"展望未来,能源无限"(New Horizons in Energy)。这个主题体现了能源界对石油和天然气供应增长,以及新能源技术的出现所带来的乐观情绪。

2013 年新加坡国际能源周(SIEW)是政策高官、商界领袖和知名学者们讨论能源问题、能源策略与解决方案的顶级论坛。为期一周的能源周通过一系列的峰会、圆桌会议、展览会、研讨会和交流招待会全方位地探讨能源课题。其内容涵盖

---

①陈雪钧.新加坡——目的地营销理念塑造的会展旅游胜地[N].中国旅游报,2006-3-31.
②辜应康,曾学慧,杨杰.新加坡与杭州政府主导型会展产业发展比较研究[J].企业经济,2011(3).

了石油和天然气、清洁能源和可再生能源等多个能源领域。

这期间举办的峰会和会展是世界一流的,包括普氏全球年度能源企业 250 强颁奖(Platts Top 250 Global Energy Company Awards)晚宴、亚洲未来能源论坛(Asia Future Energy Forum)、亚洲智能电网/电动汽车峰会(Asia Smart Grid/Electromobility)、亚洲石化下游展会(Downstream Asia)、亚洲天然气峰会(Gas Asia Summit)、亚太光伏展览会暨论坛(PV Asia Pacific Expo and Conference)和新加坡电力圆桌会议。

新加坡通过举办国际能源周,将世界各地媒体的目光聚焦于此,并且会集了全球能源界思想领袖,为能源界领袖们分享了他们对能源课题的独立见解提供了平台。国际能源周的举办,进一步提升了新加坡的国际形象和国际知名度。

2. 亚洲旅游节(TravelRave)

亚洲旅游节(TravelRave)是亚洲最具影响力的旅游贸易盛会,于每年 10 月 21～25 日举行,为期 5 天的亚洲旅游节举行丰富多彩的国际化水平的活动,主要包括亚洲旅游业领袖峰会、亚洲旅游交易会(ITB Asia)、亚太旅游目的地投资论坛、旅游业网络应用行业会议、亚洲航空业界展望、国际协会联盟亚洲会议、酒店科技会议及新加坡体验奖等。

2012 年亚洲旅游节的与会人数创下新高,达 10700 人次,比 2011 年增长 12%。超过 90 个国家的代表参与,其中泰国、印度尼西亚、马来西亚、印度、中国及中国香港为前五大与会国[①]。亚洲旅游节为商业领袖及行业专家们提供了一个聚集、交流和分享知识与见解的动态平台。同时也将促进新合作关系的形成以及更多商机的出现。

3. 首届青少年奥林匹克运动会

2010 年新加坡青少年奥林匹克运动会(Singapore Youth Olympic Games 2010)于北京时间 2010 年 8 月 14 日在新加坡举行,8 月 26 日结束。一共有约 3200 名运动员、800 名裁判员及教练员,206 个国家和地区派代表参加了此次盛会。2008 年 2 月 2 日,国际奥委会主席罗格正式宣布 2010 年第一届青少年奥林匹克运动会的举办城市为新加坡,新加坡以 53 票对 44 票击败了另外一个申办城市莫斯科。本届青奥会主题曲由 5 名来自世界各地的歌手演唱。他们分别有非洲代表裘蒂·威廉斯(Jody

---

①人民网,http://travel.people.com.cn/n/2013/1107/c41570-23467083.html.

Williams)、美国的尚·金斯顿(Sean Kingston)、亚洲代表塔比特·纳澳瑟(Tabitha Nauser)、欧洲的史蒂夫·爱波顿(Steve Appleton)以及代表大洋洲的杰西卡·麦尔白(Jessica Mauboy)。美国游泳选手奥运会"八金王"菲尔普斯和两次夺得奥运会金牌的伊辛巴耶娃先后被国际奥委会任命为本届青奥会形象大使。

(五)体验营销

城市作为营销的对象,如其他的产品一样,越来越重视以消费者为中心,增加消费者的体验是增加消费者获得价值的重要途径。新加坡通过"F1夜间大奖赛"、"新加坡美食节"、"新加坡热卖会"为游客的新加坡之旅提供了放松、狂欢的机会,超强的体验性提高了新加坡的吸引力。

1. F1新加坡大奖赛

新加坡大奖赛于2008年首次登上F1舞台,首次亮相就受到世界的瞩目。新加坡大奖赛是F1历史上第一场夜间街道赛,为了保证在欧洲地区的收视率,F1接纳新加坡大奖赛的时候就已经把这里定位为一场夜间赛事。同时,它是目前亚洲赛区唯一的街道赛。

2012年世界一级方程式(F1)新加坡夜间公路大赛于9月21日开幕。这里独特的景色、声浪与炫动氛围将吸引无数车迷前往滨海湾街道赛道。观众能够在整个赛场周围体验激动人心的精彩赛事以及全天候精彩演出,领略国际巨星的风采、购买精美产品、观赏巡回演出。赛道毗邻五座地铁站、多个五星级酒店、文化景点及历史遗迹、娱乐场、购物中心及各种餐饮及娱乐中心。每年新加坡大奖赛最令人期待的除了刺激的F1赛事之外,还有大牌明星的精彩演出。例如2011年林肯公园(Linkin Park)作为周日决赛后的压轴演出吸引了众多车迷。观赛还能有机会享受明星演唱会内场包厢的待遇,许多车迷都大呼过瘾。

2. 新加坡美食节

新加坡美食节自1994年开始举办。美食节期间,游客能品尝到当地华族、马来族、印度族及土生华人的传统地道美食,几乎在这个岛国的每个角落都会举办各种美食活动。届时参加美食节的饮食企业将推出美食狂欢会、品尝会及各种优惠和促销活动,另外,还有著名的国际大厨定期举办厨艺研习班和展示活动,游客有机会学到烹饪秘方。2011 年的美食节吸引了世界各地的 354000 名游客。

2013 年是新加坡美食节举办 20 周年,本届美食节以"美食的庆典"为主题。美食节期间,将举行以美食为主题的一系列艺术及娱乐活动,游客们能够了解了新加坡美食文化历史的传承,可以在滨海湾金沙的美食中心享用通过投票选出的"新加坡人最喜爱的美食",还能够亲自参加烹饪课程,学会如何制作自己喜爱的新加坡美食。美食节让游客了解了新加坡的美食文化,美食节期间举办的丰富多彩的活动增强了新加坡之旅的体验性,将吸引更多热爱美食的游客。

3. 新加坡热卖会

新加坡热卖会自 1994 年开始,每年 5 月下旬举办,节日期间,世界各地的购物狂蜂拥而至。2013 年是新加坡热卖会举办 20 周年,整个新加坡都充满购物的浓郁氛围。此次热卖会的参与商家遍及乌节路、滨海湾、牛车水、小印度等九大区域,几乎覆盖整个新加坡,为来自世界各地的游客准备了丰富的购物体验,从国际品牌到新加坡本土的时尚精品,从传统的时装、配饰、珠宝、腕表到 SPA。活动主办方新加坡贸易零售业协会为本次热卖会的消费金额最高的消费者准备了 2 万新币的特别奖,活动期间,凡在新加坡任何地方消费满 20 新币,即可参加这次活动。

二、新加坡城市营销实践评价及经验借鉴

新加坡政府对城市营销给予高度重视。总体来说,新加坡的城市营销,主题明确,目的明确,有很强的计划性。

(一)形象营销

城市形象营销方面,既有城市整体形象——"城市花园"的塑造,又不乏富有特色的、现代化、符合大众需求的标志性建筑。鱼尾狮的设计和新加坡的城市历史紧密相连,因而成为了新加坡的象征。为它赋予的浪漫的神话色彩又增强了鱼尾狮的传播性。建设世界第一的摩天观景轮,利用人们关注"第一"、渴望体验"第一"的心理,吸引世界的目光。金沙娱乐城模仿著名赌城美国拉斯维加斯而建,娱乐设施

完善,打造亚洲的拉斯维加斯,借与拉斯维加斯的联系增强自身的吸引力。

因此,我国的城市在形象塑造方面,一方面,要发掘自身的特色,塑造特性强、有内涵的城市标志;另一方面,可以利用"第一效应"和"模仿效应",超越或模仿世界知名的景点的核心竞争力。

(二)旅游营销

新加坡的旅游营销很早就开始了,并且是以政府为主导的。当初,李光耀认为新加坡在发展旅游业方面拥有较大的优势,便在旅游业方面投入巨大。新加坡的旅游营销具有以下优势:

1. 旅游主题与时俱进,并且定位具有针对性

随各个时期本国旅游业发展的需要的变化制定全新的主题,并且针对不同的消费群体打出不同的宣传口号,选择不同的形象代言人开展不同的活动。

2. 营销的对象广

新加坡旅游营销的对象不仅针对个人,还包括政府及各国的旅行社。新加坡旅游局与各国政府合作,并重视与各地旅行社的直接合作。

3. 营销手段多样,营销力度强

新加坡旅游将传统和现代的营销方式相结合,利用包括旅游手册、网络、电视、汽车移动传媒等媒体进行营销,并阶段性地推出旅游宣传活动。另外,新加坡通过简化签证手续等降低游客前往新加坡的成本,提高了对国外游客的吸引力。

我国各个城市可以学习新加坡的以上优势,在营销活动进行之前,先明确当前营销活动进行的目的和针对的目标群体,使营销活动更具有针对性。营销活动的手段也要与时俱进。

(三)会展营销

新加坡会展行业发达,究其原因,首先,新加坡具备发展会展的得天独厚的条件:新加坡的地理位置优越,有"亚洲十字路口"之称,是亚洲的航运中心之一,为展品的运输提供了便利;新加坡的经济发达,是亚洲重要的金融中心,拥有多元化的经济结构,工业发展为展会的发展奠定了经济基础;新加坡的英语语言环境,为举办国际会议奠定了基础。其次,在会展行业管理方面,新加坡政府有专门的会展机构——会议管理局,会议管理局为会展企业提供免费周到的服务,并且举办会展不需要任何的审批手续,降低了举办会展成本。

我国会展行业的发展仍与世界知名的会展城市有较大的距离。应从以下几个方面进行改进:第一,我国的会展城市应建立独立的会展机构,简化办展手续,建设服务型政府。第二,应建立国家级的会展行业协会,协调各个会展城市举办会展的类别,避免重复性的会展,各个会展城市建立城市的行业协会,协调参与会展的各方,并为会展行业企业提供便捷的服务。第三,会展企业应完善企业的人才储备,吸收专门的会展人才,学习国外知名会展企业的运作模式,走品牌化道路。同时,与旅游业联合,一方面是联合营销,另一方面是将旅游与会展相结合,大力发展会展旅游。

(四)节事营销

新加坡通过国际能源周为各国政要、能源界领袖以及顶级能源科研机构提供了一个交流的平台,将能源界权威性人物聚集于新加坡。能源问题一直是全球各地所关注的问题,因而,能源周必将受到世界的关注。能源周通过举办一系列内容丰富、含金量高的活动,延长与会人员在新加坡的停留时间,进一步促进了旅游业的发展。新加坡的亚洲旅游节也是如此,通过举办丰富多彩的具有国际水准的活动,不仅延长了节事活动期间游客的停留时间,同时举办的旅游交易会等促进了新的商机的形成,提高了节事活动的丰富性,延伸了活动的内涵,进一步增加了亚洲旅游节的吸引力。

我国的节事活动可以借鉴新加坡节事活动的经验,通过增强活动内容的丰富性,提高活动的水准来延长节事参与者在举办地停留的时间,增强节事活动的吸引力。

(五)体验营销

随着旅游业的发展,游客越来越重视旅游的参与程度和体验性,F1新加坡大奖赛、美食节、热卖会丰富了游客的体验,增强了新加坡对游客的吸引力。F1新加坡大奖赛不仅为游客提供了一场激烈的车赛,还有国际巨星精彩的演出,完善的娱乐设施。美食和购物迎合大部分旅游者的需要,具有快速让人进入放松状态的特点。新加坡的美食节和购物街已经具有一定的规模,美食节的活动丰富多彩,在提供美食的同时提供与美食相关的知识和技能以及商家的促销活动,满足了游客食欲的同时，也满足了其求知欲和购买欲，购物节气氛浓重，并不仅限于小面积地区，而是遍布整个新加坡。

　　我国很多城市都曾举办过美食节、购物节等活动，但形成规模的很少。美食节往往只为顾客提供美食产品，制作美食的表演、教授美食烹饪技术的较少。购物节也往往是商家的单独行动，不足以形成节庆活动的气氛。要让我国新兴的如美食节、购物节之类的活动具有一定的规模，还需要政府、行业协会对企业的引导、协调，联合相关企业的力量。另外，活动的内容要提高游客的参与度，满足其多种需求。

第十三章 营销日内瓦
——国际会议之都

日内瓦的城市形象定位为"国际会议之都"。日内瓦每年都要举办近千个会展活动,吸引世界各地的商人、学者、政要和游客云集于此。会展经济给日内瓦带来丰厚经济利润的同时还推动了日内瓦旅游业及相关产业的发展,提升了城市的综合实力。日内瓦通过会展、旅游、赛事、节庆等活动,向世界展示城市魅力。

一、营销机构

日内瓦有专门的城市营销机构"GENEVA——a world of its own"及官方网站(http://www.geneve-unmondeensoi.ch/)。该机构成立的目的是通过打造城市品牌,帮助日内瓦在日益激烈的市场中提高竞争力。城市营销机构通过与个人和组织在相关领域的合作,塑造城市品牌。如共同为日内瓦设计能够体现日内瓦国际化、多元化为一体的城市特质的城市图标。同样,营销机构可以帮助合作者设计品牌商标,但这些商标只能用于合作组织的品牌宣传或者其他以促进日内瓦发展和宣传推广为目的的活动。

"GENEVA——a world of its own"城市营销机构是日内瓦城市营销的主体之一,它带动日内瓦城市中的其他主体,如个人、企业、政府、非政府组织共同参与到城市营销活动中。帮助城市中其他主体实现自身发展的同时,也带领他们共同承担营销日内瓦的重任。

想成为该组织合作者的个人或组织可以在官方网站下载申请表,审核通过后,就能成为城市营销机构的合作者。该营销机构现有的合作组织共有 144 个(部分合作组织见图 13－1),这些组织涉及的行业范围很广,包括俱乐部(Inner City

Yoya)、政府组织(Geneva World Peace)、政府宣传机构(AMC)、旅行社(SM trav-el)、旅馆(AGCI)、餐厅(Bar Deal)、食品(Candy Factory)、汽车(Elite Loutan)等。从官方网站上,可以直接链接到相关合作企业的网站。这个官方营销平台将城市各种类型的企业凝聚在一起,有利于这些企业的品牌宣传和城市营销活动的开展。

图 13-1   日内瓦官方营销机构部分合作伙伴

资料来源:日内瓦官方网站,http://www.geneve-unmondeensoi.ch/.

二、营销活动

日内瓦采取了很多方式进行城市营销,其中较有代表性的营销手段包括旅游营销、会展营销、赛事营销、节庆营销、公共关系营销。这些营销手段不是独立的,而是相互促进、相辅相成的。旅游营销重在吸引游客将日内瓦当作旅游目的地。日内瓦长年不断的会展、赛事、节庆活动则是向外界展现城市魅力的重要窗口。这些营销活动内容各有侧重,但其最终目的都是营销日内瓦。

(一)旅游营销

旅游营销指旅游产品或旅游服务的生产商在识别旅游者需求的基础上,通过确定目标市场并设计适当的旅游产品、服务和项目,以满足这些市场需求的过程[①]。日内瓦旅游局采取了一系列旅游营销措施,竭力展现日内瓦风采,吸引世界

---

①胡婷婷,罗洁.国内旅游营销研究综述[J].科技广场,2011(6).

各地的游客和投资者。

1. 旅游宣传资料

日内瓦的旅游宣传资料种类丰富、形式多样。包括电子刊物、纸质宣传材料、视频宣传片等,其宣传内容十分细腻、精致,从视觉、听觉、感觉等方面触动受众的心灵。

(1)电子刊物

在日内瓦旅游局网站上,有专门的"日内瓦宣传材料"模块,该模块中各有特色的电子刊物,全面展示日内瓦的城市魅力。这些电子刊物包括:《想象一个能让你爱上它的城市》,主要介绍了日内瓦的著名景点大喷泉、花钟、圣皮埃尔大教堂、日内瓦湖等;《想象一个为您提供超出预期服务的城市》,介绍了日内瓦一流的公共服务以及官方推出的旅游优惠政策;《来日内瓦举办您下一个活动的十大理由》,说明日内瓦发达的会展经济及服务业,如拥有世界级的国际会议中心和国际展览中心,以此吸引策展者来日内瓦举办会展活动;《一个容易到达,却难以离去的城市》,介绍日内瓦的娱乐、节庆活动,如日内瓦节、登城节、湖边游行音乐节等,吸引游客前来参与体验;《日内瓦精美图片集》,包含日内瓦著名景点的精美图片集;《日内瓦——欧洲最好的城市,而且会更好》,介绍日内瓦是欧洲文明的中心,有联合国欧洲总部、国际红十字会博物馆等,是一个名副其实的和平之都;《想象一个城市能让您有序地开展商业活动》,宣传日内瓦发达的钟表业、银行业,以及开展商业活动的优惠政策,吸引投资者。

(2)旅游宣传册和地图

日内瓦每年都会发布一个《旅游指导手册》,该手册包含有日内瓦的旅游攻略、重要的旅游信息以及日内瓦的环境介绍等。此外《日内瓦地图》、《日内瓦激情之旅》、《日内瓦旅游手册》等也是让游客了解日内瓦的主要宣传材料。日内瓦的旅游宣传资料通常都有法文、英文两个版本,一些重要的宣传资料还会同时被译成多国语言版本。如旅游宣传材料《日内瓦印象》和《日内瓦激情之旅》就被译成意大利语、法语、德语、英语、汉语五种语言,极大地方便了世界各地的人们阅读,提高了其宣传效力。

(3)旅游视频宣传片

2007年,日内瓦旅游局推出了《想象日内瓦》城市旅游宣传片。该宣传片融合了日内瓦旅游宣传材料的精髓,集中展现了日内瓦的城市形象。片中的关键词是

"想象",围绕这一关键词分别有几大主题,包括"想象一个容易到达,却难以离去的城市"、"想象一个自然环境完好无损的城市"、"想象一个置身城中,感觉如城市美丽外表一样美妙的城市"、"想象一个无须地图就能找到宝藏的城市"、"想象一个能将世界凝聚在一起的城市"、"想象一个生来就是世界一流的城市"、"想象一个让世界人都称之为家的城市"、"想象一个让您思想自由奔放的城市"、"想象一个让您品味完美的城市"、"日内瓦通行证,让您享受完美"。通过这几个宣传主题,让观众感受到日内瓦的无限风光、一流的生活品质、完善的基础设施,以及追求中立和平的城市人文精神。

(4)旅游网站宣传语

在旅游网站的各个模块都会出现"为什么选择日内瓦"的导航栏。点击进入后,会出现 10 个去日内瓦的理由。这些理由主要从降低游客旅游成本、让游客享受美好的旅行两个立意来吸引游客。这十大理由分别为:第一,日内瓦是交通便捷的欧洲旅游目的地;第二,在日内瓦可以享受免费公共交通;第三,日内瓦通行证为游客提供很多优惠服务;第四,日内瓦可以满足游客的旅游愿望;第五,日内瓦拥有令人惊叹的自然风光;第六,日内瓦是购物者的天堂;第七,日内瓦是世界和平之都;第八,日内瓦是瑞士的美食之都;第九,日内瓦的服务世界一流;第十,日内瓦可以提供丰富多彩的文娱活动。

2. 旅游促销政策

为了让游客在日内瓦能享受质优价廉的旅游服务,日内瓦推出了免费交通卡和日内瓦通行证。这两项促销政策的推出,立刻受到广大游客的青睐。

(1)免费交通卡

为吸引国外游客在日内瓦留宿,日内瓦旅游基金会和日内瓦公共交通网联合推出了独一无二的 Geneva Transport Card 免费交通卡(见图 13-2)。从 2007 年 1 月 1 日起,只要旅客在日内瓦的酒店、青年旅社、露营地住宿,便可领取能享受免费出行的日内瓦交通卡,有效期为入住日起至退房日止。持有该卡的游客可以无限制乘坐日内瓦公共交通网内所有交通工具,包括公共汽车、有轨电车、郊区及市区的火车和公共游艇。免费交通卡的推行和使用,促进了日内瓦住宿业迅速发展。根据《瑞士旅游年报》2012 年日内瓦湖区露宿营地的留宿游客数为 317481 人,相对 2011 年(306826 人)增长了 3.5%,在瑞士所有城市中排名第三。2012 年来日内瓦的国内和国外游客留宿天数平均值为 2.1 天,在瑞士所有城市中排名第五。

（2）日内瓦通行证

日内瓦旅游局全力推出的日内瓦通行证（见图13－2），可以为游客提供各种优惠。购买日内瓦通行证只需25瑞士法郎，游客可以在日内瓦当地的销售点购买也可以在网上购买，十分便捷。拥有通行证的游客，可以享受住宿、餐饮、购物、观光、娱乐在内的50个指定点的优惠政策，如免费、打折、购物券、赠品等。

图13－2 日内瓦免费交通卡和日内瓦通行证

3.旅游服务形象营销

2011年6月，日内瓦旅游局率先尝试旅游服务新理念，在网上招聘"旅游天使"，应聘条件是18～25岁的日内瓦居民，英语口语流利，热情、乐于助人。7月11日至8月15日，日内瓦旅游局派出"旅游天使"为外国游客指路答疑，推荐旅游景点等细致周到的服务。"旅游天使"两人一组，每天上午10点到晚上8点，在外国游客集中的日内瓦老城、湖边码头和万国宫广场国际组织区活动。他们普遍会说法语和英语，有的还会德语、意大利语、西班牙语、日语和土耳其语中的一种或多种。根据日内瓦旅游局事后调查，"旅游天使"活动收效明显，提升了游客的旅游满意度，塑造了一个良好的旅游城市形象。

4.特色旅游路线

"钟表之路"旅游路线推出的目的是让游客通过步行或骑自行车的方式在旅游过程中参观日内瓦市中心的钟表文化遗产。沿着"钟表之路"，游客可先后前往50多家独家品牌专卖店。游客在游览日内瓦最具标志性街区的同时，还能感受日内瓦领先世界的钟表艺术和悠久的钟表文化。这些标志性街区包括市中心商业区、艺术画廊、老城区、火车站、旅游局区、银行和文化机构区等。这一旅游路线的推出，不但深受各国游客的欢迎，还吸引了世界各地的钟表企业纷纷进驻日内瓦。如今不论是在沙夫豪森、勒桑捷洛克，或是奥贝松、勒巴苏斯、纳沙泰尔、拉贝，甚至是远在尼翁或圣伊米耶的钟表企业，都在日内瓦设有店铺。

日内瓦旅游局推出一系列旅游营销活动，不但推动了日内瓦旅游业的发展，还带动了相关产业的发展，对日内瓦乃至瑞士的经济发展做出了很大贡献。

（二）会展营销

会展经济被认为是高收入、高盈利的经济形式，其利润率在 25％ 左右。从国际上看，全球每年国际性会展总开销达 2800 多亿美元[①]。日内瓦与德国的汉诺威、美国的纽约和芝加哥、法国的巴黎、英国的伦敦、意大利的米兰都享有世界"展览城"的美誉。在日内瓦每年都要举办数百个会展活动。期间，世界各地的商人、学者、政要和游客云集于此，成为日内瓦的经济活动力之源。

1. 会展网络营销

日内瓦旅游局官方网站上，有一个专门的"官方展会"模块。该模块又分为"为什么选择日内瓦"、"安排您的会展"、"联系我们"三部分内容。"为什么选择日内瓦"模块介绍了日内瓦拥有世界级的会展场地，如日内瓦国际会议中心和日内瓦国际展览中心，以及完善的会展基础设施；"安排您的会展"模块提供近期日内瓦的会展时间场地安排，相关活动安排；"联系我们"模块提供咨询服务、服务供应商信息和官方免费服务机构联系方式，参展者可以在线预订会议场地、团体活动项目等。另外，官方网站提供几乎所有与会展相关的服务信息，如酒店、餐饮、会议中心、活动场地、会展顾问等。

日内瓦网络营销注重互动体验，如参展方选择会展策划服务机构时，不但可以根据网站提供的核心业务、举办会展经验、成就等筛选条件进行决策，还可以依据顾客评论进行决策，甚至可以通过顾客留下的方式与他们在线交流。这些评论都是由以往的展览举办方发布的，其中不乏一些有名气的参展者。这一措施充分利用了顾客的口碑效应，提高了宣传的效力。

---

①智库百科，http://wiki.mbalib.com/wiki/%E4%BC%9A%E5%B1%95%E7%BB%.

2. 国际会议

日内瓦被称为"国际会议之都"。凭借日内瓦强大的国际号召力和影响力,近年来很多重要国际会议都将会议地点设在日内瓦。

2004 年发生在印度洋地区的地震和海啸给东南亚和南亚一些国家造成巨大损失,联合国在日内瓦召开海啸救灾国际会议。短短数天的会议就为世界募集了巨额的救灾款项,这与日内瓦城市巨大的号召力和影响力是密切相关的。

2007 年 7 月 6 日,以"直面现实,与商业同行"为主题的全球契约峰会在日内瓦闭幕。来自世界各国的 153 位企业领导人发表《关注气候:工商领导人平台》声明。

2009 年 6 月 15 日,以"移民与气候变化"为主题的国际会议在日内瓦世界气象组织举行。世界气象组织总干事雅罗、联合国人权高级专家代表以及联合国其他机构负责人、非政府组织代表、国际移民组织总干事麦金利等出席会议。

2009 年 6 月 25 日,由"全球人道论坛"创始人、联合国前秘书长安南倡导的"全球气候正义联盟"在日内瓦宣告成立。该联盟成立的宗旨是促成各方就如何安排2012 年后《京都议定书》阶段的减排工作达成协议。该联盟目前有 300 个成员。

2009 年 10 月 12~16 日,《斯德哥尔摩公约》持久性有机污染物审查委员会第五次会议在日内瓦召开。我国由环境保护部牵头,工业和信息化部、农业部、中国农药工业协会、中科院生态中心的代表和专家组成的代表团参加了会议。

2011 年总部位于日内瓦的世界经济论坛设立了"全球杰出青年"社区项目,吸纳了各国 2600 多名优秀青年参加。这个项目为各国青年提供了一个非常好的交流平台。2013 年 5 月 18~20 日,该项目年会在日内瓦举行,来自全球 60 多个国家的 250 名优秀青年社区代表聚集一堂,通过讲座、研讨、参加公益活动等形式,分享经验,拓展视野。

2012 年 11 月,《关于消耗臭氧层物质的蒙特利尔议定书》第二十四次缔约方大会在日内瓦召开。来自全球 136 个国家、6 个国际组织和政府间组织、16 个非政府组织及观察员组织的 700 多名代表出席了大会[①]。

2013 年 4 月,在日内瓦召开《控制危险废物越境转移及其处置巴塞尔公约》第十一次缔约方大会、《关于在国际贸易中对某些危险化学品和农药采用事先知情同意程序的鹿特丹公约》第六次缔约方大会、《关于持久性有机污染物的斯德哥尔摩

①中华人民共和国环境保护部,http://www.zhb.gov.cn/zhxx/hjyw/201211/t20121119_242216.htm.

公约》第六次缔约方大会以及上述三公约缔约方大会同期特别会议。来自 178 个国家、24 个国际机构和政府间组织和 60 多个非政府组织的 1700 多名代表出席了会议①。

2013 年 5 月 23 日,中国石化——Addax 公益基金会在瑞士日内瓦举办了首届 Addhope 论坛,旨在促进企业与外界的多边、多元对话,树立公司高度负责任的国际石油公司形象。中国驻日内瓦代表团临时代办吴海涛大使出席论坛并致贺词,来自日内瓦政、商、学界及非政府组织 145 人参加了会议。

3. 国际展览

日内瓦利用其国际会议城市的优势,大办国际性展览,因而又被称为"国际会展中心"。日内瓦举办的展览包括国际汽车展、钟表展、发明展、航空展、书刊展、艺术展、电信展等。已经在日内瓦举办或确定在日内瓦举办的国际展览如表 13-1 所示。

表 13-1 日内瓦近期展会信息

时间	展会名称	时间	展会名称
2012 年 1 月	日内瓦钟表展	2013 年 4 月	日内瓦国际新发明、新技术、新产品展览会
2012 年 1 月	日内瓦户外展	2013 年 4 月	日内瓦教育展
2012 年 1 月	日内瓦商务服务展	2013 年 4 月	日内瓦国际发明及新科技产品展
2012 年 3 月	日内瓦摩配展	2013 年 4 月	日内瓦建筑、房产展
2012 年 4 月	日内瓦商业服务展	2013 年 4 月	日内瓦国际艺术展
2012 年 4 月	日内瓦音乐展	2013 年 4 月	日内瓦书展
2012 年 4 月	日内瓦图书展	2013 年 5 月	日内瓦创新爱好展
2012 年 4 月	日内瓦纺织展	2013 年 5 月	欧洲商用航空会议及展览
2012 年 4 月	日内瓦文具展	2013 年 6 月	世界小动物兽医师协会代表大会
2012 年 5 月	日内瓦生物食品展览会	2013 年 9 月	沙龙德拉财经展览会
2012 年 6 月	日内瓦建筑、房产展	2013 年 10 月	日内瓦商业贸易、企业资源计划及管理展览会

①新华网,http://news.xinhuanet.com/politics/2013-05/03/c_124659491.htm.

时间	展会名称	时间	展会名称
2012 年 6 月	日内瓦环保展	2013 年 11 月	日内瓦国际博览会
2012 年 10 月	日内瓦通信展	2014 年 1 月	日内瓦商业服务展
2012 年 10 月	日内瓦能源展	2014 年 2 月	日内瓦特许经营展
2012 年 11 月	日内瓦装潢装饰展	2014 年 3 月	日内瓦国际汽车展
2012 年 11 月	日内瓦商业服务展	2014 年 4 月	日内瓦国际候机楼设备展览会
2012 年 11 月	日内瓦零售展览会	2014 年 4 月	日内瓦国际图书和出版社博览会
2013 年 1 月	日内瓦国际精细制表展览会	2014 年 4 月	日内瓦无纺布及高科技面料展
2013 年 1 月	日内瓦户外运动展	2014 年 5 月	日内瓦国际生物食品展览会
2013 年 1 月	日内瓦国际钟表展	2014 年 10 月	日内瓦车辆机械展览会
2013 年 2 月	日内瓦国际环保大会	2015 年 10 月	日内瓦世界电信展(三年一届)
2013 年 3 月	日内瓦汽车展	2018 年 10 月	国际电信展

资料来源：http://www.showguide.cn/z/201019718.html.

（1）日内瓦高级钟表展

日内瓦高级钟表展，英文缩写为 SIHH（Salon International De La Haute Horlogerie ）。SIHH 的标准极高，参展商只有不到 20 个，其中包括江诗丹顿、朗格、万国等十几个品牌和几个精挑细选出来的独立制表师品牌。只有受到邀请才能参加 SIHH，因此有"进巴展易、进日展难"一说。一旦受邀，等待参展者的将会是全程的耐心讲解以及不限量的酒水、美食。一些品牌还会举行盛大派对，场面奢华异常，SIHH 的高端形象因此迅速深入人心。这个展会很好地维护了品牌与零售商之间的密切联系，并保证了整个活动的专业性。2009 年，SIHH 的展览把展览时间提前到了 1 月份，不再与巴塞尔表展临近的时间举办，这说明 SIHH 变得更加独立，影响力也将变得更加强大。

日内瓦的钟表业因高级钟表而闻名于世，其钟表业中心的城市形象也得以塑造。名表品牌如爱彼、宝齐来、卡地亚、萧邦、百爵、百达翡丽及江诗丹顿等都汇聚于日内瓦，凸显了日内瓦在钟表行业的尊贵地位。

（2）日内瓦国际发明展

日内瓦国际发明展是世界上规模最大、历史最悠久的发明展之一。2010 年第 38 届日内瓦国际发明展参展方数量达到 785 家,新发明达 1000 余种。来自中国的参展商多达 80 家,中国首次成为日内瓦国际发明展参展商数量最多的国家,其次是伊朗、俄罗斯和法国。2011 年 4 月 6 日,第 39 届国际发明展吸引了来自 45 个国家和地区的 765 位展商参加。2012 年第 40 届日内瓦国际发明展更是打破了以往的多项纪录,无论是参展人数和新发明的数量都多于往年。有来自全世界 46 个国家,789 家参展商的 1000 件发明参展。为期 5 天的展览吸引了约 6 万名参观者[1]。除了展位增多之外,本届的日内瓦国际发明展的另一突破在于吸引了众多亚洲参展商,尤其是中国、沙特阿拉伯、伊朗、马来西亚和泰国的参展商。

参展人士认为,日内瓦国际发明展之所以能够经久不衰,主要原因是展览吸引的参展国家和地区多、展品种类多、前来发掘商机的投资商多。据主办方介绍,每年在日内瓦国际发明展上会签成 4500 万美金的专利合约。

（3）日内瓦国际汽车展

日内瓦没有自己的汽车制造公司,但它却是一个庞大的汽车消费市场。在日内瓦的大街小巷,本特利、保时捷等名车就跟名表一样,成了某种标志。日内瓦国际汽车展是欧洲唯一每年举办的车展,该车展在位于日内瓦机场附近的巴莱斯堡国际展览中心举行,总面积达 7 万平方米。日内瓦车展上的展品不仅是各汽车厂家最新、最前沿的产品,而且参展的车型也极为奢华。正因为如此,日内瓦车展获得了"国际汽车潮流风向标"的美誉。

日内瓦车展不仅档次高、水准高,更重要的是车展很公平,展现和平之都的人文精神。一般的国际车展在展馆的面积、配套设施的水准上都会向东道国倾斜,但在日内瓦车展上,不存在这种特别的安排。无论是汽车巨头还是小制造商,都可以在日内瓦车展上找到一席之地,就连各类车展的资料,也被一视同仁地印成了英语、法语、德语等几种版本。日内瓦车展制定了详尽细致的规定,不允许有过大的公司标牌和展位阻挡视线。因此,从日内瓦车展大厅望去,所有展位都尽收眼底。

日内瓦车展的以上特征,使得它成为展示创新理念和未来车型的最佳平台,每届车展都有众多极具前瞻性的概念车登场。车展期间,日内瓦大小饭店均告客满,许多人不得不住到伯尔尼、苏黎世、洛桑等城市。2012 年第 82 届日内瓦国际车展

---

[1]央视网,http://news.cntv.cn/20120422/110824.shtml.

吸引了 260 家参展商,其中有 30 家主流汽车制造商,车展上全球或欧洲首发车型多达 180 款。

（4）日内瓦世界电信展

世界电信展创办于 1971 年,三年举行一次,是全球规格最高、规模最大的信息通信技术(ICT)展览会之一。因其权威性、大规模和广泛代表性,备受各国政府和全球信息产业界的关注,被喻为"ICT 领域的奥运会"。除了 2006 年和 2013 年举办地分设在中国香港和泰国曼谷外,其他各界展览地点都在日内瓦。世界电信展吸引了来自整个行业、世界各地的所有利益相关方齐聚一堂,是真正全球性、世界级的展览和交流平台。

2009 年的电信展有来自 40 个国家的 700 个参展商和 150 个国家的 1000 位超级 VIP 嘉宾参展,VIP 嘉宾包括这些国家的电信部长、总局长、监管机构领导、部长级代表等。中国移动总裁王建宙、思科 CEO 钱伯斯、爱立信 CEO 思文凯、英特尔 CEO 欧德宁等均参加了此次展览。展会论坛则吸引了来自 90 个国家的 3000 名重磅嘉宾参加,包括来自超过 75 个国家的约 450 位演讲者和来自 90 个国家的 2500 名论坛代表①。本次展会报道媒体来自 50 个国家,记者总数超过 1000 名,其中不乏《金融时报》、《福布斯》、《商业周刊》等全球知名媒体。2011 年的世界电信展览会共 4 天,迎来全球大约 250 位国家元首、政府首脑、部长、市长、行业首席执行官和技术巨头等前来参展。本届世界电信展的亮点是开放了各种社交网络展示平台,吸引了上百万大、中学生通过社交网络连接到会场。展会的另一个亮点是设立了 25 个国家馆,展示了中国、阿尔及利亚等国 ICT 行业发展状况。中国移动、华为、中兴、普天等中国企业也在本届世界电信展上亮相。

日内瓦完善的展览设施和强大的会务接待能力为世界电信展的成功举办提供了巨大支持。世界电信展吸引来自整个行业、世界各地的所有利益相关方。电信展作为一个全球性、世界级的展览和交流平台,也给日内瓦创造了一个向世界展示城市魅力的机会。

（5）国际候机楼设备展

国际候机楼设备展览会,将于 2014 年 4 月在日内瓦举办。该展会历年举办地点均为欧洲航空发达并具有国际影响力的国家。如 2011 年在哥本哈根举行,参展商达 150 多家。自 2012 年在奥地利维也纳举办取得空前的成效后,展会规模及影响力迅速扩大,现已成为候机楼设备行业最重要的展会。该展会观众质量高,会集了来自世界各地的高层专业人士,为业内人士提供了良好的交流机会。展会拥有

---

①机电在线展会,http://zhanhui.jdol.com.cn/info16800.html.

顶级商务网络,蕴藏的商机无限。在连续两度辉煌之后,下一届国际候机楼设备展览地点定于日内瓦,日内瓦航空业的国际地位将得到显著提升。

(6)日内瓦书展

日内瓦书展是全瑞士最大的年度文化交流活动,其内容也变得越来越丰富。2011年第24届日内瓦国际书展上,有大约760家参展商参展[1]。在5天的时间里,书展迎来10万名参观者,举行的演讲、知识竞赛、签售等活动超过1600场。2012年第25届日内瓦国际书展吸引了来自全球15个国家的600多家参展商参展。本届书展主办方特别邀请有"世界图书之都"美誉的亚美尼亚作为主宾国参展。书展开幕当天,来自亚美尼亚的音乐家演奏了富有亚美尼亚民族特色的乐曲。亚美尼亚总统萨尔基相也参观了本届书展。2013年的书展上,为纪念经典童话《小王子》出版70周年,法国伽利玛出版社特别推出了其作者圣埃克苏佩里的生平展览,吸引了很多书迷前来参展。

(三)赛事营销

每年在日内瓦举行的大小赛事很多,包括定期举办的国际帆船赛和国际音乐比赛等具有悠久历史和影响力的品牌赛事。此外,日内瓦紧跟时代的步伐,不断推出新的赛事活动。首次在日内瓦举办的"汉语桥"世界大学生中文比赛就是一个很好的例证。

1. 米拉博金杯帆船赛

米拉博金杯帆船赛是欧洲规模最大的水上帆船比赛,从1939年开始在日内瓦湖上举办,每次都会吸引成千上万的观众和数百名水手。观众在日内瓦城可以看到壮观的比赛出发仪式,也能在湖畔的多个地点看到比赛的精彩场面。2013年6月15日,第75届米拉博金杯比赛在日内瓦举行。500多艘比赛帆船从日内瓦驶向瑞士小镇布夫雷并返回,场面异常壮观。在该赛事主办方网站上可以查询比赛的发展历史、赞助商、新闻报道等信息。网站上展示了历届比赛的精美图片,美丽的日内瓦湖畔风光映衬着迎浪而上的形状各异的帆船,展现着别样的日内瓦风光。

2. 日内瓦国际音乐比赛

日内瓦国际音乐比赛从1939年起每年在瑞士日内瓦举行一次,是世界上具有

---

[1]国际在线,http://gb.cri.cn/27824/2010/04/29/2225s2833470.htm.

较高水准和影响力的音乐比赛。比赛项目有 20 多个,包括大提琴、钢琴、管风琴、长笛、双簧管、室内乐重奏等。为吸引更多人参赛,大赛组委会为申请选手提供十分优厚周到的食宿待遇。包括根据申请人需求安排寄宿家庭;从到达之日起到淘汰之日,提供每日 20 法郎餐费补助;给每位参赛者一个通行证,作为参赛许可及免费观看决赛的证明,使用该证件还可以免费乘坐当地公共交通;为进入决赛的参赛者报销一半的路费等。这些人性化、细致周到的服务政策,不但吸引了世界各地的选手前来参赛,还吸引了很多合作者,如国际名表品牌宝玑连续 12 届结盟音乐比赛。这是代表着古典音乐与高级制表的独特融合,同时也是日内瓦艺术底蕴和钟表之都形象的完美融合。

3. "汉语桥"世界大学生中文比赛

"汉语桥"世界大学生中文比赛是一个具有全球影响力的大型国际汉语比赛项目,自 2002 年以来已连续成功举办 11 届。来自世界 80 多个国家的 1000 多名大学生先后来华参加了复赛、决赛。2013 年 4 月 20 日,日内瓦大学成功举办了第十二届"汉语桥"世界大学生中文比赛瑞士赛区预赛,这是日内瓦大学孔子学院首次承办该项活动。在日内瓦大学孔子学院的阶梯教室里不仅有助威的粉丝团,更有上万电视观众共同见证了这一精彩比赛过程。日内瓦借助这一具有国际影响力的赛事,得到各国媒体、大学生、院校的广泛关注,树立了日内瓦积极参与国际文化交流的良好形象。

(四)节庆营销

日内瓦的节庆经济同会展经济一样,已成为推动日内瓦旅游及第三产业发展的重要支柱。日内瓦节、登城节等系列节庆活动在丰富大众文化生活的同时也促进了日内瓦旅游经济的发展。

1. 日内瓦节

日内瓦节由日内瓦旅游局和会议局举办。节庆期间在日内瓦城区所有滨湖街道,游客都能欣赏到美妙的音乐和壮观的焰火表演。据官方统计,近几年的日内瓦节吸引瑞士以及其他国家的上百万名游客,为日内瓦旅游、餐饮、酒店服务业带来的收入约有 1 亿美元。日内瓦节庆典系列活动包括:在日内瓦湖的英格兰公园、U 形湖畔以及闹市区设立嘉年华式游乐场,举办露天音乐会,举行规模巨大的焰火晚会、老爷车游行以及各种娱乐比赛活动。在节庆期间,主办方会精心策划各种餐饮、娱乐、购物项目。

日内瓦节庆典活动的规模和影响力正在逐年扩大,并将目标消费群体定位为购买力较强国家的游客。事实证明这一目标定位是明智的。随着海湾国家游客的到来,日内瓦出售的诸如"爱彼表"、"名士表"、"百达翡丽表"、"卡地亚表"、"伯爵表"、"萧邦表"等高档和豪华表在短期内出现供不应求的局面。

日内瓦节因其丰富的文化内涵而受到世界各国的关注。自 1997 年起组委会每年邀请一个国家作为主宾国,将各国的文化艺术带到日内瓦,中国作为第 58 届日内瓦节的主宾国参加了 2006 年的盛大庆典活动。日内瓦节主办方开通了日内瓦节专题网站,实时发布节庆资讯,尤其是音乐烟花的视频吸引了很多观众。据日内瓦节主办方统计,2013 年长达 55 分钟的焰火表演吸引了近 50 万名观众观看。

2. 日内瓦登城节

日内瓦登城节是日内瓦最具特色的民俗节庆之一。登城节每年都吸引近 10 万人来到日内瓦。节庆主办方将庆祝活动分为两大部分:第一部分是登城节长跑。据统计,每年大约有 3 万人参加长跑,真正体现了重在参与的健康运动精神。第二部分是老城区的化装游行活动。城中的锣鼓队、售卖纪念品的小伙子、募捐的小姑娘、参加游行的人们都穿着各式各样的古装。这两项活动是最受游人关注的特色活动。

为吸引游客,节日期间日内瓦政府会开放平时不对外开放的日内瓦市老城。比如仅容一人通过的狭窄的巷道 Passage de Monnetier。这个巷道一年中只有这一天开放,因此吸引了众多游客纷至沓来。老城街头临时搭起许多摊位,吸引很多游客驻足,尤其是卖热红葡萄酒和罗优姆大妈①做的那种洋葱汤的店铺,生意会格外火爆。商店里会陈列着各种规格的巧克力锅等待人们的选购。对于日内瓦的商人们来说,登城节意味着一年一度的庞大商机。

3. 日内瓦国际热气球节

2012 年第 6 届国际热气球节吸引来自欧洲 10 个国家的著名团队前来参加,本届热气球节由日内瓦旅游局和会议局组织。举办方将热气球节的地点定在莱蒙湖

---

①举办日内瓦登城节也是为了纪念这位日内瓦妇女在日内瓦城遭受敌人攻击时用一锅热洋葱汤击退敌人的英勇表现。

畔,脚下碧波荡漾的莱蒙湖,以及远处山形堪称完美的蒙勃朗峰,让那些本不是为热气球节而来的游人也忍不住停留于此。

日内瓦热气球节上,热气球这一带有浪漫、勇气、探险等标签的古老飞行工具,成为了世界各地高级腕表品牌的营销工具。著名高端腕表品牌帕玛强尼在日内瓦国际热气球节上展示印有自己品牌标识的热气球。同时,一些制表品牌利用珐琅技术将热气球绘于表盘之上,将童话般的梦境融入精巧的腕表上(见图13－3)。借助热气球节,高级腕表与热气球完美融合,日内瓦钟表之都的形象因此深入人心。

图 13－3　热气球与高级腕表的完美融合

4. 湖边游行音乐狂欢

一年一届的湖边游行音乐狂欢活动是日内瓦夏天最热闹的狂欢活动。游行路线是沿着日内瓦湖边景色最美的湖滨大道进行的,140 米高的大喷泉和著名的勃朗峰大桥是必经之路,市中心的普兰帕雷广场是终点。在活动期间,举办方会准备10 多辆音乐狂欢的花车。每辆车都是一个移动的舞台,车上播放着节奏强劲的电子音乐,有拉丁风格的音乐、非洲音乐等。车上的人随着强劲的节奏起舞,车下的人围着移动舞台雀跃。湖边游行结束后,举办方还沿着日内瓦市区湖边举办 4 场露天舞台音乐会。据主办方介绍,每年参加日内瓦湖边音乐狂欢的民众达 10 多万人次,其中有半数以上是外地游客。

无论是日内瓦节、登城节等极具地方特色的传统节日,还是国际热气球节等迎合世界潮流的国际化节庆活动,都是日内瓦对外交流、展现城市魅力的重要窗口。

通过这一窗口,世界人们更加了解日内瓦这座城市,日内瓦的国际形象和地位不断得到提升和巩固,所以说节庆系列活动已成为助推瑞士经济发展的新动力。

(五)公共关系营销

公共关系营销是日内瓦对外交流和展现城市形象的重要手段。日内瓦政府在公共关系营销方面发挥了重要作用。

1.高校合作交流

日内瓦大学的孔子学院经过一年多的考察,选定中国人民大学作为合作伙伴。强强联手凸显了日内瓦孔子学院的重要性。日内瓦孔子学院坐落在市郊的莱蒙湖畔,拥有1万多平方米花园的19世纪别墅中,日内瓦州政府每年为其提供超过30万瑞士法郎的维护费用。"在日内瓦大学,从来没有一个学院享受这种待遇",瑞方院长Zimmermann先生表示。日内瓦州政府之所以给孔子学院如此的支持,除了中国在世界舞台越来越重要的地位外,也是州政府对孔子学院成立目标的认可。这个目标是"成为欧洲大陆首家当代中国研究中心,为组织国际高水准学术研讨会、吸引中国高层及国际组织领导参加搭建平台"。

2.政府形象公关

在2010年的上海世博会上,为展示其在水资源管理方面的经验和技术,日内瓦与苏黎世、巴塞尔联合推出以"改善水质让城市生活更美好"为主题的城市馆。在日内瓦媒体推介会上,日内瓦市市长托尔纳尔表示,保护环境、改善城市生活质量刻不容缓。托尔纳尔在推介会上介绍了曾受污染的日内瓦湖的成功治理过程。在日内瓦周揭幕活动上,托尔纳尔与中方嘉宾和世博参观游客分享日内瓦的传统文化和在可持续性发展方面取得的成果,并强调日内瓦是国际上举足轻重的高科技、商业、文化以及可持续城市发展的中心。

三、营销经验总结

日内瓦成功地打造了"国际会议之都"这一城市核心品牌,这个城市已经成为一个可以承受全世界目光的中心。然而,日内瓦并没有将脚步停留于此,而是随着时代的发展不断探索前行。通过建设城市,发展旅游业、钟表业、金融业,举办各种营销活动等措施巩固和提升城市国际地位和形象。总结日内瓦城市营销经验,最值得借鉴的包括明确的城市品牌定位,良好的城市形象塑造以及整合营销的充分运用。

(一)城市品牌定位明确

营销战略专家杰克·特劳特认为:"在残酷的竞争环境之中,如果品牌缺乏一个独一无二的定位,将会像房子没有产权一样,令企业无立足之地。不但新产品推向市场前需要定位,企业的竞争格局发生变化,消费者态度发生转变,科技发生改变时,企业都将面临重新定位。"日内瓦政府、企业以及各城市主体在竞争激烈的国际市场环境中抢得先机,明确自身"国际会议之都"战略定位,并围绕这一定位制订城市营销的计划,开展一系列营销活动。日内瓦在城市营销过程中,充分调动各种资源,在树立城市核心品牌的基础上,不断巩固并发展其他附属品牌,如钟表之都、金融之都等。其发展视点之独到、目标之明确、策略之准确,不能不让人折服。

(二)良好的形象展示

在近些年来的全球宜居城市排名中,日内瓦始终名列前茅。日内瓦政府充分利用营销理念规划定位城市的长远发展,如改善城市环境、完善城市公共基础设施的建设、建立专门的营销机构、推出旅游住宿优惠政策等。从根本上指导自身城市的城市规划、产业政策、社会活动和形象推广等一系列计划。日内瓦明确的城市品牌定位使得城市更具特色,彰显了城市的独特魅力。其中,交通网络的建设是最为关键和重要的一步,在发展公共交通的同时,日内瓦还对城市道路网进行了重新规划,建设了相互交织的主干道网以缓解交通压力,而且还在主干道所包围的区域内设立步行区和限速30公里区,以保障居民的良好生活环境。另外,政府还建造大量的地上、地下停车场,以解决停车难的问题。日内瓦政府采取的这些措施,对于改善交通状况、提高空气质量和降低噪声污染非常关键,由此营造了一个良好的市容,不但让当地人受惠,也让在当地生活和旅游的外国人享受到实惠。

（三）城市整体营销

日内瓦城市整体营销体现在营销思想和营销方式上。在营销思想上，日内瓦从传统的政府主导型转变为政府引导型，将城市中的个人、企业等作为城市营销的主体，政府扮演的角色是为他们提供服务，引导这些主体共同参与城市营销。如日内瓦的专门营销机构就是帮助个人和企业树立品牌，促进城市形象的提升。日内瓦旅游局则是通过帮助相关产业的发展来提升日内瓦的旅游形象。在营销方式上，日内瓦对各种营销方式进行整合，灵活开展各项营销活动，尤其注重互联网这一工具的使用。如日内瓦的各种会展、节庆、赛事活动都会开设专门的网站，线上和线下相互配合进行营销，提高了其宣传的广度和深度。

第十四章　营销威尼斯

——水上城市

威尼斯被称为"亚得里亚海的女王"、"水之都"、"面具之城"、"桥之城"、"漂浮之都"、"运河之城"及"光之城"。《纽约时报》评论它是"最美的人造都市",时代线上也称赞"威尼斯是欧洲最浪漫的城市之一"。根据《2013年全球城市竞争力统计报告》公布的数据,威尼斯的国际知名度指数在世界500强城市中的排名为35。威尼斯吸引世界各地游客蜂拥而至的除了独一无二的水城风光外,还有它的艺术气息、节庆活动、国际性展览、面具、玻璃制品等。

一、威尼斯城市营销手段

威尼斯是一个玲珑精致的水上城市,它采取的城市营销手段十分丰富。包括城市形象营销、网络营销、影视营销、展览营销、节庆营销等。作为名副其实的水上城市,水是威尼斯独特的资源。在威尼斯开展的一系列营销活动中,威尼斯的水都扮演着很重要的角色。当然,威尼斯也充分利用其他城市资产,积极探索新的营销方式。

(一)形象营销

在威尼斯的许多建筑上,都会看见长着一对翅膀、威风凛凛的狮子。其中,威尼斯圣马可广场上的圣马可狮最为著名,这就是威尼斯的城市标志——圣马可狮。在威尼斯,圣马可狮随处可见,图14-1展示了以不同形式出现的圣马可狮。

图 14-1 风格迥异的圣马可狮

为了加大威尼斯城市形象标志的宣传力度，威尼斯政府可谓煞费苦心。威尼斯电影节金狮奖的设立就是个很好的例证。威尼斯国际电影节曾一度被法西斯政府控制，奖杯叫"墨索里尼杯"。1949 年，电影节正式将最高奖项"最佳国际影片"更名为"圣马可金狮奖"。1953 年威尼斯电影节撤下了"最佳意大利电影"，增设了"圣马可银狮奖"。此外，威尼斯国际双年展的最高奖项从 1986 年起也正式更名为金狮奖。作为世界瞩目的威尼斯国际电影节和威尼斯双年展的最高奖项，圣马可狮的形象也深入人心，由此显示了威尼斯打造国际艺术城市的雄心。如今，威尼斯的金狮奖与法国金棕榈奖、德国金熊奖和美国奥斯卡小金人奖已经成为国际电影业人人追捧的最高荣誉。

图 14-2 威尼斯市标

威尼斯城市营销机构发布了《威尼斯市标计划书》，计划书中指出，威尼斯市标计划的使命是向世界树立协调一致的威尼斯形象，促进威尼斯旅游经济的发展以及传承和保护威尼斯文化。威尼斯市标可以帮助第三方组织和机构进行产品或活动营销，注册和使用该市标的企业需要具备为城市发展做贡献的意识，要认可威尼斯追求独立、自由、和平的城市精神。这些企业不仅仅是合作者，也是城市发展的主导力量（见图 14-3）。

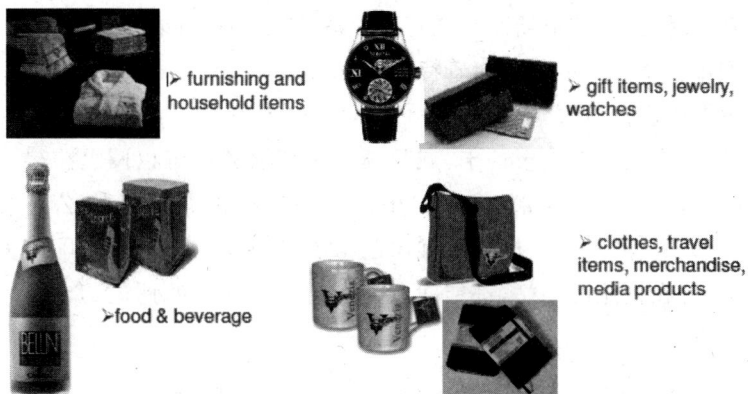

▷ furnishing and household items

▷ gift items, jewelry, watches

▷ food & beverage

▷ clothes, travel items, merchandise, media products

图 14－3　使用威尼斯市标的产品

注:注册企业的 LOGO 和产品可以使用威尼斯市标,其产品包括服装、旅游产品、腕表、珠宝首饰、礼品包装盒、食品包装、电子产品等。

资料来源:《威尼斯市标计划书》。

威尼斯市标还可以用于活动和大事件的宣传,如赛舟节、狂欢节、威尼斯双年展等。威尼斯市标的另一作用就是保护和传承威尼斯文化。在威尼斯的建筑、旅游纪念品上、传统文化节宣传网站上都能看见威尼斯市标。

(二)网络营销

政府网站无疑是外界人士了解这座城市最快捷、最直观的平台。威尼斯政府网站的设计可谓是别出心裁。在旅游模块中,首先呈现的是威尼斯的最新动态,包括政府最新推出的可持续旅游政策法规、绿色旅游建议、Unica 卡及其使用方法、最新的威尼斯导游图等。"文化"(Culture)模块,主要展示了威尼斯的展览、博物馆、剧院、表演、电影院、文化活动、文化中心、天文馆等。最具特色的模块当属"我是(I am)"了,在这一模块中,网站针对访问者的不同身份提供个性化服务。这些身份设置主要包括老年人、志愿者、司机、残疾人、妇女、父母、年轻人、商人、运动员、外国人、游客等,有趣的是,同性恋也作为一个角色被列入服务对象。"你的生活"(Your life)模块,则是针对在威尼斯生活的人们提供诸如工作、养生、运动、住房、交通之类的日常生活信息。从威尼斯官网的设计可以看出威尼斯希望通过官方网站对外传播的城市形象。

通过威尼斯政府官网，可以方便地进入其他官方网站。包括威尼斯旅游网、各种传统节日专题网站、威尼斯双年展官方网站、威尼斯国际音乐节官方网站等。这些网站在城市营销过程中都扮演着特殊的角色。

在威尼斯旅游网首页十分显著的位置，有这样一幅宣传图片（见图14-4），上面写着"只需拥有威尼斯 Unica 卡，威尼斯的一切服务都可以网上购得"。从图片上反映的内容可以看出，这张威尼斯 Unica 卡可以提供购物参观、公共交通、公共设施三大类服务。威尼斯 Unica 卡推出后深受旅游者的青睐。在国内去哪儿网、马蜂窝、携程等在线旅游网站，都能找到游客对 Unica 卡的评论、介绍以及相互推荐购买的信息。

图 14-4　威尼斯 Unica 卡宣传图片

近期，威尼斯旅游网还推出了一项全新的高科技体验服务——威尼斯 360°地图，浏览者坐在电脑前，通过移动鼠标就能享受一次威尼斯梦幻之旅。可以体验的内容包括：第一，威尼斯繁华的街道以及各种店铺和商品，如面具、玻璃制品、传统服装、绘画作品等；第二，威尼斯的著名景点如圣马可广场、圣马可大教堂、叹息桥、亚里托桥等；第三，威尼斯的著名展览活动，如双年展、画展、艺术展等；第四，威尼斯的著名旅游岛屿，如玻璃岛、彩色岛、丽都岛等。威尼斯 360°体验地图提供了100 个体验项目，将威尼斯淋漓尽致地呈现在游览者面前。

(三)影视营销

"很多人因为一部电影,对一个原本陌生国度的城市产生无限向往。"《威尼斯商人》这部电影与威尼斯这座城市就极好地印证了这句话。《威尼斯商人》是威尼斯进行影视营销的经典案例。

《威尼斯商人》自从被搬上银幕以来,深受世界各地人们的欢迎。就以最新的2004版电影来说,该影片在威尼斯电影节上首映之后,陆续在加拿大、巴西、中国香港、冰岛的国际电影节上放映。影片一开始如林的船桅、络绎不绝的商贸船只、涌动的人群以其迷人震撼的场景设计,生动地再现了威尼斯作为地中海商贸中心的繁荣,顷刻间让观众跟随故事的主角们融入威尼斯,感受异域风情。根据艺恩电影网统计数据,新版《威尼斯商人》于2004年9月在美国首映后,又在全球30多个国家上映,累计屏幕数为1000多场,累计票房收入达到375万美元。《威尼斯商人》获得如此大的成功也是对威尼斯这座城市最好的宣传。

除了《威尼斯商人》,在威尼斯拍摄的比较有影响力的电影还有《卡萨诺瓦》、《偷天换日》、《007大战皇家赌场》、《致命伴旅》、《威尼斯的早晨》、《威尼斯之恋》等。这些电影从不同角度展现威尼斯的风采,让世界各地的无数观众通过电影了解了威尼斯,并对它产生向往之情。在这些影片中,出现比较多的威尼斯元素包括叹息桥、圣马可广场、里亚尔托桥、大运河、贡多拉、面具、玻璃制品等,影片塑造的威尼斯形象大多是浪漫、繁华、神秘等,如表14-1所示。

表14-1 威尼斯取景电影及相关信息

影片名称	威尼斯元素	塑造的威尼斯形象
《卡萨诺瓦》	叹息桥、面具、狂欢节	浪漫、神秘
《威尼斯之女》	音乐、玻璃制品	艺术气息、富有
《偷天换日》	圣马可广场、大运河	商贸繁荣
《情定日落桥》	里亚尔托桥、鸽子	永恒爱情、惬意生活
《三颗翼动的心》	大运河、古典丧船	水都情怀、雨中浪漫
《魂断威尼斯》	丽都岛、服饰、面具	爱情、浪漫
《威尼斯商人》	中欧式古堡建筑、威尼斯港口站、里亚尔托桥	美丽、繁华、水运发达、赌场

续表

影片名称	威尼斯元素	塑造威尼斯形象
《007 大战皇家赌场》	圣马可广场、大运河	水运发达、沉没危机
《致命伴旅》	里亚尔托桥、圣马可广场、安康圣母教堂	浪漫、高贵、秀美风景

影片《卡萨诺瓦》，全程在威尼斯实景拍摄。2005 年 9 月在意大利首映，之后两年内在全球 40 多个国家上映。影片在威尼斯拍摄的外景包括安康圣母教堂、圣马克广场和公爵宫等标志性景点。影片中深受观众好评的是一段关于威尼斯狂欢节的场景，展现了狂欢节上逗熊、吐火、斗牛和杂耍等很多精彩表演。另外，摄制组在圣马克广场重现了 18 世纪威尼斯的盛况，热闹的气氛和火爆的场面让无数观众叹服。从电影评论网"时光网"的影评信息来看，该影片共有 53 个影评，其中提到威尼斯的有 27 个。

影片《三颗翼动的心》展现了令人难忘的水都情怀。该电影很多情节都展开于大运河之上，还有主角们多次乘贡多拉出游的场景，甚至出现了少见的威尼斯古典丧船的画面，生动地刻画了威尼斯雨天的景致和生活情怀。

影片《偷天换日》中威尼斯的水更是让很多观众为之狂热，尤其是快艇在狭窄的七横八纵的水道上快速穿梭追击的场景，令人心潮澎湃。同样惊心动魄的威尼斯水景场面出现在《007 大战皇家赌场》中，影片高潮部分是主人公邦德跟踪薇丝朋和盖特勒进入威尼斯的一座正在整修的房子里。当他们在房子里进行激烈枪战时，气球被子弹击穿，开始漏气，导致墙体倒塌。最后，整座房子沉入了大运河里。这一虚拟的惊险场景，让很多观众感到震撼。不少观众由此发出感慨："有生之年一定要去趟威尼斯，否则哪天虚拟变为现实，就遗憾终生了！"

影片《致命伴旅》的宣传语是"一个全世界最具吸引力的女人和一个全世界最有魅力的男人，在弥漫着水气烟雾的浪漫威尼斯悄然邂逅，演绎一场若即若离的暧昧挑逗"。的确，德普与朱莉这两位顶级性感的演员联袂出演的《致命伴旅》让这座古城的现代魅力得以彰显。《致命伴旅》留给观众的是对威尼斯的无比向往。一名网友在影评中写道"随便截出一张图都能当电脑桌面"，可见影片展现的威尼斯风光之美。片中出现了众多威尼斯的经典地标性建筑：宏伟的里亚尔托桥、圣马可广场、安康圣母教堂以及奢华观光酒店——丹涅利宫酒店。影片热播后，丹涅利宫酒店也一度成为威尼斯最受欢迎的酒店。

(四)展览营销

威尼斯举办的展览活动中,最为著名的当属威尼斯双年展,双年展让世界认识威尼斯,也让威尼斯走向世界。威尼斯电影节是欧洲最具国际影响力的三大电影节之一。另外,威尼斯举办的展览都具有地域特色,包括玻璃展、画展等。通过各种特色展览活动,威尼斯将水城魅力淋漓尽致地呈现在世人面前。

1. 威尼斯展览活动概况

根据"国际展览导航"网站上公布的数据,2012~2013 年已经确定在意大利举办的展览共有 1065 个,在威尼斯举行的展览有 18 个(见表 14-2)。从表 14-2 中可以看出,在威尼斯举办的展览主要集中在音乐、建筑、电影以及文化等方面。值得注意的是,2013 年共有 3 个与文化资产保护有关的展览在威尼斯举办,这点不难理解,因为威尼斯几年来一直面临文化资产遭到洪水破坏的困扰,举办展览是威尼斯积极应对的方式之一。

表 14-2　2012~2013 年威尼斯展览信息

名　　称	时　　间
威尼斯保健展	2012 年 4 月
威尼斯音乐展	2012 年 4 月
威尼斯广告展	2012 年 6 月
威尼斯家具及家居展览会	2012 年 8 月
威尼斯园林园艺展	2012 年 8 月
威尼斯音像展(DANZA)	2012 年 8 月
威尼斯音像展(VENEZI)	2012 年 8 月
威尼斯音像展(TEATRO)	2012 年 10 月
威尼斯建筑、房地产展	2012 年 11 月
威尼斯婚礼展	2013 年 1 月
威尼斯视频艺术展博览会	2013 年 6 月
威尼斯国际电影节	2013 年 8 月
威尼斯音像展(CINEMA)	2013 年 8 月
威尼斯保健展	2013 年 9 月

续表

名　　称	时　　间
威尼斯文化修复展	2013 年 12 月
威尼斯恢复文化资产展览会	2013 年 12 月
威尼斯文化资产与活动展览会	2013 年 12 月
威尼斯婚礼、庆典展	2013 年 12 月

资料来源：国际展会网，http://www.showguide.cn/.

2. 威尼斯双年展

威尼斯双年展创始于 1894 年，展览涵括视觉艺术、音乐、舞蹈、建筑、戏剧和电影六大领域，反映着艺术世界的美学变化和创新观念的动向。

原来威尼斯双年展只有主题展和国家馆，平行展作为近些年来威尼斯双年展的一个新设展览方式，开启一个向全世界自由策展人开放的舞台。根据相关报道，2011 年的平行展共有 5000 多个展览，最后双年展组委会只挑选了 30 多个展览形成双年展的平行展板块。在此期间，威尼斯会举办不计其数的外围展，整个城市的展览有几百个，场面十分壮观。

为了扩大意大利艺术家展示作品的空间，更好地宣传和推广本地区的艺术作品，双年展重修了意大利展馆，重修后的展馆面积是原来的两倍多。威尼斯双年展主要展场为"绿园城堡"和"军火库"，其他国家馆与平行展则散布于威尼斯的小巷中，参展游客可以在巷中一边参观各国的展览馆一边享受威尼斯的独特风光。

2009 双年展主题为"制造世界"，有 90 位艺术家受邀参加主题展。国家馆数量则再创新高，达到 77 个，本届展览首次吸引了阿拉伯联合酋长国、加蓬和摩纳哥等国前来参展。策展人伯恩鲍姆强调，本届展览将更加重视"生产的过程"、"关键艺术家与后辈的关系"以及"对绘画发展与装置的探索"[①]。组织方称有超过 37 万人次观众参观了展览，超过 2007 年的 31 万人次，增幅为 18%，有 40 多个活动借助双年展强大的人气和影响力受到广泛关注。

第 55 届威尼斯双年展于 2013 年的 6 月 1 日隆重开幕，本次展览持续至 11 月 24 日。有来自澳大利亚、英国、加拿大、法国、德国、中国香港、美国、韩国等 28 个

---

①搜狐文化，http://cul.sohu.com/20090519/n264052678.shtml.

国家的 33 个艺术家代表参展①。本届威尼斯双年展开设了一个全新的网站,展现其不断发展的新面貌。新网站(www. labiennalechannel. org)是为现代习惯网络交流的年轻人准备的。为激发参展者的创造力,网站还举办了在线竞赛活动,设置了讨论区。新网站的开通促进了威尼斯双年展与外界的互动交流。

2013 年平行展开幕之前,就有人公布了这样一组预测数据:"2013 年参加平行展的中国艺术家达 360 多人,直接耗资近 1.2 亿元,加上保险、运输、差旅、住宿、机票、旅游、购物等,预计将为威尼斯贡献 2.5 亿～3.2 亿元的收入。"参加平行展的艺术家除自己承担作品的运输费、个人旅游交通住宿费外,部分人还需要向展览方缴纳参展费。但自 2013 年威尼斯双年展开幕以来,中国艺术家仍不断扎堆平行展,可见平行展对艺术家们的强大吸引力。

3. 威尼斯国际电影节

威尼斯国际电影节创办于 1932 年 8 月,是世界上历史最悠久的电影节,号称"国际电影节"之父。威尼斯电影节推崇的理念是"为严肃的艺术服务,崇尚独立自主的原则和冒险精神"。威尼斯电影节旨在加强各国影视界的交流,促进电影艺术水平的提高。戛纳电影节兼顾影片的商业性和艺术性,柏林电影节注重意识形态,奥斯卡电影节商业性比较浓厚,而且只评选没有展出。

2009 年第 66 届威尼斯电影节共吸引了 71 部影片把全球首映选在这里,即平均每天都有 7 部影片在这里首映。2011 年第 68 届电影节,参展电影数达到 5208 部,创历史新高。2013 年第 70 届威尼斯国际电影节于 2013 年 8 月 28 日至 9 月 7 日在威尼斯举行,参展国家有 33 个,参展电影数为 3471 部,其中剧情专题片 1534 部,故事短片 1936 部。有 52 部影片将全球首映式定在这里。参展国家按电影数量排名前五位的依次为意大利(22 部),美国(19 部),法国(13 部),英国(6 部),日本(5 部)。

为了给游客提供更完善、便捷的影展服务,威尼斯电影外交部和旅游局联合意大利兴业银行,共同开发了 iMiBAC Cinema Venezia 官方移动客户端应用程序(见图 14—5)。该程序支持 iPhone、iPod touch、iPad 系统,这一移动程序在首次推广应用后就赢得意大利互联网应用年的"最佳应用奖称号"。

---

①新民网,http://news. xinmin. cn/shehui/2013/06/02/20542081. html.

图 14-5　威尼斯电影节 iMiBAC 应用程序

2013 年已经是 iMiBAC Cinema Venezia 成功推广运用的第四年，其用户数已经上万。该应用程序为游客提供在威尼斯的一体化服务，包括：让用户可以直接通过电脑、手机客户端实时观看电影；通过手机客户端预定参展门票，减少游客现场买票的排队时间；了解 1932 年至今电影节大事记，包括历届金狮奖、银狮奖以及沃尔皮杯奖的获得者以及精美图片展示；关于第 70 届电影节的特别报道，如参展明星的个人传记、参展电影情节介绍等；搜索丽都岛地图，找到各国展览电影院；通过本系统在 Facebook 上分享他们喜欢的电影。iMiBAC 的使用不但方便游客参与电影节期间的各项活动，还让游客通过电影节了解了威尼斯。

另外，作为一个标榜严肃电影艺术的老牌电影节，威尼斯新技术运用方面也在行业领先——设立了电影节历史上第一个 3D 奖项。这在竞争激烈的影视行业，可谓是另辟蹊径，它没有刻意与多伦多竞争电影市场的交易量，而将目标设定为打造一个全球公映影片的最佳首映平台。为此，威尼斯着力建设新的电影宫，新的电影宫建成后，威尼斯电影节就成为唯一拥有 4K-3D 银幕的国际电影节。这样威尼斯电影节就吸引全球 3D 影片将首映式放在这里，从而吸引一批 3D 影片爱好者前来观展。

4. 玻璃艺术展

有句话说"不买玻璃制品，等于没去过威尼斯"。的确，威尼斯的工艺品中，最著名的和最受人欢迎的要数威尼斯玻璃制品。晶莹剔透、色泽艳丽的玻璃杯是威尼斯最具代表性的纪念品。威尼斯人制作玻璃的技艺也是世界一流，2009 年以来，随着玻璃艺术在艺术领域的发展壮大，威尼斯双年展中又增加了 GLASSTRESS 玻璃艺术分展，玻璃艺术分展两年举办一次。

2011 年，第二届"玻璃应力展"在佛朗克缇宫和柏南格当代玻璃和艺术中心举办。与第一届展览不同，本届玻璃展吸引了更多不同背景的重量级艺术家参展。

一些著名设计师、摄影师和建筑家,甚至当红歌手也闻讯而至。这个融合了不同地域风格的玻璃展,一方面使艺术家领略到玻璃的魅力,另一方面也使玻璃艺术找到更多自我风格的延展方式和探索空间。另外,世界各地艺术家和威尼斯当地玻璃技师的合作,极大地推动了威尼斯玻璃产业的发展。更重要的是,玻璃展使威尼斯玻璃艺术摆脱了长期"为工艺而工艺"的创作困境,展现其包容性、国际性和开放性。

5. 画展

威尼斯是一座闻名遐迩的绘画艺术名城,在威尼斯的教堂、修道院、宫殿、钟楼、美术馆、博物馆等地方,随处可见乔尔乔涅、提香、丁托列托、韦罗内塞等文艺复兴时期威尼斯画派大师的作品。威尼斯画派的绘画作品风格欢快明朗、色彩绚丽、构图新颖、诗意浓郁。对欧洲绘画影响极大。为了巩固和提升威尼斯在绘画艺术界的地位及影响力,威尼斯经常举办各种画展,吸引了世界各地的艺术家、绘画爱好者、摄影爱好者前来参观。

(1)"马奈:回到威尼斯"大型作品展

威尼斯公民博物馆基金会于 2013 年 4 月 24 日至 8 月 18 日在威尼斯总督宫举行名为"马奈:回到威尼斯"的大型作品展。此次展览特别携手拥有这位杰出画家大量杰作的奥赛博物馆一同参与策划,展览呈现了马奈的油画、素描和版画共计约 80 件作品。

展览在展出马奈杰作的同时,还呈现他从伟大的 16 世纪威尼斯画作中得到灵感的一系列出色习作,这些灵感来源主要是提香、丁都莱多和洛托。马奈的作品以如此重要的形式在意大利进行展出,其艺术作品与意大利和威尼斯的关系也是首次被发掘展现出来。

(2)"达芬奇:文艺复兴式人物"展

"达芬奇,文艺复兴式人物"展于 2013 年 8 月在威尼斯的艺术学院美术馆正式拉开帷幕。展览展出的作品是达芬奇在 1478~1516 年创作的,包括了 52 件达芬奇的手稿作品[①]。其中不仅有达芬奇著名的代表作《维特鲁威人》,也包括了达芬奇的名画《最后的晚餐》的部分草稿等。所展出的达芬奇手稿作品主要来自 27 个博物馆的收藏品,其中既有来自帕尔玛国家美术馆、乌菲兹美术馆等意大利本土的著名美术馆藏品,也有来自大英博物馆以及温莎城堡的皇室藏品。在此次展览举

---

①国际在线,http://gb.cri.cn/42071/2013/09/04/5951s4241626.htm.

办之前,威尼斯通过报纸、新闻、网络等平台发布展览消息,众多艺术爱好者和游客在得知这一消息后慕名前来参展。另外一些游客则是通过威尼斯的导游书推荐,来到艺术学院美术馆参观时与此次展览不期而遇。

(3)邮票画展

2003年9月12~21日,威尼斯举办了一次邮票画展,展览展出了155张约16开大小、印制精美的邮票画。邮票画体现了绚丽的色彩、柔美的造型和田园牧歌式的情调等威尼斯画派特征。这次邮票画展展出的作品大多是威尼斯美术史上的名作,它们勾勒出威尼斯14~19世纪的绘画发展史,并展现了丰富多彩的威尼斯宗教历史故事和市民的日常生活。

(五)节庆营销

威尼斯的节庆活动有很多,几乎是长年不断,表14－3列举的是威尼斯一年中比较重要的节日和节日期间的活动。这些地域特色浓厚的传统节日是威尼斯展现其特色的重要窗口。

表14－3　威尼斯传统节庆期间活动

节日名称	节庆特色和活动
主显圣容节	小朋友会收到传说中女巫送的装满礼物的长袜子。有关女巫造型的装饰和女巫形状的点心和蛋糕随处可见
狂欢节	威尼斯最具代表性的节日之一,圣马可广场前的大狂欢,随处可见面具、服饰、特色甜点、各种演出
"上桥和下桥"马拉松比赛	倡导使用绿色交通工具,保护威尼斯环境,比赛期间参赛者途经的桥上会铺上木板,桥上台阶消失,是威尼斯的一大奇异景观
圣周	全国各地有庆祝活动,是威尼斯的国定假日
圣马可节	国定假日的解放纪念日,在圣马可广场举行船赛,威尼斯烩饭是这个节日的特色菜,男士赠心仪女士玫瑰
海亲节	别名耶稣升天节、在大运河举办划船比赛
救世主节	举办大型焰火活动、游行、贡多拉船赛

节日名称	节庆特色和活动
贡多拉节	各种贡多拉齐聚在大运河上,举办划船比赛,是最受当地人喜爱的传统节日
古代海上共和国船赛	盛大的游行,参加者都穿着传统服饰,有旗帜和花饰,小号和鼓,马和轿子等
拯救节	在大运河到圣玛利亚教堂间搭建浮桥,供人们参拜和狂欢

1. 威尼斯狂欢节

威尼斯狂欢节是世界上最盛大、历史最悠久的狂欢节之一。威尼斯狂欢节由当地政府举办。在狂欢节期间,威尼斯到处是露天派对、私人聚会和戏剧表演,除了主办单位安排的表演外还有大街上的即兴演出、众多的街头表演。狂欢节期间,必备的特色食品是油煎甜食,但最吸人眼球的还是各种面具和华丽的传统服饰(见图14—6)。面具是威尼斯狂欢节的象征,它充分展示了威尼斯的城市精神。在威尼斯的每一家纪念品店都有形状各异、千姿百态的面具出售。

图 14—6　威尼斯狂欢节上的面具和服饰

资料来源:搜狐网,http://q.sohu.com/forum/17/topic/5215424.

狂欢节每年都会确定一个中心主题。比如2004年的主题为"东方快车——丝绸之路上的面具之旅",目的是纪念马可·波罗的东方之旅。这一主题吸引了来自印度、中国和日本的游客热情参与。2010年威尼斯狂欢节的主题是"感官:6个街区,6种风情"。开幕式上,位于威尼斯圣马可广场中央一侧的100米高的钟楼上,世界女子击剑金牌得主、意大利击剑运动员弗里达扮成天使,通过"天使的飞翔"这一仪式正式宣布狂欢节的开幕。节庆期间,威尼斯举办各种活动向来自世界各地的游客展示威尼斯各个街区的人文历史和风情。2011 年的狂欢节有一个相当诱人的官方主题"威尼斯,妇女城",特别推出的红酒喷泉更是吸引了游人的眼球。2013 年的威尼斯狂欢节主题是"色彩",除了水上巡游表演、面具嘉年华等传统活动项目之外,还增加了音乐会等其他活动。根据威尼斯市旅游推广局局长罗伯托潘切拉的估计,本届狂欢节吸引了数十万游客来到威尼斯。

2. 贡多拉节

有人说威尼斯最重要的节日有两个,一个是狂欢节,另一个就是贡多拉节,如果错过了狂欢节,就必定要去体验贡多拉节。通过贡多拉节,威尼斯向世界淋漓尽致地展现了水城魅力。贡多拉节于每年 9 月的第一个星期日举行。它是威尼斯全年若干次赛船活动中最为隆重、最为热闹的一个赛船节,也被称为"最富威尼斯特色的一天"。当天,威尼斯所有最具特色的庆典用船和形形色色的贡多拉,全都会驶入大运河(见图 14—7)。当天除了举行传统的贡多拉划船比赛还会举办盛大的"雷戈塔·斯托里卡"祭礼,向人们展现曾经以"亚得里亚海女王"驰名的威尼斯城市风采。

图 14—7 威尼斯贡多拉节

节日期间,举办方会沿着大运河能观赏比赛和庆典的最佳位置搭建观众席,方便游人观看赛船前精彩的节目表演。表演船队和参赛性船队也都出现在人们的视野中。表演船上的乘客都装扮成国王、皇后、达官贵人等,桨手也身着色彩绚丽的古代服饰;竞赛船队的桨手上身穿着各种颜色的运动衫,下身是白色运动裤。桨手的服装、头巾和腰带的颜色与自己船的漆色保持一致。正式划船比赛一般分四组进行,每组都有九条各涂着黄、紫、蓝、白、红、绿、橘黄、粉红、棕色的船参加比赛。参加比赛的船只,除了众所周知的贡多拉之外,还有其他大大小小不同种类的船只。为了带动人们参赛的积极性,赛船节上也有专门为女选手和为年纪较幼的人专门设立的比赛和奖项。

每到贡多拉节,威尼斯的人都格外多,尤其是在大运河两岸,凡是能够看到比赛的地方到处是游客。威尼斯当地人也会坐在自家的船上,一边享受着灿烂阳光,一边欣赏比赛。威尼斯的贡多拉节呈现给游人的不仅是一场体育盛事,也是一场视觉盛宴。

(六)危机营销

城市危机,是指由于各种自然因素和社会因素相互作用而产生,使得城市在一定时间和空间内丧失正常运转和协调的功能,影响到城市中人类生命财产和生存发展环境的各种现象和过程[①]。危机给城市造成巨大的损失,但如果能够及时采取正确的危机管理措施,运用恰当的营销方法,也可以将城市危机转化为城市营销机遇。威尼斯的危机事件,基本都是因水而起,所以说威尼斯"因水而荣,也为水所困",但是,威尼斯通过各种方式应对危机,树立了良好的危机公关形象。

1. 自然灾害危机营销

2008年12月英国《泰晤士报》报道了一则关于威尼斯水灾的新闻"当地时间12月1日上午6点,威尼斯中心区95%的陆地被淹,著名的圣马可广场已成一片泽国,水深达80厘米。行人脚穿雨鞋或塑料袋在水中艰难跋涉,一楼的商铺和民居的人们动用水泵抽水,一些咖啡厅的桌椅浮在水中"。

面对这次严重的水灾,威尼斯政府立刻采取了一系列应急措施。威尼斯市长马西莫·卡恰里召开新闻发布会发表声明,警告居民和观光客在洪水期间注意安全。卡恰里建议任何考虑来威尼斯的人均应三思。为了安抚居民和游客的惊慌情

---

①杨明杰,张力,冯玉军,达巍,翟坤.大城市危机管理[J].现代国际关系,2004(8).

绪，卡恰里表示，洪水是威尼斯日常生活的一部分，人们无须过度惊慌，威尼斯每几年总会碰到一次水位超过 140 厘米的情况。此外，为减少这次水灾对居民生活的影响，威尼斯市政工人在水中架起临时步行道，行动不便的老人被送往安全的高处。大街小巷的广播和手机短信不断更新报道最新水情。

威尼斯一系列应对水灾的措施，很大程度上消除了游客对威尼斯水灾的恐怕惧心理，而威尼斯旅游行业却从危机中看到了商机。2008 年水灾期间，部分威尼斯旅馆推出"威尼斯高水位"旅游促销计划，把洪水包装成旅游卖点，为游客免费提供橡胶长靴、高水位步行路线图及住宿费打折等服务。一些媒体还报道了"威尼斯因祸得福，成为滑水胜地"的新闻。新闻大致内容描述的是面对威尼斯遭遇 20 多年来最严重的水灾，很多年轻人苦中作乐玩起了水上滑板。

2012 年 9 月 27 日，当威尼斯再次遭遇水灾时，一些游客反而在洪水中发现了新的乐趣。一位来自法国巴黎的游客劳伦特说："酒店不得不关掉煤气和电，但是他们给我们提供了一个精彩的烛光午餐。我和妻子穿上他们给的靴子出去逛，非常好玩。"一位与妻子一同出游的比利时游客说："这真是一次不同寻常的经历。我们在酒店里被困了半天，但是我们并没有遭受痛苦。我们为附近遭遇洪灾的餐馆和商店感到难过，但是没有出现恐慌，大家都在努力清理洪水。"在网上，游客们纷纷上传在被洪水淹没的圣马可广场兴奋地拍照、聚餐、游泳的照片（见图 14—8），丝毫没有让人感觉到水灾带来的烦恼，反而别有一番情调。另外，威尼斯洪水频发的报道，反而让很多人迫不及待地赶去威尼斯，生怕哪天威尼斯真的沉没再也没有机会领略世界水城的风采。

图 14—8　威尼斯水灾期间游客在水中拍照聚餐

资料来源：国际在线，http://gb.cri.cn/27824/2012/11/02/3365s3910355.htm.

2. 城市发展危机营销

2009 年 11 月 14 日当地居民为这座垂死的城市举行葬礼。这一举动引发世界人们对威尼斯生存危机的关注。威尼斯当地居民为威尼斯举行葬礼的原因是 2009 年 10 月刚公布的威尼斯常住人口数量达到历史最低水平，为 59992 人。而有关研究认为，人口一旦低于 6 万，一个城市就已陷入人口衰退状态[①]。威尼斯居民希望通过此举引起政府和游人对威尼斯旅游业发展过程中出现问题的重视。

该事件发生后，威尼斯政府采取了很多应对措施，其中最重要的一项就是颁布了《威尼斯可持续旅游黄金法则》，该法则在威尼斯官方旅游网站上突出位置显示，主要内容有：第一，提倡游客出行前，进入威尼斯官网预定系统查看当地旅游信息，错开旅游高峰期，选择游客人数较少的时间来威尼斯旅游；第二，建议游客在旅游过程中，注意环境保护，如尽量选择对环境污染小的交通工具出行；第三，建议游客去威尼斯的其他不是很出名，但很值得游玩的景点旅游，避免某一景点客流过高；第四，提醒游客在威尼斯发生水灾时不用惊慌，提出了很多应对措施。法则最后写道：我们欢迎您在这里停留，对威尼斯旅游业发展做出贡献。威尼斯是一个独一无二的城市，十分珍贵却又极其脆弱，需要大家的共同保护。通过旅游税[②]收集到的资金有助于威尼斯旅游服务质量的提高，也给威尼斯文化保护工作提供了资金。希望您给予理解和支持！

针对城市发展困境而颁布的《威尼斯可持续旅游黄金法则》，让游客深刻认识到威尼斯是属于世界人民的宝贵财富，保护当地的生态环境、关注当地居民的生存状态是每个人应主动承担的一份责任。另外，也让很多游客对威尼斯出台的旅游税收政策给予理解和支持。

3. 意外事故危机营销

2013 年 8 月 17 日，一艘威尼斯特色游览船与一艘载客汽艇发生碰撞，导致一名 50 岁的德国游客死亡，另有一名小女孩重伤。各国媒体纷纷报道此次事故，引起不少人的关注。

事故发生后，威尼斯市长奥尔索尼做出回应，首先坦诚高峰期中心某些地段水路存在交通拥挤问题，并承诺会严肃对待这次的事故，保证会采取补救措施以防交通问题伤害再次出现。这些补救措施包括：早高峰时段，限制某些商用船和摩托艇

①天涯网，http://bbs.tianya.cn/post-worldlook-240474-1.shtml.
②为限制旅游旺季的客流过大给当地带来的各种负面影响，威尼斯政府曾于 2010 年和 2011 年先后出台了旅游"入城税"和"住宿税"，引起了旅游业的广泛争议。

进入大运河。与此同时，当局还考虑拆除一些船坞和私人码头等建筑，以便拓宽运河的支流水路。此外，规定船夫在开船时也严禁打电话。事故发生两周后，意大利环境部长奥兰多就提案要求禁止500吨以上的邮轮进入威尼斯。根据奥兰多的提案，超过500吨的大型邮轮将禁止驶进意大利受保护的历史和自然景观2海里以内，这些景观包括威尼斯泻湖、撒丁岛等。

（七）关系营销

目前与威尼斯结为友好关系的城市有中国苏州（1980年），土耳其伊斯坦布尔（1993年），波斯尼亚和黑塞哥维那萨拉热窝（1994年），德国纽伦堡（1999年），希腊科蒂克（2000年），中国青岛（2001年），希腊塞萨洛尼基（2003年），俄罗斯圣彼得堡（2006年），美国劳德代尔堡（2007年），中国扬州（2013年），中国丽江（2013年）等。

威尼斯与中国苏州、青岛、扬州、丽江这几个具有水城特色的城市关系尤为密切。威尼斯与中国苏州早在1980年就建立了友好城市关系。说起威尼斯与苏州的渊源不得不提一个著名的历史人物马可·波罗。1954年当地政府就发行了马可·波罗从中国回威尼斯700周年纪念邮票（见图14-9）。邮票的内容很丰富，主体是马可·波罗，背景为丝绸之路，左侧是威尼斯的守护神和城市象征——圣马可狮，右侧是中国龙，邮票上还出现了意大利语和汉字"欧亚连璧"，外国邮票上出现汉字，在当时来说还是罕见的。该邮票的发行表明了威尼斯与苏州寻求长远合作关系的意向，也向中国展示了威尼斯的历史和形象。

图14-9 马可·波罗从中国回威尼斯700周年纪念邮票

威尼斯政府很注重与中国苏州的交流合作。1984年10月，威尼斯政府邀请苏州市政府代表团访问威尼斯。威尼斯政府将代表团访问期间的活动制作成精美的彩色照片集赠送给代表团。1985年5月，苏州市再次应邀出访威尼斯，威尼斯市政府再次赠送了一册彩色照片集。另外,威尼斯市政府还将一本介绍水城威尼斯的大型精装画册赠送给代表团团长(时任苏州市长)段续申。2007 年 6 月,就如何发展旅游和水上环境保护,两地官员和专家进行了近距离接触。两个城市通过举办论坛会、国际水域风情表演等活动加强合作交流。

(八)网络游戏营销

网络游戏营销属于隐性营销的一种形式,与传统营销方式相比较隐性营销讲求:功夫在诗外,润物细无声。通过将产品营销完全融入游戏情节,使游戏玩家在娱乐体验过程中不自觉地记住品牌形象,从而达到品牌宣传效果①。网络游戏营销在威尼斯形象宣传过程中发挥了很大作用。

《纪元 1404:威尼斯》发布于 2010 年。从该游戏的宣传海报中(见图 14—10),可以很直观地看出,该游戏是以威尼斯大运河为游戏背景,商船、面具、贡多拉等威尼斯特色元素都在游戏中有所体现。该游戏的主要特色就是让玩家在游戏过程中体验威尼斯文化,玩家可以在游戏中参加与威尼斯历史发展相关的战役、贸易活动、船赛等。

《威尼斯水灾》是一款很有创意的游戏。故事背景设定在水城威尼斯(见图 14—10),玩家控制一艘小船,采取各种措施,拯救威尼斯城中正在下沉的楼房。游戏的画面十分精美,琳琅满目的古典风格建筑,各种可爱的小标识充分展示出威尼斯的浪漫氛围,灵动休闲的背景音乐让人陶醉于这梦幻般的城市中。同时,这款游戏让玩家感受到这座水城面临的危机,产生保护意识和责任感。

图 14—10 《纪元 1404:威尼斯》和《威尼斯水灾》宣传海报

---

①刘永达,刘庚乙.体验式游戏营销:虚拟世界的真实体验[J].销售与市场(管理版),2011(7).

《威尼斯的崛起》背景设定为文艺复兴时期的威尼斯,玩家作为此时威尼斯城的金融及政治指导者,不仅仅能欣赏到威尼斯的风光,还可以与当时的罗马、亚历山大、君士坦丁堡、雅典等著名城市进行交易买卖,体验文艺复兴时期威尼斯的经济贸易的繁荣。

《枪神纪》于2012年选定威尼斯作为新的游戏地图。伴随着具有异域风情的优美音乐,玩家走进这座城市,看见城市被蛛网般密布的运河割成许多座小岛,岛与岛之间仅凭各式桥梁错落连接。运河像一条熙熙攘攘的大街,各式船只往来穿梭其上。蜿蜒的水巷,流动的清波,就好像一个漂浮在碧波上浪漫的梦,诗情画意久久挥之不去。河道的四周是上百年的古老意大利风格的建筑,随着来往的船只缓缓的行进,感觉像是进入了中世纪的老电影里的画面,美得令人窒息。大小各异、风格不同的城内建筑紧紧的连接起来,所有的建筑地基都淹没在水中,看起来就像水中升起的一座艺术长廊。在世界电子竞技大赛(WCG)2013年中国区比赛中,《枪神纪》成为全球首个入选WCG赛事的TPS(第三人称射击类)类型游戏,得到了游戏各界的广泛关注。威尼斯作为新的游戏地图,也受到玩家们的青睐。

二、威尼斯城市营销手段点评

威尼斯离不开水,水成就了威尼斯,但水也给威尼斯带来了困扰。威尼斯的城市营销一开始就充分利用了与水密不可分的城市文化。当水给这座城市发展带来威胁时,威尼斯依旧利用水进行危机营销。威尼斯作为一座历史悠久的老城,在营销方式上不断推陈出新,让城市永葆活力。

(一)利用品牌文化开展各种营销活动

法国著名学者潘什梅尔说:"城市既是一个景观、一片经济空间、一种人口密度,也是一个生活中心或劳动中心;更具体点说,是一种气氛、一种特征、一个灵魂。"这种气氛、特征和灵魂就是一个城市的主题文化。威尼斯是世界上独一无二的水城,无论是"浪漫之都"、"面具之都"还是"水之都"、"桥之都",都是水给这座城市带来的特有文化。威尼斯的很多营销活动都是围绕水以及水带来的城市主题文化进行的。如威尼斯的节庆活动,包括传统赛舟节、马拉松划船比赛、狂欢节都会在大运河上举办划船比赛;威尼斯湖边游行音乐节期间的大型焰火晚会,在水的映衬下才异常迷人;威尼斯的绘画作品中,其中很重要的元素就是水。

(二)另辟蹊径,利用危机进行营销

水为威尼斯营造欢乐,也给威尼斯带来了烦恼。自 2008 年威尼斯遭遇 30 年来最严重的水灾后,近几年关于威尼斯水灾的报道一直没有停止。毋庸置疑,洪水频繁袭击威尼斯,给威尼斯城市发展带来了很多负面影响。但威尼斯的城市竞争力却没有因此下降,根据《全球城市竞争力报告》(2009～2010 年)[①],威尼斯的城市竞争力指数为 0.423,比 2008 年(0.407)上升了 0.016,城市竞争力排名也从 274 位上升至 256 位。

每次水灾来袭,威尼斯官方会在第一时间面对媒体和公众,展现其积极应对并且有能力应对的良好形象。期间,威尼斯官方利用广播、电视、报纸、杂志、网络等大众传媒进行水灾情况的客观报道,引发公众关注,还积极配合当地旅游企业做好水灾期间的营销活动。威尼斯一些旅游企业在水灾期间的圣马可广场开发水上娱乐项目,如举办滑水比赛、水上狂欢派对,吸引了很多游客观光参与。为了确保游客在水灾期间的人身安全,威尼斯采取很多措施,如在水灾期间搭建浮桥、增加应急照明设备等。威尼斯官方颁布的《可持续旅游黄金法则》里,也特别提醒游客"在高水位情况出现时不用惊慌,我们已经有很完善的应急系统确保您的旅游安全、出行安全"。

(三)营销活动中重视技术创新

根据《全球城市竞争力报告》(2009～2010 年)威尼斯的互联网服务器技术在全球 500 强城市中排名为第 87 位。威尼斯的互联网技术在全球范围内处于领先地位。威尼斯利用互联网进行的特色营销活动主要体现在网站设计、网站信息以及应用程序的创新上。如威尼斯官方网站设计独特,提供威尼斯 360°全方位体验地图,该地图的功能强大、画面设计精美、几乎涵盖威尼斯的各个旅游景点;威尼斯旅游网上,开通了旅游预订系统,方便了世界各地游客合理地安排行程。网站还有

---

① 根据《全球城市竞争力报告》,城市竞争力的考查指标包含 50 个变量,反映了一个城市的经济、结构、企业、社会和地理等方面的情况。

专门的可持续旅游、绿色旅游模块,向游客宣传环保意识;威尼斯的每个传统节庆活动都有专门的官方网站,包含该节庆活动的新闻、图片、视频等;针对威尼斯双年展开发的 iMiBAC 应用程序,方便游客了解双年展的同时,也借机向游客展示威尼斯城市魅力;威尼斯电影展标新立异,首次设立 3D 奖项,凸显了威尼斯电影节在技术方面的领先地位。

(四)营销观念创新

威尼斯有意识地让城市营销的主要对象——外地游客,参与到城市的营销活动中。在威尼斯的各种宣传资料中,都会出现这样一句话"威尼斯是独一无二的,她是美丽而脆弱的,需要你我的共同关怀"。威尼斯官方网站上,设有游客建议模块,向广大游客征集有关威尼斯可持续发展的各种建议。这些措施不但树立了威尼斯良好的公共形象,也让游客参与到城市的发展建设中。这种"顾客参与式"营销理念,不但树立威尼斯开放、包容、吸纳的城市形象,也切实带动游客共同参与到威尼斯的发展建设活动中,有利于威尼斯的可持续发展,可谓是明智之举。

第十五章　营销雅典

——古域晨晖谱华章

雅典(Athens)是希腊(Greek)的首都,于公元前 1400 年建立,至今已有 3000 多年的历史,是希腊最大的城市,世界最古老的城市之一。雅典以希腊神话中的雅典娜女神的名字命名,是希腊的经济、文化、贸易、教育、财政和工业中心。1896 年第一届现代奥运会在雅典成功举办,2004 年第 28 届雅典奥运会圆满落幕。年华在岁月的蹉跎中渐老,气韵在复始的轮回中渐丰,雅典依托其天然的旅游资源禀赋,结合后天的城市建设成就,综合运用多种营销手段,将 21 世纪新古典主义雅典展现得淋漓尽致。本章旨在对雅典的营销手段进行梳理,并提出雅典城市营销对我国的借鉴意义。

一、雅典城市营销手段

雅典综合运用节事营销、关系营销、形象营销、文化营销等营销手段,并对营销手段加以改造创新,打造"雅典韵味"营销模式,营销效果显著。

(一)节事营销

节事营销是一种非常有效的传统营销方式,是指在节庆和特殊事件期间,利用消费者的节事消费心理,综合运用广告、公演、现场售卖等营销手段而进行的产品、品牌推介活动,旨在提高产品的销售能力,提升品牌形象①。雅典依托其深厚的文化影响力,多次举办会议、体育赛事、艺术节及展览会,节事营销发展态势迅猛。

1.会议会展营销

会议会展的举办是一个城市面向世界展现形象的重要契机,是彰显城市综合实力的重要媒介。雅典每年都会举办各种国内外会议与世界级展览,大大增加了其城市知名度。

(1)国际会议

随着人类社会不断向前发展,国际会议已成为世界各国相互联系、彼此交流的重要纽带,有利于解决世界各国共同关注的国际问题以及协调参加会议国家之间的利益。这些国际会议的成功举办加强了雅典会议基础设施的建设,并提高了雅典的城市知名度。雅典会议中心、雅典萨洛尼卡国际会展中心、MEC 国际会展中心以及 Megaron 国际会议中心(AICC)相继建立。其中,MEC 国际会展中心致力展览业务的专业化发展,展览内容涉及经济、贸易、科技、文化、政治以及军事等各个领域。国际会议的举办既拉动了雅典经济发展,又推动了雅典的城市营销。表15-1 为近两年雅典举办的一些国际会议。

表 15-1 2011 年 4 月至 2013 年 6 月雅典国际会议(部分)

时 间	会议名称
2011 年 4 月 20～22 日	第 4 届地中海国际研究会议
2011 年 5 月 16～19 日	第 9 届通讯与大众传媒国际会议
2011 年 6 月 6～9 日	第 2 届视觉与表演艺术国际会议
2011 年 7 月 4～7 日	第 9 届国际营销大会
2011 年 8 月 1～4 日	第 8 届中小型企业管理、营销、经济国际会议
2011 年 12 月 19～22 日	第 5 届经济全球化下城市商业与社会突破国际会议
2012 年 4 月 4～7 日	第 5 届地中海国际研究会议
2012 年 7 月 16～19 日	第 5 届国际农业研讨会
2012 年 12 月 17～20 日	第 6 届经济全球化国际商业与社会会议

①张淑媛，王佳，李青山.思维创新与旅游实践[M].延安:东华大学出版社,2007.

续表

时　间	会议名称
2013 年 3 月 26～29 日	第 6 届地中海国际研究会议
2013 年 5 月 6～9 日	第 1 届医疗与健康科学国际会议
2013 年 6 月 3～6 日	第 4 届视觉与表演艺术国际会议

资料来源:根据 Academic Resources 提供的数据整理而成,http://www.ourglocal.com.

2003 年 4 月 16 日,欧盟首脑会议(EU Summit)在雅典举行。塞浦路斯(Cyprus)、匈牙利(Hungary)、捷克(Czech Republic)、爱沙尼亚(Estonia)、拉脱维亚(Latvia)、立陶宛(Lithuania)、马耳他(Malta)、波兰(Poland)、斯洛伐克(Slovakia)和斯洛文尼亚(Slovenia)10 个中东欧国家正式签署入盟协议,并于 2004 年 5 月 1 日正式成为欧盟(EU)的成员国。希腊雅典的欧盟首脑会议是欧盟规模的第五次扩大会议,也是扩大规模最大的一次,使欧盟成员国发展到 25 个。这次会议的成功举办令世界各国再次关注雅典在欧盟甚至世界上的地位。

2009 年 6 月 18～23 日,雅典成功举办第三届国际传感技术与应用会议(The third International Conference on Sensor Technologies and Applications)。该会议主要讨论有线传感、无线传感以及传感网络的技术与应用。IEEE(美国电气和电子工程师协会,一个国际性电子技术与信息科学工程师学术组织)Xplore 数据显示,共有来自美国(US)、中国(China)、加拿大(Canada)、葡萄牙(Portugal)、希腊(Greek)、挪威(Norway)、法国(France)、西班牙(Spain)等 31 个国家和地区的 189 名知名学术专家参加此次会议。此次会议向世界展示雅典科技的同时,进一步拓宽了雅典的国际化之路。

2012 年 12 月 17～20 日,第六届全球商业与社会经济会议(6th Annual International Conference on Business and Society in a Global Economy)在雅典成功举办,来自美国(US)、法国(France)、以色列(Israel)、南非(South African)等国家重点大学的著名学术学者参加了此次会议。本次会议研究领域涵盖商业、社会等领域,会议结束后与会人员还参观了雅典卫城、雅典之夜等历史人文景点。通过此次会议,与会人员既看到了一个学术能力强、作风严谨的雅典,又看到了一个生动活泼、人文气息浓厚的雅典,有助于推动雅典的国际经贸合作。

(2)国际会展

此外,雅典经常会举办一些国际性质的展会。自 1834 年成为希腊的首都以来,雅典就成为希腊举行国内会议的首选地。大都会展览中心、佩亚尼亚会议展览中心等是雅典国际会展活动的主要举办场所。

希腊雅典国际艺术展(Art Athina)于1993年首次开展,一年一届,主要涉及绘画、摄影等艺术领域。2009年,共有12个国家的58个公司参加了希腊雅典国际艺术展。通过举办雅典国际艺术展,不仅促进了雅典的会展举办能力,而且增加了雅典城市的旅游业收入。雅典官方统计局(Hellenic Statistical Authority)数据显示,2009年上半年,雅典国外非居民出入境人数为1226328人次;第一季度至第三季度,雅典国外非居民出入境人数为2532443人次。第三季度雅典的国外非居民出入境人数为1306115人次,约是第四季度(638035人次)的2.05倍。

希腊雅典食品展(ARTOZA)于1991年首次举办,两年一届,主要涉及食品、饮料、烟酒及相关加工行业。2009年,共有250家公司参展,吸引了35000名观众参观,参展面积达33000平方米;2010年,共有包括中国在内的20个国家的498家企业参展,吸引了39421名观众参观,是展会成立以来参观人数最多的一次,也是签单率最高的一次。同时,展会也推动了雅典城市的交通运输业、旅游业的发展。

工程机械展览会(METEC)于1999年首次举办,两年一届,主要涉及机械、工业加工等领域。在2007年第4届展会上,共有150家公司参展,18000名观众参观;2011年,第6届METEC在雅典的佩亚尼亚会议展览中心举办。此届展会规模为60000平方米,吸引了50多个国家和地区的300多家企业参展,展会规模不断扩大,参展商数量不断增加,观展观众满意度不断提高。

近年雅典多次举办或承办了各种国内会议/会展,这些会议/会展的成功举办,一方面促进了雅典的经济发展,另一方面也提升了雅典这所城市的整体水平,有利于雅典的城市营销。

2. 节庆营销

节庆营销与一般的营销手段的不同之处在于它是处于非常时期的营销活动,包括传统节日、艺术节、动画节等多种营销方式。

(1)传统节日

节日营销就是指在节日期间,精准把握消费者的节日需求,综合运用广告、地面推广、现场促销推介等营销手段,提高产品的销量、提升品牌[1]。雅典充分利用传统节日的特点,努力营造节日氛围,注重节日宣传效果,将雅典的魅力与神秘呈

---

[1]张艳.节日营销,如何走向"赢销"[N].经理日报,2008—9—7.

现给世界各国游客。

泛雅典娜节(Panathenaiac Festival)是雅典人纪念雅典护城女神雅典娜的节日,时间在雅典历的 1 月(公历的 7~8 月),为期 6 天。节日期间,雅典所有属地的代表都要到雅典城参加庆祝,充分体现出雅典人民对雅典娜女神的尊崇之心。雅典政府允许游客参与其中,所以每年都会有游客慕名而来与热情的雅典人民一道去奥林匹克圣地向雅典娜女神献祭。酒神节(Bacchanalia)是古希腊人民表达对酒神狄奥尼索斯敬意的节日,每年 3 月在雅典举行,从公元前 7 世纪的古希腊延续至今,是希腊最隆重的节日之一。希腊节主要以艺术表演的形式开展,每年 5 月在雅典拉开帷幕,持续数月之久,成为雅典夏季的一抹亮色。月亮节在每年 8 月的月圆之夜,节日里,雅典卫城(雅典市的地标建筑)彻夜开放,雅典的大部分景点也会在这一天免费开放。

游客参与传统节日的庆祝活动,一方面有利于宣传雅典的传统文化,使世界人民更加了解雅典;另一方面有利于雅典城市形象的提升,推动雅典城市各行各业的发展,为雅典的城市营销添砖加瓦。

(2)艺术节

雅典艺术节(Athens Festirval)始于 1955 年,是希腊最大的艺术节,于每年的 6~9 月举行,在整个欧洲都颇具影响力。该节日通过音乐、舞蹈、戏剧等形式展现并传播雅典文化,雅典卫城山麓的"狄奥尼索斯"古剧场、阿提库斯音乐厅和 Lykavatos 露天剧场是艺术节的三大表演场所。2004 年,雅典承办第 28 届夏季奥林匹克运动会,唯一能与之媲美的就是 2004 年的雅典艺术节。此次艺术节共有 99 场演出,场次比 2003 年增加了近 1/3。世界三大男高音歌唱家之一的帕瓦罗蒂当场献艺,维也纳、柏林等顶级乐团到此助阵。此次雅典艺术节与奥运会共同呈现给世界一个崭新的雅典,一个更为国际化、更加期待世界和平与团结的雅典。

同步音乐节(Synch Festival)集电子、舞曲、摇滚等音乐风格于一体,是希腊最重要的舞曲音乐节之一,在每年的 6 月举行,雅典的 Technopolis 是主要的表演场地。雅典是同步音乐节的首站,视觉与音响效果一流。2009 年,音乐节演出阵容空前盛大,2L8、3 Chairs、A Mountain of One 在内的 35 个知名个人与团体以及数十万名观众都加入了此次音乐节。

(3)动画节

动画节能够有效地推动本地的动漫产业与相关旅游产业的发展。希腊雅典动画节与韩国首尔动画节、法国昂西动画节、加拿大渥太华动画节、美国红树枝动画节并称为世界五大知名动画节。2013 年 3 月 7~13 日,雅典举办第八届希腊雅典动画节。动画节的举办增加了世界各国动漫产业之间的交流、学习与合作,为雅典营销增添一份生机与活力。

3.国际赛事营销

国际赛事以体育赛事为主,体育营销活动盛行。体育营销是按照市场规律,结合企业需要,整合企业优势资源,借助冠名、赞助等手段,通过所赞助的体育活动来树立企业的形象,推广自己的品牌,创造消费需求,营造良好的外部发展环境等营销目标的一种新生独立的营销手段[①]。体育营销是一种战略,是依托体育活动进行的企业营销活动,打造企业品牌[②]。希腊是西方体育运动的发源地,而雅典是希腊体育运动的中心,有"奥运之城"的美誉。

(1)奥林匹克运动会(Olympic Games)

1896年4月6～15日,雅典举办第一届夏季奥林匹克运动会,奥林匹克圣火首次在雅典点燃。此届奥林匹克运动会共有13个国家的311名运动员参加,8万名观众参加开幕式,比赛项目共有9个大项45个小项。保加利亚(Bulgaria)、澳大利亚(Australia)、奥地利(Austria)、美国(US)、德国(Germany)、英国(UK)、匈牙利(Hungary)、丹麦(Denmark)、法国(France)、瑞典(Sweden)、智利(Chile)、瑞士(Switzerland)应邀并参加首届奥林匹克运动会。雅典的大理石体育场(又称泛雅典体育场)在雅典的古运动场废墟上重建,是首届夏季奥林匹克运动会的主要运动场。此次运动会的举办推动了雅典的城市建设速度,刺激了雅典的经济发展,提升了雅典的国际影响力。此后,虽然奥林匹克运动会在世界各国试行轮流制,但每届奥林匹克运动会的火炬都要在雅典点燃,使得雅典更加为体育爱好者熟知。

2004年8月13日,夏季奥林匹克运动会在108年后重返雅典,是别具意义的一次运动盛会。奥林匹克运动会官方网站统计数据显示,此次运动会共有201个国际奥委会成员国的10625名运动员(包括4329名女运动员,6296名男运动员)参加,共举办大小赛事301项,有45000名志愿者、21500家媒体参与其中,是自奥林匹克运动会举办以来规模最大的一次奥林匹克国际盛会。奥林匹克运动会直接带动了雅典的旅游经济增长。中华人民共和国国家统计局的统计数据显示,2004年希腊的国际旅游收入为128.09亿美元,国际旅游净收入为99.29亿美元,国外游

---

①黄定华.体育营销与品牌战略关系研究[J].商场现代化,2007(1).
②惠民,孔国强,褚跃德.体育营销的内涵、特征及其影响因素的探讨[J].武汉体育学院学报,2006,40(11).

客人数为 1331.3 万人。国际旅游收入同比增长 18.14％,国际旅游净收入同比增长 18.16％(见图 15—1)。此外,奥林匹克运动会也带动了雅典的交通、通信、食品、娱乐等各行各业的发展。

图 15—1　2004 年雅典奥运会为希腊带来的国际旅游净收入

(2)马拉松赛

马拉松赛(Marathon)是世界著名的长跑比赛项目,全程共 42.195 公里。马拉松比赛分为全程马拉松(Full Marathon)、半程马拉松(Half Marathon)和四分马拉松(Quarter Marathon)三种,其中全程马拉松最为普及。马拉松是希腊的一个地名,距离雅典 40 公里。

雅典传统马拉松赛在每年 11 月的第一个星期日举行,每年都会有 3000 多名世界各地的运动员参赛,成千上万的马拉松爱好者慕名而来。根据世界旅游组织的报告显示,全世界 25％的游客希望在旅游期间做点"什么",而这里的"什么"指的就是运动项目,比如高尔夫、骑马、山地自行车,或者一些简单的徒步运动。在马拉松赛期间,雅典旅游机构也会向国外选手推荐精品旅游线路。例如,2010 年马拉松举办 2500 周年,雅典旅游部门响应希腊文化与旅游部的号召,推出"运动旅游"的口号,将旅游渗透到马拉松比赛之中。该做法既能增强第 2500 届马拉松赛的宣传力度,又能推动雅典的旅游业乃至城市经济的发展。

(二)关系营销

关系营销也是一种行之有效的传统营销手段。所谓关系营销,是指从系统、整体的观点出发,对企业生产经营过程中所涉及的各种关系加以整合、利用,以构建一个和谐的关系网,并以此为基础展开的营销活动[①]。雅典十分看重与世界各国城市之间的合作关系,并长期致力于与世界各国重要城市建立友好合作关系。

世界旅游城市联合会(World Tourism Cities Federation)于 2012 年 9 月 15 日成立于北京,是第一个以城市为主体的非政府、非营利的国际性旅游组织。联合会成立后组织规模不断发展壮大,机构部门不断完善。联合会会员有城市会员与机

---

①卢爽,王霆.关系营销[M].北京:中国纺织出版社,2003.

构会员之分。雅典(希腊)、伦敦(英国)、开罗(埃及)、迪拜(阿联酋)、札幌(日本)等20个国外知名旅游城市促成世界旅游城市联合会的建立,并积极加入世界旅游城市联合会,此外还有17个国内城市、10个旅游机构也是首批加入联合会的成员。雅典加入世界旅游城市联合会有利于加强雅典与世界其他知名旅游城市之间的交流,有利于提高雅典的城市知名度,有利于从整体上提升雅典城市旅游业,有利于雅典城市营销活动的开展。

雅典十分重视与其他国家城市之间的交流与合作,并积极建立友好合作关系,如今,雅典已与世界26个国家的33个城市建立了友好合作城市关系,表15－2是雅典友好城市一览表。中国国际友好城市联合会统计资料显示,2002年9月26日,雅典州与我国河北省建立友好省;2005年5月10日,雅典市与北京市结为姊妹城市,北京成为雅典第一位正式缔结的外国姊妹城市。友好城市关系的建立,直接促进了两个城市的文化交流活动,有助于解除城市彼此之间的地区限制,提升了雅典城市的知名度,加快了雅典城市营销速度。

表 15－2　雅典友好城市

城　　市	所属国家
华盛顿、洛杉矶、芝加哥、费城、波士顿、雅典－克拉克县	美国
蒙特利尔	加拿大
巴黎	法国
罗马、热那亚	意大利
马德里、巴塞罗那	西班牙
布拉格	捷克
莫斯科	俄罗斯
北京	中国
伊斯坦布尔	土耳其
贝尔格莱德	塞尔维亚
尼科西亚	塞浦路斯
贝鲁特	黎巴嫩
圣地亚哥	智利
拉巴特	摩洛哥

城　　市	所属国家
库斯科	秘鲁
埃里温	亚美尼亚
索菲亚	保加利亚
布加勒斯特	罗马尼亚
华沙	波兰
基辅	乌克兰
地拉那	阿尔巴尼亚
第比利斯	格鲁吉亚
卢布尔雅那	斯洛文尼亚
哈瓦那	古巴
伯利恒	巴勒斯坦
卢日—那波卡	罗马尼亚

资料来源：根据维基百科——雅典整理而成，http://zh.wikipedia.org.

（三）形象营销

现代高科技不断发展，城市化进程不断加快，社会进入"无差别化"时代，城市形象对于城市发展的影响愈加深刻。城市形象营销意在通过社会公众对于该城市的整体感知，重点突出城市特色，展示城市风貌。雅典十分重视城市形象的塑造。

1. 标志性建筑营销

标志性形象是一个区域有别于另一个区域的象征物，其意向性有两个层面的含义：从物质形态上看，"标志性"往往具有区位示意作用；从文化内涵上看，"标志性"具有展示区域性格与气质的作用[①]。谈到纽约，人们会想到"自由女神"；谈到布鲁塞尔，人们会想到"撒尿小孩"；谈到新加坡，人们会想到"鱼尾狮"；谈到雅典，

---

①张志斌.城市标志性形象整合开发研究——以兰州市为例[J].西北师范大学学报（社会科学版），2009,46(2).

人们会想到帕特农神庙。

帕特农神庙被誉为"神庙中的神庙"，始建于公元前 477 年，是雅典卫城的主体建筑。帕特农神庙为纪念希腊取得希波战争的胜利而建，有"希腊国宝"之称。帕特农神庙之名出于雅典娜的别号 Parthenon，神庙完全用白色大理石砌成，显示雅典人对守护其城邦的雅典娜女神的尊崇之意。作为雅典城市的标志性建筑之一，帕特农神庙承载着雅典几千年来的沉浮兴衰。

城市标志性形象是城市的名片，是城市的符号。除帕特农神庙外，雅典卫城、雅典娜铜像、太阳神庙、地中海白色建筑以及有"欧洲最佳机场"之称的雅典现代国际机场等也是雅典的标志性建筑。这些建筑将一个充满古典人文气息与现代欣欣向荣的综合性雅典展现在世界人民面前，是雅典城市伸向世界各国之手中最为精美的名片。

2. 城市形象设计营销

橄榄枝寓意和平与友谊，代表重生与高贵，是雅典城市的象征。橄榄枝是油橄榄的树枝，油橄榄是希腊的国树，被雅典人民奉为"圣树"。雅典市市徽中间为雅典娜头像，头像四周为橄榄枝紧紧环绕，代表着雅典人民在女神雅典娜的带领下，团结一心奋斗、和平友好相处的寓意（见图 15－2）。

15－2　雅典市市徽

3. 奥运标志营销

2004 年，希腊官方用带有橄榄枝的图案作为雅典奥林匹克运动会的会徽（见图 15－3）。设计师充分考虑儿童群体的喜好偏向与消费心理，将雅典娜、费沃斯与陶土雕塑玩偶形象相结合，设计出奥林匹克运动会的吉祥物（见图 15－4）。奥运会会徽与吉祥物不仅代表了一届奥运会，同时也代表着雅典丰厚的人文历史情怀。2004 年，雅典奥林匹克运动会通过出售吉祥物获利 2.01 亿美元，增加了奥运收入。

图 15-3　2004 雅典奥运会会徽

图 15-4　2004 雅典奥运会吉祥物

（四）文化营销

文化营销可以理解为：企业从消费者的文化环境、文化价值取向和精神文化需求入手，营造科学的、人情的、艺术的销售环境和产品，与消费者进行交易，促使其消费的营销管理过程①。文化营销是一种经营方式，它指的是基于目标市场的目标消费群的文化，发掘产品或企业文化中能满足消费者的文化内涵，使消费者在消费产品的过程中，既可以满足物质需求，又能满足产品或企业文化所带来的文化需求②。有着"西方文明的摇篮"之称的雅典，文化气息浓厚，文化营销活动频繁。

1. 神话文化营销

雅典有"西方文明的摇篮"之称，有着深厚的文化底蕴。有"古希腊三贤"之称的苏格拉底、柏拉图和亚里士多德就在此出生或长期居住。柏拉图在雅典创办了知名的柏拉图学院；亚里士多德则在柏拉图学院生活 20 余年并创作了包括物理学、形而上学、诗歌、生物学、动物学、逻辑学、政治、伦理学等诸多著作。著名的"三大喜剧诗人"克拉提诺斯、欧波利斯和阿里斯托芬，"三大悲剧大师"欧里庇得斯、埃

①朴世镇．文化营销的战略及模式探究[J]．商业时代，2007(8)．
②张党利，郗芙蓉．文化营销的概念及其实施研究[J]．中国管理信息化，2008,11(1)．

斯库罗斯和索福克罗斯等戏剧界众多大师级人物都聚集在雅典。此外，雅典卫城、帕特农神庙等与神话相关的古迹更为雅典城市增添了一抹神秘色彩，因此雅典又有"神话之城"、"哲学之城"的美誉。

今天的雅典作为东西方文明的汇集地，设立了包括雅典大学在内的众多著名学术机构，希腊的主要科研机构和文体设施、高级文艺团体也多在雅典设立总部，使雅典真正成为了希腊的文化中心。

（1）雅典神话文化游

古老的国度、悠久的建筑、智者的故乡、众神的故事，这就是雅典的特色魅力所在。不少雅典旅游机构推出了"神话古迹游"：从雅典卫城到胜利女神殿、帕特农神庙、埃雷赫透神庙、伊瑞克提翁神庙，再到哈德良拱门、希腊宪法广场，最后是奥林匹克竞技场。整个线路将雅典的知名神话古迹串联在一起，再配合导游员的解说，将雅典神话生动的呈现给每位游客，让游客感受古雅典氛围，领略古代雅典人民的聪明智慧。

（2）雅典历史文化游

历史上的雅典，有过繁荣有过衰落。如今衰落有迹可循，繁荣触目皆是。从无名战士纪念碑到希腊议会大厦，再到国家考古博物馆、历史博物馆、基克拉迪文化与古希腊艺术博物馆，最后到雅典大学的"历史文化游"，带领游客领略雅典的历史变迁、城市发展以及文学艺术成就。

2. 影视营销

影视营销基于媒体技术，随着媒体技术的发展而发展。雅典将其丰富的人文历史资源与影视营销手段有效地结合，轻松地将雅典神话与文化渗入世界各国文化之中。

（1）影视宣传

漫步雅典，所有古迹都和神话有关——纪念雅典娜的巴特农神庙、向酒神祈祷的狄奥尼索斯剧场、祭祀众神之王的奥林匹亚宙斯神殿、拜伦雕像，这些历史古迹成为神话影视拍摄的重要基地，是雅典人民对神灵崇拜行为的最佳诠释。

《诸神恩仇录》(Clash of the Titans)讲述的是天神宙斯之子珀尔修斯落入凡间之后遭遇到了各种各样的磨难与挑战，众神在奥林匹克神庙中商议对策，由路易斯·赖托瑞翻拍，改名为《诸神之战》，展现神与人、神与神之间的拯救与被拯救[①]。

①陈雯.希腊神话在电影《诸神之战》中的嬗变[J].文学教育，2012(8).

2010 年 4 月,《诸神之战》在美国影市上映,上映一周拿下同期票房冠军,上映 10 天美国总票房收入为 1.1 亿美元。《诸神之战》引发了一阵雅典旅游热,不少游客跟随电影中的画面来到雅典卫城等神话古迹,领略电影中展现的雅典神话魅力。

(2)动漫影视

动漫营销是近几年发展起来的营销手段,属于文化营销范畴。目前,我国关于动漫营销的定义并没有统一的标准,但是学者普遍认为动漫营销是动漫企业针对动漫市场,运用科学的方法对动漫产品进行整合来满足动漫市场需求的一种营销手段。社会发展日新月异,动漫营销对企业发展的影响越来越大并不容忽视。皮尔斯动漫成就乔布斯、"愤怒的小鸟"帮苹果打败诺基亚等成功案例表明,动漫营销的作用不可限量而且应该受到营销机构的重视。

《奥林匹斯星传》改编自《古希腊罗马神话》漫画版,故事忠于原著,但与原著不同的是《奥林匹斯星传》中的众神少了几分暴戾,多了几分亲和力。《奥林匹斯星传》以动漫方式轻松阐释西方经典名著,自上映以来受到了世界各国不少小朋友的追捧,一个个人物造型亲切而富有想象,使孩子易于接受。

《圣斗士星矢》又名《女神的圣斗士》,以希腊神话为背景,主要讲述智慧与战争女神雅典娜身边充满斗志与希望的少年战士发生的故事。整部动画片主打热血、战斗、友谊、爱与激情的正能量,激励了一代人。雅典卫城的雅典娜神庙一度成为动漫迷们心中的"圣地"。

雅典将动漫影视与漫画节紧密结合,利用动漫节平台宣传雅典动漫。2009年,插画漫画展暨第 13 届国际动漫节在雅典市科技文化中心举办。此次漫画节设立专展,主题是"向俄罗斯和乌克兰漫画致敬",参展的插画家分别来自莫斯科、基辅、圣彼得堡,参展作品质量水准极高。

二、雅典城市营销对于我国城市营销的借鉴意义

2012 年伦敦夏季奥运会结束后,著名旅游网站 Virtual Tourist 评选出的"十大值得一游的奥运城市",雅典以"到 1896 年奥运主场馆及卫城感受传统的奥运氛围"的理由位列榜首。瑞典斯德哥尔摩位列第二,比利时安特卫普位列第三。

(一)雅典城市营销效果

对整个世界而言,雅典之所以是一个独特的存在,在于雅典不仅拥有深厚的文化底蕴,而且雅典的这种文化对于整个世界具有重大的影响力。许多城市进行营销活动时都喜欢与雅典"沾亲带故",它们以"雅典"称呼自己的城市(见表15-3),这充分体现出雅典这座城市的不凡魅力。

表15-3 绰号带有"雅典"的城市

名　称	城　市	所属国家或地区
东方雅典(Athens of the East)	马杜赖	印度
西方雅典(Athens of the West)	伯克利	美国加州
南方雅典(Athens of the South)	纳什维尔	美国田纳西州
北方雅典(Athens of the North)	爱丁堡	英国苏格兰
北美洲的雅典(Athens of North America)	波士顿	美国马萨诸塞州
南美洲的雅典(Athens of South America)	波哥大	哥伦比亚
南半球的雅典(Athens of Southern Hemisphere)	达尼丁	西班牙
拉丁美洲的雅典(Athens of Latin America)	圣多明戈	多米尼亚共和国
施普雷河畔的雅典(Spree Athens)	柏林	德国
博德罗格河畔的雅典(Athens of the Bodrog)	沙罗什保陶克	匈牙利
伊萨河畔的雅典(Athens on the Isar)	慕尼黑	德国
古巴的雅典(Athens of Cuba)	阿坦萨斯	古巴
芬兰的雅典(Athens of Finland)	于韦斯屈莱	芬兰
塞尔维亚的雅典(Serbian Athens)	诺威萨	塞尔维亚共和国
佛罗里达的雅典(Athens of Florida)	迪兰	美国佛罗里达州
卢西塔尼亚的雅典(Lusa Athens)	科英布拉	葡萄牙
巴西的雅典(Brazilian Athens)	圣路易斯	巴西
米纳斯吉拉斯的雅典(Athens of Minas Gerais)	茹伊斯-迪福	巴西
撒丁岛的雅典(Sardinian Athens)	努奥罗	意大利撒丁岛

资料来源:根据百度百科资料整理而成,http://baike.baidu.com.

(二)借鉴意义

1933 年 8 月,国际现代建筑协会(CIAM)在希腊雅典召开第 4 次会议。会议提出了"功能城市"概念、城市功能分区以及以人为本的思想,并最终形成了有关城市规划的纲领性文件——《雅典宪章》,主张以功能分区的观念规划城市,并指出城市的居住、工作、游憩和交通四大功能要协调平衡发展。《雅典宪章》的形成对整个世界的城市规划建设产生了深远的影响,并极大地推动了欧洲城市营销活动的开展。基于文章第一部分的描述与理解,本书认为雅典的城市营销理念值得我国城市来借鉴与学习。

1. 适度挖掘城市特色,转变城市营销方式

城市特色是当今城市政府营销城市,提高城市知名度,增强全球化竞争力的有力武器。当雅典意识到自己城市的特色是文化与体育,就会在这两方面的营销上进行"浓墨重笔"的构想。城市有特色固然重要,但千篇一律则毫无美感可言,别具一格才能成为真正的城市特色。盲目照搬他人经验,没有与城市自身的实际很好地结合起来,到头来反而找不到自己的特色和方向,最终将给城市的发展造成很不利的影响,导致城市品牌建设表面化、同质化,从而削弱了城市功能和作用的发挥[①]。

城市特色作为城市最鲜明的符号既有先天的"禀赋"因素,又可以在后天进行"塑造"。与城市形象不同的是,城市特色的营造效果并非立竿见影,但这并不是城市政府放弃打造城市特色的理由。我们可以从雅典对待橄榄树的态度上学习雅典城市特色的营造。雅典的"圣树"是橄榄树,雅典的市徽有橄榄枝,雅典人民眼中的橄榄枝无所不能。对待这一城市特色时,雅典政府没有选择漠视,而是大力的弘扬,让这一特色传承下来并发展壮大。我们在挖掘城市特色时要首先注意到这些原本固存于人们思想中的观念,然后进行深入挖掘,营造适合城市特色发展的一种氛围、

2. 将提升城市文化影响力作为城市营销的重点

与希腊的雅典一样,中国的西安与香港同样是世界历史文化名城,但与雅典相

---

①贺康庄.我国城市营销存在的问题及对策分析[J].营销策略,2008(547).

比，少了一分历史积淀下来的淡定与从容。城市文化是城市人类在城市发展的过程中所创造的以及从外界吸收的思想、准则、艺术等思想价值观念及其表现形式[①]。城市文化是一个城市的内在历史沉淀，是一个城市的灵魂，伴随着城市的产生、发育与发展。城市文化是城市发展的传承记忆，是城市发展的思想智慧，是城市发展的精神支柱，是城市发展的个性展示[②]。城市文化表现在外的是一种信仰。

东方文化与西方文化都是一种文化现象，没有优劣之分。有些人认为西方文化优于东方文化，这种论断本身就存在问题。然而，从宏观上来讲，上述论断反映出了东方文化并没有像西方文化那样广为传播并为人民接受的问题。从微观上来说，就是我们在进行城市营销时，文化营销没有做到位。

我国城市可以借鉴雅典的做法，依托文化营销加深城市文化影响力。这需要我们深入研究城市文化，并在此基础上大力弘扬城市文化，引导市民主动维护城市文化，促进世界人民认识并接受城市文化。我们可以用新式科学的手段展现城市文化，寻找城市文化亮点拍摄电影或制作动漫。比如，西安的秦始皇陵及兵马俑是世界级文化遗产，我们可以首先邀请高端制作团队制作与兵马俑有关的动漫影视剧集以及产业相关产品，然后进行动漫产品推介会。这种营销的结果是兵马俑的形象立刻鲜活起来，其不再是一动不动的雕像，而是生动活泼富有喜感的卡通人物。

3. 城市规划建设需为城市营销活动服务

帕特农神庙于公元前 438 年建造完成，是雅典卫城的中心与最高点。经过2400 多年的发展，尤其是现代建筑盛行的时代，帕特农神庙依旧是雅典的最高点，这不得不说是一个奇迹，而这与雅典政府维护文物古迹的措施是分不开的。雅典的相关建筑法律规定，任何建筑的高度都不能超过 8 层楼，即不能高于帕特农神庙。在雅典卫城，最高的一栋建筑离巴特农神庙也有 70 公里之遥，这充分体现出了雅典人民对文物古迹的一种尊重，从而更加有利于雅典的旅游业发展以及城市营销活动开展。同样，巴黎在 1977 年就颁布法令进行限高，规定市内新建楼房限高 37 米，历史性建筑附近的新建筑限高 25 米，以令历史性建筑与城市景观融为一体。

我们应该学习雅典对待古遗迹的尊重态度。如今有些城市已经意识到这一

---

①杨章贤，刘继生.城市文化与我国城市文化建设的思考[J].人文地理，2002,17(4).
②任致远.关于城市文化发展的思考[J].城市发展研究，2012,19(5).

点,并推出了一系列政策措施。西湖风景区是杭州最为重要的景点,是杭州旅游经济的最大拉动者。作为我国的历史文化名城,杭州早在 19 世纪 60 年代就开始对西湖周围的建筑进行限高,湖滨地区建筑限高 25 米。但盲目追求经济利益是许多城市发展过程中的通病,杭州针对西湖风景区的"限高令"根本没有严格执行,甚至在西湖"申遗"成功后出现"不降反升"的现象,不得不说是一种遗憾。

目前,我们的城市政府对城市营销的理解存在误区,将追求经济利益放在城市营销的首位。经济效益诚然重要,但只是城市营销的目的之一。我们不能将城市营销产生的效果作为进行城市营销活动的原因,这在哲学层面上也是行不通的。城市政府既是城市经营活动的组织者、指挥者,又是城市生产、生活、工作环境和条件的提供者,即兼有营销者身份的城市营销者[①]。城市政府首先要对城市营销活动认识到位,才可能引导整个城市的营销活动正常化。

我们在进行城市营销时,既要找到本城市的特色,又要努力维护好本城市的特色。城市政府在城市规划建设中的地位举足轻重,要严格控制、督促、监督城市建设,把工作做到实处。

4. 正确认识城市营销,转变城市营销理念

从雅典的城市营销手段中我们可以得出,雅典的城市营销理念正在发生转变——从古代雅典到 21 世纪的现代雅典。在城市建筑上,雅典善于将古代几何建筑形式或材料与现代建筑工艺巧妙结合,比如将建造著名帕特农神庙的白色大理石用于建造现代建筑,使得现代雅典与古代雅典完美结合。在营销 21 世纪新古典主义的雅典时,古代雅典建筑并不会有突兀之感,反而相得益彰。

在这方面,我们国家有的城市做得十分到位,比如洛阳、开封等城市。但是大部分城市对城市营销认识不足,营销思想不转变或转变不到位。从本质上讲,城市营销是满足城市消费者需求的过程。这种需求不仅包括物质需求,也包括精神需求[②]。我们应该让城市规划建设为城市营销服务,而不能在城市营销过程中过分注重新城市建设。

营销城市要像营销企业一样,将眼光从城市转到消费者身上,既满足他们的物质需要,又满足他们的精神需要。我们要从雅典城市营销的成功案例中总结经验,并与我国城市营销实际相结合,有选择性地借鉴雅典的城市营销理念与经验。这

①陈章旺.我国城市营销的问题及对策[J].中国城市经济,2006(3).

②康宇航,王绪琨.论我国城市营销的现状及其策略[J].江淮论坛,2004(3).

要求营销规划者应更加注重城市统筹规划和科学设计的重要性,树立营销城市的城市品牌管理理念。随着理念的转变,政府的职能也必须相应转换。要通过改革促进地方政府包括城市政府向企业性政府转变,同时鼓励民众参与城市营销,建立良性互动的城市营销机制[①]。

---

①陈章旺. 我国城市营销的现状、问题及对策[J]. 福州大学学报(哲学社会科学版),2006(1).

第十六章 营销迪拜
——人间天堂尽奢华

迪拜位于阿拉伯半岛中部、阿拉伯湾南岸,是阿拉伯联合酋长国第一大城市。18世纪末,迪拜还只是个普通的小渔村。直到20世纪60年代发现石油以来,迪拜才开始了飞速发展。现在的迪拜已经从当年默默无闻的小城镇变成了现在的国际化大都市。极致奢华的酒店、鳞次栉比的高塔、叹为观止的海底世界、精妙绝伦的人工岛屿等,成为全球首屈一指的商业枢纽和炙手可热的旅游胜地,被国际媒体誉为"新纽约"。然而与其他中东国家和地区不同的是,石油对迪拜GDP的贡献不到5%,而非石油经济却非常发达,占GDP总量95%以上①。感叹迪拜巨大变化的同时,我们也不得不佩服迪拜人精明的头脑和独特的营销手段。

一、迪拜城市营销手段

从一开始,迪拜人对这片土地的定位就很清晰——致力于把迪拜打造成为世界的奢侈之都和旅游胜地。而在城市营销上,除了传统手段外,迪拜人更是慧眼如炬,另辟蹊径。多种常规和新奇的营销手段的综合运用打造出了如今的奢华迪拜。

(一)酒店营销

酒店营销是通过研究酒店市场供求变化,以满足消费者需求为中心,为顾客提

---

①中华人民共和国驻迪拜总领事馆网站,http://dubai.chineseconsulate.org/chn/tplj/P020110420555892225341.pdf.

供并开发适销对路的酒店产品,使顾客满意,使酒店获得最大社会效益和经济效益的经营管理活动的总和①。在当今日益国际化和多元化的世界中,运用酒店进行营销的城市数不胜数,而迪拜,毫无疑问是其中最成功的典范。在迪拜为数众多的奢华酒店中,阿拉伯塔酒店的营销模式更是当今世界酒店营销行业中当之无愧的教科书式的经典案例。

阿拉伯塔酒店(Burj Al-Arab),又称帆船酒店,高321米,共56层。1999年建成时便成为全世界最高的饭店和迪拜的地标性建筑。饭店由英国设计师 W. S. Atkins设计,外观如同一张鼓满风的帆,故被称为帆船酒店。据说酒店刚开业的时候,一位英国女记者在这里感受到了前所未有的服务质量和尊贵享受,回国后便在媒体上连篇累牍的盛赞帆船酒店的豪华奢侈和顶级服务,并坦言"这已经不能用语言来形容了,我们只能用七星级来给它定级,以显示它的与众不同"。于是,七星帆船酒店便在世界范围内广为传颂,当时世界唯一的七星级酒店一夜之间享誉全球。

1999年帆船酒店开幕后,迪拜观光局一年就接待了500多个海外记者团。到2006年时已经达690万人次,而2010年后更超过1000万人次,帆船酒店可以说是营销迪拜的最大功臣。如今,尽管帆船酒店房价高昂,却仍吸引着世界各地的游客慕名而来。而长年饱和的房间预约数依然见证着帆船酒店的营销奇迹。可以说,世界上很多人是先知道帆船酒店,然后才知道迪拜。德国海德堡大学地理系教授施密德曾对850位迪拜旅客进行调查,超过六成的旅客认为,帆船酒店是迪拜的典型代表,也可以说是迪拜品牌的主打产品②。靠一间酒店营销整个城市,帆船酒店做到了,迪拜做到了。

随着时代的发展,迪拜人从没有停止过利用酒店营销迪拜的脚步:带有海底世界的八星级酒店亚特兰蒂斯酒店;坐落在世界第一高楼哈利法塔中的世界第一个阿玛尼酒店;有十星级酒店之称的迪拜海底酒店;等等。2004年迪拜各酒店接待游客约540多万人次,酒店入住率由2003年的69.2%上升到2004年的75.3%,酒店收入增加了37%(见图16-1)③。而根据《海湾新闻报》报道,2007年迪拜的酒店收入达到34亿美元,较2006年增长15.74%(见图16-2)。2011年,阿联酋的酒店接待游客1450万人次,同比增长15%;酒店平均入住率达70%,预计到2015年酒店房间数2万间,而其中70%的酒店在迪拜。阿联酋旅游监管机构也宣布,2012年1月迪拜的酒店入住率由2011年同期的72.4%上升到了86.2%。此

---

①宿春礼.星级酒店营销手册[M].北京:光明日报出版社,2005.

②杨玛利,陈之俊,王一芝.前进迪拜:一门全球必修的新显学[M].台北:天下远见出版社,2006.

③蒋传瑛.阿联酋旅游业发展模式研究[J].阿拉伯世界研究,2011(5).

结果表明,迪拜的酒店业已经超越了竞争对手伦敦、悉尼和纽约,位居世界前列①。

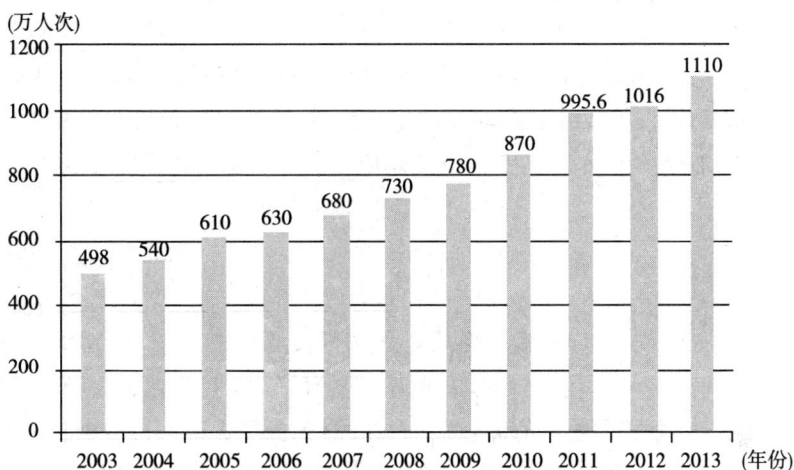

图 16—1　2003～2013 年迪拜酒店历年接待人次

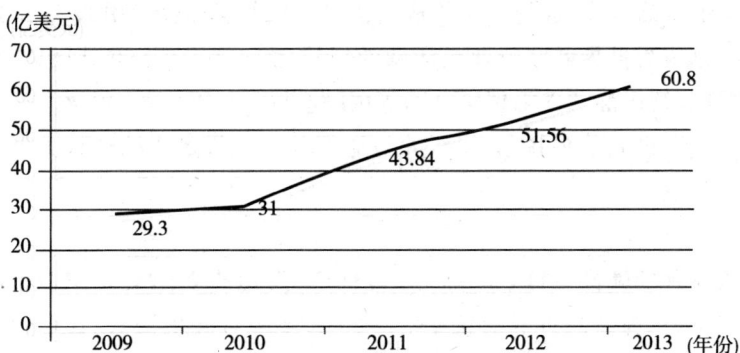

图 16—2　近年迪拜酒店收入

资料来源:根据中华人民共和国商务部网站、阿联酋航空官方网站等数据整理而成。

---

①朱婷,卢照,梅洁.宿主题酒店,聆听城市的心跳——主题酒店与城市形象传播策略探析[J].广告大观,2013(2).

（二）节事营销

利用节事进行营销是世界各大城市营销自己的常用手段。举办、利用大型的知名节事等活动不仅可以在较短时间内汇聚世界的关注度，提升自己的影响力，而且还会带来附加性的持续的经济和旅游效应，是一种相对来说低成本高回报的营销手段。

1. 会展营销

自第一次工业革命以来，世界会展业从来都没有停下过发展的脚步。从1850年第一届世界博览会——伦敦万国工业博览会召开后，世界会展业经历了150多年的快速发展。"会展是城市的面包"。的确，商务会展犹如一招四两拨千斤，能够带来1∶9的关联消费与经济拉动力。目前，每年冠名国际概念的会展数目已经达到7300多场次，所产生的会展经济总量达到12000多亿美元[1]，而迪拜正是会展经济的最大受益者。通过全力发展会展硬件设施，积极开展宣传推广，加强与国际专业会展公司的战略合作，迪拜已逐步成为世界新兴的国际会展中心。如今，迪拜国际展览中心已成为世界展览行业最活跃的场馆之一。而英国世界媒体有限公司、国研会展集团、德国法兰克福展览公司等国际会展巨头及10多家著名展位设计公司也相继在迪拜设立了常驻办事处，并与迪拜政府签署了定期组织大型国际展会的长期合作协议。

（1）会议营销

凭借着完善的硬件设施，积极的宣传推广，发达的立体交通和丰富的国际经验，迪拜正逐渐成为新的世界会议中心。2012年国际会展协会（ICCA）将迪拜列为中东地区首屈一指的国际会议主办地，在全球范围内与新加坡、中国香港、墨尔本齐名。2011年，迪拜主办了34场各类国际组织会议以及大量的公司会议，而2012年举办的国际会议（包括国际通讯大会、世界通讯标准化大会等）与会总人数更是超过11000人。仅2013年9月以后迪拜就将举办多达13场各类国际会议，具体如表16-1所示。

---

①胡小武. 传承与升华——城市旅游开发与营销战略[M]. 南京：东南大学出版社，2008.

表 16－1　2013 年迪拜 World Trade Center 举办的主要会议概览

时　间	会　议
2013 年 1 月 28～31 日	阿拉伯健康会议
2013 年 2 月 5～7 日	阿联酋国际牙科会议
2013 年 3 月 7～9 日	国际关节置换会议
2013 年 3 月 10～12 日	迪拜国际药品和技术会议
2013 年 3 月 25～27 日	迪拜国际人道主义援助会议
2013 年 3 月 31～4 月 2 日	迪拜妇产会议
2013 年 4 月 9～11 日	迪拜光学及眼科会议
2013 年 4 月 15～17 日	迪拜全球能源论坛
2013 年 4 月 16～18 日	迪拜世界皮肤病及激光治疗会议
2013 年 5 月 6～8 日	国际机场领袖峰会
2013 年 6 月 3～5 日	海湾信息安全会议
2013 年 6 月 3～5 日	医院建立、升级及未来展望会议
2013 年 8 月 2～9 日	迪拜斋月会议
2013 年 9 日 16～19 日	国际银行运营研讨会
2013 年 10 月 8～10 日	迪拜城市会议
2013 年 10 月 28～29 日	MENA 矿业大会
2013 年 10 月 23～25 日	国际数字信息处理、电子商务和云计算会议
2013 年 11 月 2 日	国际机械工程会议
2013 年 11 月 2～3 日	第二届国际软件工程和应用会议
2013 年 11 月 2～3 日	第二届国际控制、建模、计算和应用会议
2013 年 11 月 2～3 日	第二届国际软件计算及人工智能会议
2013 年 11 月 2～3 日	第二届国际先进信息技术和应用会议
2013 年 11 月 9～10 日	2013 第二届国际嵌入式系统和制造会议
2013 年 11 月 15～16 日	2013 国际智能系统工程研讨会
2013 年 11 月 15～16 日	2013 第二届国际纳米和材料科学会议
2013 年 12 月 9～11 日	TOC 中东会议
2013 年 12 月 11～13 日	国际电气和电子工程、清洁能源和绿色计算会议
2013 年 12 月 26～27 日	第三届国际信息技术进步交流会议
2013 年 12 月 26～27 日	第三届国际信号更新与图像处理会议

资料来源：根据 Academic Resources 网站提供资料整理而成，http://www.ourglocal.com.

(2)展览会营销

在积极主办各类国际会议的同时,迪拜也充分利用各种机会和自身优势积极举办类型丰富的大型展览会,以进一步提升自己的知名度和品牌效应,拉动旅游市场和经济发展。颇具商业头脑的迪拜人很早之前就已经嗅到了会展所能带给他们的无限商机。早在20世纪80年代,迪拜人兴建的第一座摩天大楼便是迪拜世界贸易中心,之后为了满足日益增长的需要,迪拜人又先后建起了迪拜国际会议展览中心、迪拜机场展览中心、迪拜展览城等大型国际化会展中心。其中迪拜世界贸易中心现已成为世界展览行业最活跃的中心之一。2005年,迪拜共有各类大型展会91个,其中的中东五大行业展是在迪拜世贸中心举行的规模最大的专业性展会,参展的有中国、德国、新加坡、西班牙、英国等50多个国家的2118家公司。而一年一度的迪拜旅游博览会则吸引了59个国家的1750个参展商参会[①]。2007年以后,迪拜每年举行超过100个国际展览会。目前,迪拜两大展览中心——迪拜世界贸易中心和迪拜机场展览中心每年举行的展会超过70个,参展客商达1500万人。2007年,迪拜展览业产值达到2.5亿～3亿美元,参展客商达到3500万～4000万人。展览会的举办和发展毫无疑问将极大地推动迪拜的旅游产业发展和经济的快速增长(见表16－2)。

表 16－2　2013 年迪拜 World Trade Center 展会名录

时　　间	展览名称
2013 年 1 月 7～10 日	迪拜阿拉伯塑料与管道工业展
2013 年 1 月 15～17 日	中东安防展
2013 年 1 月 20～22 日	中东标志与图形成像展
2013 年 1 月 22～23 日	迪拜航空展
2013 年 1 月 22～23 日	中东维护修理展
2013 年 1 月 28～30 日	阿拉伯健康展会
2013 年 2 月 5～7 日	阿拉伯牙科展
2013 年 2 月 5～7 日	2013 中东铁路展
2013 年 2 月 17～19 日	中东电力展

① 车效梅,杜雁平.迪拜的崛起与走向[J].西亚非洲,2008(6).

续表

时　　间	展览名称
2013 年 2 月 25～28 日	海湾食品展
2013 年 3 月 4～6 日	2013 走向全球展
2013 年 3 月 5～7 日	中东国际纸制品展
2013 年 3 月 5～7 日	中东国际玩具儿童用品展
2013 年 3 月 5～7 日	海湾教育用品及解决方案展
2013 年 3 月 5～9 日	迪拜国际游艇展
2013 年 3 月 10～12 日	迪拜国际药品和技术展
2013 年 3 月 10～13 日	阿拉伯实验室展
2013 年 3 月 12～14 日	中东广电展
2013 年 3 月 25～27 日	迪拜国际户外设计与景观展
2013 年 3 月 25～27 日	迪拜国际人道主义展
2013 年 3 月 26～28 日	阿格拉中东展
2013 年 3 月 31～4 月 2 日	妇产科展
2013 年 4 月 3～6 日	迪拜购物展
2013 年 4 月 8～11 日	海湾充填及海湾印刷展
2013 年 4 月 9～11 日	迪拜国际木材及木材机械展
2013 年 4 月 9～11 日	视觉迪拜——光学及眼科展
2013 年 4 月 10～13 日	迪拜新婚展
2013 年 4 月 15～17 日	迪拜水电展
2013 年 4 月 16～18 日	迪拜世界皮肤病及激光治疗展
2013 年 4 月 17～19 日	海湾教育培训展
2013 年 4 月 17～19 日	全球教育技术及资源展
2013 年 4 月 23～25 日	迪拜休闲娱乐展
2013 年 4 月 23～25 日	迪拜铝制品展
2013 年 4 月 24～26 日	迪拜世界摄影展
2013 年 4 月 30～5 月 2 日	迪拜国际房地产投资展
2013 年 5 月 6～8 日	迪拜机场展

续表

时　　间	展览名称
2013 年 5 月 6～9 日	阿拉伯旅游展
2013 年 5 月 14～15 日	中东信用卡付款及移动终端展
2013 年 5 月 20～23 日	迪拜指数展
2013 年 5 月 20～23 日	迪拜发展
2013 年 5 月 20～23 日	中东迪拜办公用品展
2013 年 5 月 21～23 日	中东事件展
2013 年 5 月 21～23 日	中东专业音响及照明展
2013 年 5 月 28～30 日	美丽中东、富饶中东——SPA 展
2013 年 5 月 28～30 日	中国采购交易会
2013 年 6 月 3～5 日	海湾信息安全博览会
2013 年 6 月 4～5 日	呼叫中心展
2013 年 6 月 11～13 日	中东国际汽车零配件及售后服务展览会
2013 年 6 月 11～13 日	国际五金展
2013 年 6 月 20～22 日	印度地产展
2013 年 6 月 21 日	迪拜体育世界展
2013 年 9 月 24～26 日	迪拜印刷展
2013 年 9 月 28～30 日	迪拜酒店用品展
2013 年 9 月 30～10 月 2 日	中东私人标签展
2013 年 9 月 30～10 月 2 日	优质礼物展
2013 年 10 月 5～12 日	迪拜购物展
2013 年 10 月 6～8 日	阿拉伯石油天然气展
2013 年 10 月 7～9 日	中东光电展
2013 年 10 月 7～9 日	阿拉伯商店展
2013 年 10 月 8～10 日	迪拜城市展
2013 年 10 月 20～24 日	国际视听展
2013 年 10 月 20～24 日	迪拜资讯展
2013 年 10 月 28～30 日	地区秋季商品展

续表

时　　间	展览名称
2013 年 11 月 5～9 日	迪拜国际车展
2013 年 11 月 10～12 日	中东清洁能源展
2013 年 11 月 17～19 日	IPM 2013 迪拜国际植物公平贸易展
2013 年 11 月 17～19 日	专业食品节
2013 年 11 月 17～19 日	2013 迪拜世界易腐品展
2013 年 11 月 17～19 日	中东和非洲海鲜展
2013 年 11 月 17～19 日	中东糖果零食展
2013 年 11 月 18～19 日	中东奢侈品展
2013 年 11 月 18～19 日	迪拜国际许可交易会及迪拜世界游戏博览会
2013 年 11 月 25～28 日	五大行业展
2013 年 11 月 25～28 日	五大重工机械展
2013 年 11 月 25～28 日	中东混凝土展
2013 年 11 月 25～28 日	世界调频博览会
2013 年 12 月 3～5 日	中东自然有机产品博览会
2013 年 12 月 3～5 日	中国家庭生活展
2013 年 12 月 4～7 日	迪拜国际珠宝周
2013 年 12 月 8～9 日	阿拉伯创业展
2013 年 12 月 9～11 日	海湾交通展
2013 年 12 月 9～11 日	迪拜多峰展
2013 年 12 月 9～11 日	TOC 中东展
2013 年 12 月 10～11 日	迪拜发展培训展
2013 年 12 月 11～13 日	迪拜母婴展
2013 年 12 月 12～14 日	印度地产展
2013 年 12 月 15～17 日	媒体营销展
2013 年 12 月 16～18 日	国际秋季商品交易会
2013 年 12 月 16～18 日	迪拜饮料技术博览会

资料来源:根据中华人民共和国驻迪拜总领事馆经济商务室网站资料整理而成,http://dubai. mof-com. gov. cn/article/sqfb/201303/20130300073175. shtml.

2. 体育赛事营销

现在的迪拜正在极力塑造一个世界顶级奢华的城市形象,而需要高投入的体育比赛正是实现该目标的最佳途径。因此,在兴建各类功能齐全的大型国际化体育场地场馆的同时,迪拜人还别出心裁地运作了一大批很有影响的国际体育赛事,并最大限度的利用了世界级体育巨星的影响力。同时,迪拜每年还会提供高达数百万、甚至数千万美元的丰厚奖金来吸引全球顶级运动员前往参加其举办的各类赛事,这样既赢得了全球媒体高度的关注和曝光度,也能吸引大量的赛事爱好者。组织者的思路非常明确,即通过赛事吸引世界各地的游客到迪拜旅游观光,以此进一步刺激旅游、餐饮、住宿等行业的快速增长[①]。

2004 年,为了推动当地高尔夫旅游业,迪拜人请来"老虎"伍兹在帆船酒店的顶层挥杆,将高尔夫球击入阿拉伯海湾。为了请伍兹参加这个活动,迪拜人花费了500 万美元,而据估计,"老虎"伍兹此次活动拍摄的照片所制造的轰动价值至少为1800 万美元。此次营销事件的效应远不止此,据 BDO 会计师事务所的统计数字显示,迪拜 2012 年 3 月高尔夫接待量首次突破 50000 局,总局数达到了 54365 局。在这 5 万多局中,44％为会员局,而海外游客局数占到了 14％[②],而这个数据在2004 年以前甚至从未超过 5％。不仅如此,迪拜还兴建了一大批国际级的高尔夫球场,并积极承办世界各项顶级高尔夫球赛事。随着知名比赛的密集举行和重量级球星的频繁亮相,迪拜逐渐形成了一张独特的高尔夫球名片。正如伍兹曾说的那样,"世界高尔夫球的主赛场已经从美巡赛转移到了迪拜公开赛"。的确,每年前来迪拜观赛、打球的球迷和游客络绎不绝,旺季时甚至需要提前预订。高尔夫球产业对迪拜旅游经济的促进作用已经逐步显现。

而自 1993 年首次举办以来,迪拜网球锦标赛就以其丰厚的奖金和赛事本身的高规格吸引了许多优秀运动员参赛。费德勒、纳达尔、罗迪克、德约科维奇等家喻户晓的网坛顶级选手都曾问鼎迪拜网球锦标赛的冠军。凭借着网球运动在世界范围内的强大影响力和网坛巨星们巨大的个人魅力,每年的迪拜网球锦标赛都吸引着世界各地狂热的网球爱好者们蜂拥而至,酒店、餐饮、旅游等产业数值也得到了显著增长。同时,世界各大媒体将焦点对准了迪拜,也无形中提升了迪拜的世界关注度和影响力。

---

①蒋传瑛. 阿联酋旅游业发展模式研究[J]. 阿拉伯世界研究,2011(5).

②网易网,http://travel. 163. com/12/1008/10/8D9O57OF00063KE8_all. html.

迪拜赛马世界杯，创办于1996年，它一问世便一举超越F1和环球帆船比赛，成为世界上最昂贵的比赛。因为仅仅一天的赛程，组织者就要向获胜者颁发2000万美元以上的天价奖金。而正因为如此，每年的迪拜赛马比赛或活动都吸引了世界上数以万计的富豪前来观赏和加入。

正是通过承办各种重大国际体育赛事，迪拜潜移默化地提高了在体育界的国际声誉，同时也极大地提升了迪拜在世界上的关注度和知名度，形成了强烈的体育营销效应，大大刺激了迪拜体育业、旅游业及相关产业的发展（见表16-3）。

表16-3　迪拜主要体育赛事

时间	名　　称
1月	迪拜马拉松比赛(Dubai Marathon)
2月	迪拜网球锦标赛(Dubai Tennis Championships)
2月	迪拜沙漠高尔夫精英赛(Dubai Desert Classic)
3月	迪拜赛马世界杯(Dubai World Cup)
10月	阿联酋沙漠挑战赛(UAE Desert Challenge)
12月	迪拜七人制橄榄球赛（Dubai Rugby Sevens)

资料来源：中华人民共和国驻迪拜总领事馆网站，http://dubai. chineseconsulate. org/chn/tplj/P020110420555892225341. pdf.

3. 节庆营销

所谓节庆营销，是指节庆经营主体利用其拥有的资源向目标市场传递节庆产品信息，执行营销组合战略，从而实现预期经济和社会目标的行为[①]。每当迪拜的传统节日诸如伊历新年、开斋节、国庆节等来临之际，迪拜人都会将其充分利用，大肆宣传，通过举办各种大型宴会和宗教民俗等活动来吸引游客。据迪拜2012年官方数据统计，随着宰牲节（古尔邦节）的临近，迪拜的酒店及航班预订就已经达到了100％的饱和程度。数据同时显示，尽管迪拜所有五星级酒店的所有房间都已被早早的预订一空，但仍有上千名游客处在酒店的房间候补名单之中。

除了传统节日，为了迎合游客的心理和消费观念，迪拜还别出心裁地举办了形

---

①王春雷，梁圣蓉.会展与节事营销[M].北京：中国旅游出版社，2010.

式多样的节庆活动来丰富游客的旅行,刺激人们的消费欲望。比如从每年12月开始一直持续到次年1月的迪拜购物节(Dubai Shopping Festival)创办于1996年,如今已发展成为世界上最重要的购物节之一。在节日期间,迪拜就是一个绚烂疯狂的购物天堂。每晚,无论在商场、街道,还是广场上都会有来自世界各地的现场音乐、表演和杂耍节目。而来自地球不同角落的人们都会不约而同地涌向迪拜,致使酒店爆满,交通拥塞,以致去商场都需要用上好几个小时。据统计,2011年迪拜购物节期间共有400万人次赴迪拜购物,其中国际游客88.46万人次。此次购物节共实现收入34.3亿美元,其中外国游客消费16.2亿美元;而2013年迪拜购物节更是吸引到访游客超过470万人次,为迪拜经济注入1140亿迪拉姆①。同时,Visa卡公布数据显示,在为期一个月的2013年迪拜购物节期间,国外游客通过Visa卡共消费5.89亿美元,同比增长19%。据不完全统计,前15届购物节迪拜共吸引各国游客4000多万人次,总消费支出高达840亿美元。而每年6月的迪拜夏日惊喜节(Dubai Summer Surprises)始于1998年,现已成为中东地区最大的夏日节事活动。2009年迪拜夏日惊喜节共吸引游客220万人次,总消费支出9.21亿美元②;而2012年迪拜夏日惊喜节共吸引游客436万人次,同比增长9.5%,其中国外游客89.5万名,32天内总支出高达33.4亿美元③。此外,3月的迪拜国际爵士乐音乐节(Dubai International Jazz Festival),12月的迪拜国际电影节(Dubai International Film Festival)等节庆活动每年也都会如期举行,常年吸引着世界各地慕名而来的人们。

(三)形象营销

施密德教授曾以营销迪拜为主题,进行了长达3年时间的研究,结果发现迪拜的成功之处关键是他们把迪拜当成品牌来经营④。的确,十几年来,围绕着这座城市,智慧的迪拜人用他们超乎寻常的想象力和天马行空的艺术才华向世界展示了一个又一个的人类奇迹。在人们不断惊叹迪拜的旷世奇作并为之深深折服之时,迪拜人已紧紧吸引了世人的眼球,同时也达到了自己营销迪拜的目的。

---

①中华人民共和国驻迪拜总领事馆经济商务室网站,http://dubai. mofcom. gov. cn/article/jmxw/201202/20120207963098. shtml.

②蒋传瑛. 阿联酋旅游业发展模式研究[J]. 阿拉伯世界研究,2011(5).

③第一金融网,http://www. afinance. cn/new/wzsx/201306/583402. html.

④杨玛利,陈之俊,王一芝. 前进迪拜:一门全球必修的新显学[M]. 台北:天下远见出版社,2006.

1. 建筑营销

迪拜的摩登建筑群现已举世闻名。各种稀奇古怪的前卫建筑和极尽奢华的装饰风格让人们仿佛置身于古阿拉伯一千零一夜的梦幻之中。从奢侈品牌、高级酒店、前卫艺术到未来派建筑风格、奇形怪状的摩天大楼和零排放的太阳能建筑,迪拜已经成为世界顶级建筑师和设计家的天堂。

世界第一高楼哈利法塔,又称迪拜塔,拥有 162 个楼层,总高 828 米。至此,迪拜塔也成为人类史上首个高度超过 800 米的建筑物。大楼总耗资 800 亿美元,建筑设计采用了一种具有挑战性的单式结构,由连为一体的管状多塔组成,具有太空时代的风格。作为人类有史以来的最高建筑和最高生产力的代表,哈利法塔的建造意义和成就足以和古埃及人的金字塔相媲美。落成之后,哈利法塔将逐渐取代帆船酒店,成为迪拜新的地标性建筑。而其世界第一高楼的噱头及相关配套的超级购物中心也必将吸引更多的游客前往观光旅游和购物。

迪拜海底酒店是世界上第一座真正意义上的海底酒店,它的构思来自法国著名作家凡尔纳的科幻小说《海底两万里》。酒店由陆地部分、海底隧道和水下别墅三部分组成。每一间客房都使用超豪华高级材料进行装修,内部的音乐和气味可以随意调控。此外酒店还建有潜艇停泊码头。如此颠覆人类认知的设计理念使得酒店尚未建成便引起了世界各地时尚人士及科幻迷们的广泛关注。而近年来,有关海底酒店的一举一动都时刻激发着媒体和人们的浓厚兴趣和探索欲望。

亚特兰蒂斯酒店,坐落于迪拜的人工棕榈岛,号称八星级,以柏拉图著作中的理想国"亚特兰蒂斯"命名。该酒店以海洋为主题,是一个充满想象和奢华的绚烂空间。而即使在卧室和浴室,游人也能够观赏到奇妙的海底世界,在周围 65000 多种海洋生物的陪伴下度假与休息,为入住的宾客带来了无与伦比的难忘体验。如今,亚特兰蒂斯酒店已成为世界酒店行业的标杆。无论其建筑风格,酒店环境,甚至服务细节都已受到世界媒体和舆论的广泛认可和高度赞誉。而其在同行业中无与伦比的至高地位也无时无刻不在向世人彰显着迪拜的辉煌和荣耀。

用建筑为城市代言,迪拜做到了。如今的迪拜已经变成一个世界级艺术建筑的大都会。充满创意的建筑积聚,必然也推出了迪拜在全世界的创意品牌和品牌效应,而这种效应反过来又给迪拜带来了溢价和增值的房地产业、旅游观光业、国际会展业、物流业、金融业等一系列产业的大繁荣、大发展的局面。

2. 城市形象推广

利用知名人士塑造城市健康形象、使用各类社交媒体平台积极推广城市的营销方式已日益成为一种主要的城市营销手段。迪拜发挥自身优势,邀请世界各界名人宣传迪拜,并在世界各大媒体平台上推举迪拜,从而达到了令人意想不到的营销效果。

(1)名人效应

利用名人广泛的社会关系,巨大的群众影响力和行为驱导能力,迪拜可以在短时间内获得巨大社会关注度和实际利益。

2004年,"老虎"伍兹在在帆船酒店的顶层挥杆极大地推动了迪拜高尔夫球产业的发展。如今,迪拜已拥有全球规模最大的高尔夫球场,众多顶级的高尔夫球场每年吸引着数十万世界各地的高尔夫球爱好者来此一试身手。此外,DP世界巡回锦标赛(DP World Tour Championship),欧米茄迪拜女子大师赛(Omega Dubai Ladies Masters)等诸多高水平赛事也吸引了众多世界顶级选手和大量球迷。迪拜正成为最令人心驰神往的世界顶级高尔夫球圣地。

2005年,帆船酒店的直升机停机坪被临时改造成了一个网球场,网球名将费德勒与阿加西在这里进行的表演赛通过电视传播到全世界。这件事让世界上超过半数国家的人们认识了迪拜。

2012年11月22日,珍妮弗·洛佩兹在迪拜举办了首场中东演唱会。而在迪拜的官方活动计划"Dubai Calendar"中,这是洛佩兹在中东地区的唯一一次表演。

此外,迪拜对乔治·阿玛尼,布拉德·彼特和安吉丽娜夫妇,科比布莱恩特等国际名人的造访都进行了大肆宣传和报道,使得世界各地的粉丝和游客趋之若鹜,名人效应的效果得到立竿见影的显现。

(2)城市形象宣传片

城市形象宣传片作为城市的名片,是一个城市对外展示自我的重要窗口。在迪拜的旅游宣传片中,星罗棋布的岛屿、海蓝、沙漠黄等元素构成了五彩斑斓的迪拜王国;高楼、赛车、游艇、飞机成为现在迪拜的生动隐喻。建筑门洞中身着阿拉伯服装的蹁跹女子、时尚商场里拎着购物袋的现代女性……叠化的拍摄手法更加彰显出迪拜梦幻般的特质。象征着奢侈品购物的Channel品牌标识,充满活力的特色舞蹈,赛马、帆船、滑雪、游泳等画面不觉让消费者的身体跟随着镜头悦动起来。

较多的俯瞰镜头也体现出迪拜国际化的开放胸怀和眼光①。

迪拜旅游宣传片一经播出，即在世界范围内受到了广泛的关注和影响。世界各个角落的人们通过短片，认识到了一个充满活力的精彩迪拜。以前浮夸于脑海中的梦幻城市顷刻间变得立体真实。由此，迪拜的旅游宣传片不知鼓动了多少全球各地的游人收拾背囊飞赴迪拜。而据阿联酋航空公司的粗略估计，迪拜旅游宣传片播出后的当月，阿航飞往迪拜的航班上座率显著上涨了30%。

（四）影视营销

随着当今世界的发展，影视营销这种较为新型的营销方式越来越受到人们的关注和追捧。在日趋国际化和全球化的今天，一部好的影视作品可以在短时间内形成较大范围，甚至全球性的舆论效应，而作品的故事背景和拍摄地也会潜移默化地受到媒体和观众的极大关注，由此所带来的城市推广效果和后续效应是其他任何营销手段都无法比拟的。

沙漠与绿洲的鲜明对比、东方和西方文化的完美结合、古典与现代的巧妙共存，再加上大胆前卫的高楼和极尽奢华的酒店使得迪拜正逐渐成为世界各国电影的主要取景地和拍摄地。好莱坞已计划将电影拍摄取景地从曼哈顿逐步转移到迪拜，而印度的宝莱坞每年都会有近20部电影在迪拜拍摄完成。

在众多的影视作品中，影响力最大的要数由好莱坞巨星汤姆·克鲁斯主演的《碟中谍4》。影片中，高科技特技和迪拜的美景让观众大饱眼福，影片结尾汤姆·克鲁斯在800多米高的哈利法塔上的惊险搏命和纵身一跳则令人印象深刻。在这部影片中，观众见识到的，除了万人迷汤姆·克鲁斯的疯狂以外，还有迪拜建筑的疯狂以及迪拜人的疯狂。

《碟中谍4》在全球引发观影热潮的同时，电影中汤姆·克鲁斯惊魂一跳的哈利法塔也成为令广大游客趋之若鹜的"梦想之地"。据国内某旅游网站的统计，《碟中谍4》热映后，赴迪拜旅游的预订量不断攀升，环比增长超过100%，而旅行社推出的赠送登哈利法塔的项目，也受到了消费者的热捧。除了《碟中谍4》，美国的《辛瑞那》、《代码46》；中国的《未来警察》、《巨额交易》；印度的《伴侣》、《柯汗纳夫妇》等诸多由各国明星主演的电影都将迪拜作为了取景地或拍摄地，并借此在地区

---

①朱婷，卢照，梅洁.宿主题酒店，聆听城市的心跳——主题酒店与城市形象传播策略探析[J].广告大观，2013(2).

甚至全球范围内引起了一波又一波的迪拜旅游观光热潮。

（五）文化营销

文化是一个城市的根基和灵魂。在当今世界,文化已经被提高到了战略的高度。良好的文化底蕴和文化素养可以提升一个城市的形象和品牌,从而进一步提升其综合竞争力。同样,传承、保持和发扬自身的文化传统也能提高城市的凝聚力,扩大城市的影响力,提升城市的综合魅力。如今世界上已有很多城市利用自身独有的文化传统和习俗达到了宣传营销城市的良好效果。在这方面,迪拜的做法也同样值得我们借鉴和学习。

如果不是亲身经历,人们很难想象,在这样一个高楼林立,穷尽奢华的现代化都市,迪拜人依然保持着他们阿拉伯人的传统衣着和行为规范。于是我们经常能在时尚繁华的迪拜街头看到一袭黑袍只露双眼睛的伊斯兰美女和身着传统阿拉伯长袍的中亚男人。此外,尽管为了满足游客,迪拜适时的设立酒吧,开放禁酒令,但绝大多数时候迪拜人仍严格遵守着禁止饮酒的伊斯兰教教规。在当今世界范围内,也许没有一个城市能像迪拜这样,将东方传统文化习俗与西方现代生活方式的直接碰撞与交融展现得如此淋漓尽致。在迪拜街头,游人感受到的是在其他地方都未曾感受得到的文化习俗的交织体验。这种奇妙的氛围已经成为迪拜独特的风景,而这种独特也常年吸引着世界各地的人们前来探访和感受。

迪拜拥有 1000 多座清真寺,而朱美拉清真寺,无疑是迪拜最大最美的清真寺,也是迪拜的地标和最著名的景点之一。作为迪拜最重要的伊斯兰教祈祷场所,朱美拉清真寺无时无刻不在向游人们宣示着伊斯兰教的神圣和古兰经的庄严。一般而言,非穆斯林是不允许进入清真寺的,而朱美拉清真寺是迪拜唯一向非穆斯林开放的清真寺,其目的就是为了消除来自不同国家和地区人们之间的文化隔阂,推广阿联酋和迪拜的本土文化、习俗和宗教,以增进不同文化之间的相互理解和交流。作为迪拜官方指定的著名景点之一,朱美拉清真寺不仅每年吸引着大量中东地区的伊斯兰教徒们前往礼拜朝圣,同时,世界其他地方的伊斯兰教徒们也都会慕名而来。而宗教爱好者、对此好奇而特意赶来的普通游客更是数不胜数。朱美拉清真寺成为了他们心中名副其实的圣地。

迪拜人非常注重自己民族和宗教的传统节日。每年的回教新年、开斋节、古尔邦节等传统节日来临之际,迪拜人都会举办各种大型活动和盛大的晚会。在庆祝自己节日的同时,也借机向游客推销自己的民族和文化,同时特价或免费向游客开放古迹、博物馆、文化中心等民俗宗教场所,在进行文化营销的同时带动吃、住、行等旅游相关行业的发展。因此适逢传统民俗宗教节日,迪拜相关的旅游观光和餐饮住宿业都会进入一个井喷式的增长期。如 2010 年开斋节期间,迪拜共接待相关游客 10 万余名。节前酒店预订率提高将近 50%,而节中酒店入住率也几乎达到了100%。

甚至在购物中心,迪拜人也挖空心思的向游人们展示着文化的魅力。迪拜伊本·白图泰购物中心,以 14 世纪阿拉伯著名旅行家伊本·白图泰的名字命名,他一生曾游历埃及、波斯、印度、中国、突尼斯和安达卢西亚六个各具特色的文明古国。购物中心以六个文明古国风格各异的文化习俗为灵感,构建了彼此相连的六座富有鲜明地域特色的仿古宫殿建筑,并在内部商铺的装修上着力再现上述国度的中古市井街巷,巧妙地实现了现代消费商品与古典店铺环境的完美结合。游客仿佛置身于一个庞大的博物馆和艺术宫殿,而玻璃橱窗里的商品似乎只是一个摆设。在这种历史与现代交融的文化氛围中,游客们获得了前所未有的文化洗礼般的独特购物体验①。而正是这种独特的视觉感官享受和历史文化沉淀使得越来越多的游客涌入迪拜的各大商场,在陶醉于艺术文化的海洋中时,不知不觉地促进了迪拜的旅游购物产业的蓬勃兴起和极速发展。

(六)体验营销

伯德·施密特博士在他所写的《体验式营销》中指出,体验营销就是站在消费者的感官、情感、思考、行动、关联五个方面,重新定义、设计营销的思考方式。而《哈佛商业评论》中这样定义体验营销:体验营销,就是企业以服务为舞台,以商品为道具,围绕着消费者创造出值得回忆的活动②。

随着现代科技的发展和人类文明的进步,当今世界的人们在对物质条件有了更高要求的同时,对精神层面和感官体验上的要求也越来越高。细心的迪拜人牢牢抓住了游客的心理,穷尽一切可能的手段极大地满足了游人的感官体验和精神享受,甚至把诸多不可能变为可能。迪拜传奇般的体验营销手段和由此带来的连锁效应至今仍被世界各地的人们所津津乐道和广为传颂。

①钱建良.感受迪拜文化营销[N].房地产时报,2012-8-31.
②张艳芳.体验营销[M].成都:西南财经大学出版社,2007.

1. 航空体验营销

去迪拜，从旅程的起点开始享受。作为连接迪拜和世界各地的最大的航空公司，阿联酋航空自 1985 年成立以来，短短 20 多年的时间里就获得超过 500 个世界级奖项。而无论是硬件还是软件，阿联酋航空也是事无巨细，做到了极致。

2003 年，阿联酋航空一举签下了 21 架在巴黎航展上刚推出的空中客车 A380 机型的订单，成为空客公司最大的买家；2005 年迪拜航展上，阿联酋航空又一举签署了 42 架波音 777 型客机的购买合同，合同总价高达 97 亿美元。如今，阿联酋航空订购的客机数目已达 199 架，总值约合 660 亿美元，现在的阿联酋航空公司共有 90 架空中客车 A380 的航班，也成为空中客车 A380 全球最大的订户和运营商。同时，阿联酋航空公司也是波音 777 全球最大的运营商。

而为了给旅客提供舒适满足的飞行体验，阿联酋航空的飞机都是宽体飞机，没有窄体、单通道飞机。针对不同舱型的客户，虽然有不同的标准待遇，但是阿联酋航空在保证各舱位特色质量的同时，尽量缩短各舱位间的差距，确保能照顾到所有乘客的感受。阿联酋航空公司中国区副总裁李旬曾举了这样一个例子："阿航对 A380 的设计，就将经济舱的座椅再稍微调宽 3～4 厘米。有些航空公司的 A380 安排坐 800 人，有的安排坐 500 人，但是我们经济舱只能坐 390 多人。所以可以看出来，阿航始终考虑的是客人的感受和体验，我们的核心竞争力就是机上服务"。[①]此外，阿联酋航空还是世界上第一家推出私人头等舱套间的航空公司；第一家可以飞机上打手机的航空公司；第一家可以在飞机上观看多达 1200 多个娱乐频道节目的航空公司；第一家在三舱都有自己个人娱乐系统的航空公司。

为了满足不同地区，不同民族的旅客，阿联酋航空组建了一支由 120 多个国家和地区的空姐组成的国际空姐团队来为旅客提供个性化的服务；而为了满足宗教和医药饮食要求，阿联酋航空提供了多达 23 种不同风格的独特餐食；机上的个人娱乐系统和网络系统甚至还为旅客提供了 100 个电影频道，50 个电视频道，350 个音频频道和近 40 款的空中游戏。如此优质的设施和服务使得阿联酋航空的机票永远都是超售的，而一旦无法登机，旅客竟能获得一晚的免费食宿、小礼物以及赠送的往返机票。据统计，2007～2008 财政年度阿联酋航空共运送旅客 2120 万人次，载货量达 130 万吨，成为全球第二大盈利的航空公司，并跻身全球前 20 家最大的国际航空公司之列。公司保持了连续 21 年的盈利，尽管受到高油价及全球金融

---

①迪拜中国. http://www.dibaichina.com/forum.php? mod=viewthread&tid=62544.

危机的影响,阿联酋航空公司 2008 财年仍实现净利润 9.82 亿迪拉姆(约合 2.7 亿美元),估计为阿拉伯联合酋长国国民经济带来的直接贡献达 150 亿迪拉姆(约合41.2 亿美元),间接贡献 190 亿迪拉姆(约合 52.2 亿美元)。而其最新财报显示,2009 年 4～9 月,阿联酋航空利润逆势而行,显著增长,高达 7.52 亿迪拉姆(约合2.07 亿美元),客运量也显著增长了 18%[①]。

2. 视觉体验营销

在一般人看来,迪拜地窄人稀,气候炎热干燥,自然条件极差,根本不适合发展旅游业。但是凭借着雄厚的资金支持和勃勃野心,迪拜人奇迹般的在这片不毛之地上打造出了一个梦幻城市。尽管没有传统的自然旅游资源,迪拜依然依靠着光怪陆离的现代建筑群和令人叹为观止的人造工程给游客们带来了前所未有的视觉震撼。雄伟气派的超级豪华酒店、造型独特的顶级摩登大楼、充满奇思妙想的人工棕榈岛和世界岛、梦幻传奇的海底乐园等。地上、天空、海底,迪拜的每一寸空间都能给游人带来极大的视觉冲击和心理满足。今天的迪拜已俨然成为年轻人和时尚人士首选的旅游胜地。

3. 酒店体验营销

迪拜拥有众多超星级的奢华酒店。除了雄伟气魄的外表和金碧辉煌的装饰,迪拜酒店带给人们更多的是前所未有的奢华体验和尊贵雅致的帝王享受。以帆船酒店为例,酒店最大的房间 670 平方米,即使最小的房间也有 170 平方米,仅衣帽间的面积就超过了普通酒店的套房。此外,每个房间都配有私人管家及 2～3 名服务员为游客进行贴身服务。其实,如果算上酒店所有项目的话,每位客人都会有管家、副管家、司机、贴身仆人、私人厨师等共 7 人为其服务。私人电梯、水晶吊灯、私人电影院,丝质墙布,这些即使在曼哈顿的顶级酒店都不一定能见到的豪华设施在这里应有尽有。而每个人日常的简单梳理在帆船酒店更是被提升到了一个全新的境界:在仆人的安排下,沐浴会从香槟、鱼子酱和草莓开始,然后是最好的香薰护理,而游客浴缸内泡沫的价格居然高达 680 美元!夜幕降临之时,游客会在管家的引领下,乘坐小型潜艇来到酒店的海底餐厅,在 68000 只各色海洋生物的陪伴下,享受世界顶级厨师烹饪的各地美食;如果客人想往来机场,酒店会使用劳斯莱斯、法拉利等豪车为顾客提供接送服务,甚至,人们可以要求直升机的接送服务……

---

①江水.迪拜机场观察[J].空运商务,2009(24).

难怪很多下榻帆船酒店的游客被问及一个晚上至少 1.5 万元的价钱是否过于昂贵时,几乎每个人都高兴地摇头说:"不会,很值得啊"、"真的很棒"、"一辈子就住这么一次嘛!"也难怪曾有人声称:迪拜旅行就是体验豪华酒店,一个又一个的特色酒店让你睡都睡不过来。而迪拜酒店近乎完美的客户体验已牢牢抓住了每位游人的心。

4.购物体验营销

作为旅游产业发展的新阶段和新形势,购物已经成为人们出游的重要驱动力和经典项目。为了契合"奢侈之都"、"时尚之都"的宣传口号,同时迎合广大游客的消费心理,迪拜共兴建了 47 座风格迥异的购物中心。

迪拜购物中心(The Dubai Mall),世界最大的购物娱乐场所之一,迪拜的零售业,酒店业及休闲中心。迪拜购物中心规模惊人,拥有 1200 家零售店、150 多家餐饮设施、一座五星级酒店和数不胜数的休闲店铺。迪拜购物中心是世界时尚品牌的最大聚集地,而其 44 万平方英尺的时装大道堪称一大亮点。该景点设有游弋着鲨鱼的世界最大的水族馆、一座室内主题公园、一个奥运会大小的溜冰场和一座可同时放映 22 部电影的影院。此外,世界最大的黄金市场、占地 85 万平方英尺的时尚岛、Oasis 喷泉瀑布、河畔天井餐厅、世界最高的建筑迪拜塔等景致无时无刻不在吸引着世人的眼光,激发着游人们的购物欲望。

巴基曼购物中心(Burjuman Centre),是迪拜最受欢迎的商场之一。地理位置优越,占地面积超过 3000 平方米。商场内各种奢侈品牌令人目不暇接:Calvin Klein、LV、D&G、Diesel、Hermes、Polo Ralph Lauren 及大型的 Saks Fifth Avenue 等。这里就是一座彻头彻尾的世界名牌商品的购物天堂。巴基曼购物中心不但提供顶级的购物和服务,同时也可以享受丰盛奢华的美食,在这里游客可以找到超过 40 家提供世界各地不同美食的餐厅和咖啡馆,绝对能满足任何口味游客的胃口。此外,商场内还设有 Fun City(娱乐城)和 Fun World(娱乐世界),孩子们可以在这里尽情玩耍。巴基曼购物中心还是迪拜夏日购物节的主要赞助商,节日期间,游客会在这里看到数不胜数的特价商品。届时,人们会从全球各地蜂拥而至,之后满载而归,也使商家赚得盆满钵盈。

阿联酋购物中心(Mall of the Emirates),全球五大购物中心之一,在迪拜购物中心建成以前,曾经是中东地区最大的购物中心。阿联酋购物中心号称迪拜最繁忙的购物中心,占地面积达 22.3 万平方米。这里聚集着约 400 余家商店,囊括了时尚、运动、生活、家电装修等 472 个世界顶级品牌。此外,该中心还拥有十几家电影院、近 70 家餐厅和一个全世界最大的室内滑雪场——迪拜滑雪场。

还有伊本·白图泰购物中心、瓦菲城、迪拜节日城、莫卡托购物中心等诸多世界级大型购物中心。不仅如此，每年的年底和年初，迪拜都会举办整月的购物嘉年华，把观光购物活动带到高潮。而连原本 7 月、8 月份的淡季，迪拜也因为举行了"夏日惊喜节"活动，而把游客们的购物热情炒得跟气温一样高。据不完全统计，2011 年的两个年度购物节，就为迪拜带来超过 180 亿元的收入。"Nothing to do, just DO BUY"（Dubai 谐音），在施密德教授的调查中，"购物"已成为观光客的主要活动，而平均每个人每天在迪拜的消费已经高达 2000 元。在推行低进口税和无销售税的政策下，迪拜已经成为物美价廉的购物天堂，并当之无愧的荣膺"世界顶级购物之都"的称号。

5. 娱乐体验营销

随着当代社会生活节奏的加快和工作压力的增加，可以消除疲劳、消遣娱乐的旅游活动受到人们越来越多的关注与喜爱。而惊险刺激畅快淋漓的娱乐项目无疑是旅游行程中的一大亮点。迪拜人在建筑和服务上的超强想象力和创造力在娱乐方面同样表现得淋漓尽致。在金黄沙漠里戏水、在热带高温下滑雪……迪拜人的异想天开和天马行空，已经把整个沙漠变成了一个巨大的游乐场。

疯狂河道水上乐园（Wild Wadi Water Park）被誉为世界上最伟大的水上乐园。公园占地 12 英亩，以"辛巴达历险记"为主题，充满了中东风情和古阿拉伯风格。园内城堡、船只、瀑布、绳梯、水炮等玩乐设施一应俱全。此外，公园 24 个水上游戏区紧密相连，也就是说玩遍整个乐园都不用离开水。而娱乐设施设计者又别具匠心的将游戏刺激程度分为三种，这样从两岁儿童到古稀老人都能找到适合自己的娱乐项目。不仅如此，园区内还有大量身着阿拉伯传统服饰的卡通人物穿梭其间，供游客们逗趣拍照。

迪拜滑雪场（Ski Dubai），建于阿联酋购物中心内，是世界上最大的室内滑雪场。在迪拜室外气温高达 50℃ 的环境下，室内滑雪场的温度常年保持在零下 3℃～零上 8℃。滑雪场占地 3000 平方米，需要 6000 多吨雪才能完全覆盖，因此每晚工作人员都需要使用造雪机补充 30 多吨白雪才能维持滑雪场 70 厘米的雪层厚度。滑雪场总共有 5 条难度、高度、坡度都不尽相同的滑雪道，最大落差达到 70 多米。迪拜滑雪场不仅供人滑雪娱乐，也给那些从未见过雪景的人们提供了见识冬季活动和雪上表演的机会。而建在雪地里不同主题的儿童生日派对房间，更会给孩子们留下难忘的童年记忆。在炎炎沙漠中感受着西伯利亚般的冰雪世界，迪拜人再次向世界展示了一个人工奇迹。

冲沙,迪拜官方推荐的项目之一。身处炎炎沙漠之中,如果不来冲沙,那简直就是没有到过迪拜。在布满沙丘的沙漠腹地,金黄色的沙砾一望无际。坐在车里,驰骋在雄伟广阔的茫茫沙海中,体验着沙丘带来的上下颠簸和极致刺激。游客们犹如沙海中的一叶扁舟,左右摇晃,随波逐流,时而被抛上浪尖,时而冲落海底。车后卷起的黄沙在空中飞舞,沙地上画出一条条优美的弧线。就这样,迪拜人用最现代的手段,在最原始的空间里给游人们带来了前所未有的挑战和刺激,使人们不由得爆发出强烈的回归自然的渴望。此外,海底世界、海上帆船、直升机之旅以及在建的迪拜乐园等项目无不在向世人们展示着迪拜是一个"足可以展现人类力量的光荣与梦想的地方"。

(七)关系营销

秉承着阿拉伯人惯有的友好、热情的传统,迪拜政府长期重视同其他国家和地区发展友好合作的双边关系。在各方的积极努力下,迪拜已同世界众多城市缔结了友好城市关系。此举不仅促进了双方的合作交流和各行业的发展,也让更多国家和地区的人们了解了迪拜、认识了迪拜,无形中扩大了迪拜的世界知名度和城市影响力。至今迪拜已与世界上 16 个国家的 17 个知名城市建立了友好城市关系,这为双方的合作交流搭建了坚实的桥梁,如表 16—4 所示。

表 16—4　迪拜友好城市

城　　市	国家或地区
法兰克福	德国
黄金海岸	澳大利亚
广州、上海	中国
亚历山大	埃及
大阪	日本
安曼	约旦
海德拉巴	印度
贝鲁特	黎巴嫩
卡萨布拉卡	摩洛哥

续表

城　　市	国家或地区
莫斯科	俄罗斯
巴塞罗那	西班牙
大马士革	叙利亚
日内瓦	瑞士
伊斯坦布尔	土耳其
邓迪	英国
底特律	美国

资料来源:维基百科,http://zh.wikipedia.org/zh-cn/%E6%9D%9C%E6%8B%9C.

二、迪拜城市营销手段评价

迪拜酋长穆罕默德在接受采访时经常说:"谁会记得第二个登上月球表面的人是谁呢？第二名是没人记得的,所以我们必须领先!"于是,秉承着"当第二名会饿死"的观念,迪拜人依靠着强大的资金支持、坚忍不拔的努力和天马行空的想象力,硬是把这个资源贫瘠的荒漠小邦改造成了世界级的现代化大都市。十几年来,迪拜成长与发展的轨迹,不仅为世界各国提供了珍贵的研究蓝本和城市模型,同时也为中国城市的良性发展提供了不可多得的榜样和借鉴。通过分析和研究,我们发现,迪拜之所以能够快速发展,不断壮大,并在短时间内即在世界旅游市场中占据领先地位,主要有以下几点原因:

第一,扬长避短,定位明确。从一开始,迪拜人就很清楚自己有着太多的劣势:身处沙漠,四周除了漫漫黄沙外一无所有。而即使发现石油之后,迪拜人心里也很明白,石油资源早晚会枯竭,依托石油发展并不是上上之策。同时,迪拜人对自身的优势也了然于心:优良的地理位置,全年都不下雨的干燥气候,灿烂的阳光和温暖的海水。于是,在分析了自身的优势、劣势和经济情况后,迪拜人扬长避短,迅速明确了发展方向,即依托优良港口和地理位置把迪拜发展成为地区性甚至全球性的贸易枢纽和金融中心,同时高端定位,大力发展旅游业。

第二，善于营造品牌。在现代品牌运营经济中，品牌是战略性资产和核心竞争力的重要源泉。德国海德堡大学的施密德教授经过对迪拜3年多时间的系统研究后认为，迪拜成功最大的因素便是"迪拜人将迪拜当作品牌来经营"。的确，迪拜人在打造迪拜的同时十分注重营造城市品牌。在城市规划建设、建筑物设计、节庆事件活动、奢华酒店标准、游客切身体验等方面主题明显，且事无巨细、励精图治、不断完善，从而使得所有的元素和体验都打上了迪拜这个品牌的深刻烙印，并使之家喻户晓，享誉全球。可以说，品牌意识与品牌定位是可持续发展的基础，这也是迪拜旅游业得以快速发展的重要原因之一。

第三，善于运用多种营销手段。早在20世纪末期，迪拜就已经成立了专门的部门——迪拜旅游与商业推广局来负责迪拜整体的城市营销。目前，该部门在海外已经拥有18个推广机构，在全权负责全球市场推广活动的同时，也随时为总部提供全球旅游市场的趋势分析。此外，迪拜充分运用当今营销学中的各种营销手段，甚至开发出适合自己的独特的营销方法，利用一切可以利用的人力、物力、财力，直至自然条件、地理环境、历史文化、社会风俗，谨慎规划、大胆创新、严格要求、高瞻远瞩，成功地向世人展示了一个全新的充满活力的迪拜。

如今的迪拜已成为一个城市旅游业与时尚奢侈品相结合的产物。她的风情、美丽、安全、自由和包容正吸引着世界各地慕名而来的人们。

参考文献

[1]Statistics Report: The International Association Meetings Market (Abstract for non-members),2002-2012.

[2]Visitor Figures 2012 Exhibition & Museum Attendance Survey[R].

[3] Clark G. City marketing and economic development[J]. International City Marketing Summit, Madrid, Spain, 2006, 11: 15-16.

[4] City Branding: Theory and Cases[M]. London: Palgrave Macmillan, 2010:206-212.

[5] Paddison R. City marketing, image reconstruction and urban regeneration[J]. Urban Studies, 1993, 30(2): 339-349.

[6] Kavaratzis M. From city marketing to city branding: towards a theoretical framework for developing city brands[J]. Place Branding, 2004, 1(1): 58-73.

[7] Porter M. E.. New strategies for inner-city economic development[J]. Economic Development Quarterly, 1997, 11(1): 11-27.

[8] City Branding: Theory and Cases[M]. Palgrave Macmillan, 2010: 199-205.

[9] Australian Film Commission. National Survey of Feature Film and TV Drama Production 2004/2005[J]. Australian Film Commission Publication, 2005. 11.

[10] Marwick K. P.. Sydney Olympics 2000: Economic impact study [M]. KPMG Peat Marwick, 1993.

[11] Getz D. Festivals, special events, and tourism [M]. Sydney:Van Nostrand Reinhold, 1991.

[12] Austrian Z, Rosentraub M. S.. Cities, sports, and economic change: A

retrospective assessment [J]. Journal of Urban Affairs, 2002, 24(5): 549-563.

[13] E. J. McCann. City Marketing [J]. International Encyclopedia of Human Geography, 2009:119-124.

[14] Landry C. The Art of City Making [M]. London: Earthscan, 2007.

[15] Begg I. (eds.). Urban Competitiveness [M]. Policies for Dynamic Cities, Bristol, Bristol:Policy Press, 2002.

[16] Anastasia Baskina. From Image to Brand: Marketing Policy of the City of Vienna[D]. Maser thesis vienna university .

[17] From the official website of Vienna City Marketing and from the interview with Michael Draxler, CEO of Vienna City Marketing.

[18] From the official website of the Office for International Strategy and Coordination and the interview with Andreas Launer, CEO of the Office.

[19] Hamböck, Gabriela. 2010. Coffee, Cake and Literature: The Viennese Coffeehouse. Vienna Tourist Board: Press Texts about Vienna [EB/OL],http://www. wientourismus. at/en/press-media-services/reports (3. 9. 2010).

[20] Heinz, Fumann, Hatz Gerhard and Joseph F. Patrouch. 2007. Understanding Vienna: Pathways into the City. Wien: LIT-Verlag.

[21] List of twin towns and sister cities in Austria. http://en. wikipedia. org/wiki/List of twin towns and sister cities in Austria.

[22] Michalis Kavaratz is. From city marketing to city branding: towards a theoretical frame work for developing city brands [J] . Place Branding, 2004(1): 58-73.

[23] Popescu R. I. and Corbos R. A. Vienna's Branding Campaign Strategic Option for Developing Austria's Capital in a Top tourism destination [J]. Theoretical and empirical researches in urban management, 2011(3).

[24] Vienna Convention Bureau. vienna meeting industry report 2012.

[25] Vienna Tourist Board. Brand Manual "Vienna: now or never".

[26] VTB (2009) Vienna Tourist Board. Tourism Concept 2010.

[27] VTB (2009) Vienna Tourist Board. Tourism Concept 2011.

[28] NYCM. http://home. nyc. gov/html/nycmktg/html/home/home. shtml.

[29] Rangan, V. Kasturi, Anita Elberse and Marie Bell. Marketing New

York City. Harvard Business School Case 506-022, April 2006 (Revised October 2008).

[30] Flierl Urell, Living in New York, Follett Publish Company, Chicago, 1965.

[31] Geneva Meeting Pushes Climate Finance to Top of "Cancun Agenda" [J]. China Textile, 2010(6):16-17.

[32] Show Corporate Image on World Stage——ZTE Attends ITU Tulecom World 2003 in Geneva [J]. ZTE Telecommunications, 2003(2):2.

[33] Wang Xiaohui. From Copenhagen to Geneva: New Problems Faced in Global Social Development—Summary of a multilateral symposium on Social Development with the Backdrop of Globalization[J]. International Understanding, 2000(2):6-10.

[34] Kim H, Richardson S. Motion Picture Impacts on Destination Images. Annals of Tourism Research, 2003.

[35] Cai Liping A. Cooperative branding for rural destinations. Annals of Tourism Research, 2002.

[36] Gnoth Juergen. Branding Tourism Destinations (Conference Report). Annals of Tourism Research, 1998.

[37] Michael Matly, Laura Dillon. Dubal Strategy: Past, Present, Future [R]. Boston: Harvard Business School, 2007.

[38] Christopher Denicola. Dubal's Political and Economic Development: An Oasis in the Desert? [D]. Massachusetts: Williams College, 2005:1-137.

[39] Audi Saradar Group. UAE Economic Report[R]. Lebanon: Bank Audi sal, 2013.

[40]于宁. 城市营销研究——城市品牌资产的开发、传播与维护[M]. 大连:东北财经大学出版社,2007.

[41]周丹. 伦敦城市品牌是怎样打造的[J]. 中国报道,2007(3).

[42]庄德林,陈信康. 国际大都市软实力内涵、塑造经验与启示[J]. 中国科技论坛,2010(4).

[43]刘爱利,刘敏,姚长宏. 旅游地形象营销过程体系的构建及案例实证[J]. 技术经济与管理研究,2012(11).

[44]韩笑. 城市品牌建设的国际镜鉴[J]. 国际公关,2009(5).

［45］唐婉玲,Angela.伦敦,多元化的城市——英国设计综述[J].室内设计与装修,2010(3).

［46］李明超.英国创意城市兴起的基础与启示[J].国际城市规划,2010(4).

［47］生小刚,李婷,张锦云,艾晓峰.英国大伦敦市政府的组织机构及启示[J].国外城市规划,2006(3).

［48］邱妍.创意复兴伦敦城[N].第一财经日报,2012-8-2.

［49］大伦敦市政当局报告 Visit London：the Mayors' Plan for Tourism in London. September 2002：15.

［50］英国贸易投资总署报告. London 2012 Delivering the Economic Legacy：6-8.

［51］英国电影协会报告. 57th BFI London Film Festival Boasts "Strongest Programme in Years". p. 1.

［52］大伦敦市政当局报告. London Tourism Action Plan 2009-13.

［53］大伦敦市政当局报告. Cultural Metropolis：the Mayor's Cultural Strategy-2012 and Beyond.

［54］刘彦平.城市营销战略[M].北京：中国人民大学出版社,2005.

［55］水上之都——荷兰阿姆斯特丹[J].城市管理与科技,2010(5).

［56］唐子来,陈琳.经济全球化时代的城市营销策略：观察和思考[J].城市规划学刊,2006(6).

［57］张冬方,Erik van den Boom. 阿姆斯特丹 骑行归于生活[J].明日风尚,2012(8).

［58］陆军.营销阿姆斯特丹：一个 360°的论证方式[N].中国经营报,2008(10).

［59］阿姆斯特丹城市营销策划（City of Amsterdam）. Choosing Amsterdam：Brand, concept and organization of the city marketing(R),2003.

［60］魏士洲.世界城市会展业发展的借鉴作用研究[J].技术经济与管理研究,2012(9).

［61］闵彬彬.环法自行车赛及其启示[J].体育文化导刊,2011(12).

［62］李薇,徐乐中,谢伟文.复古风来袭——2011 年秋冬巴黎国际时装周[J].装饰,2011(4).

［63］于雯雯.新世纪巴黎城市电影意象[J].北京电影学院学报,2013(2).

［64］赵晨宇.梦归 2013 春夏巴黎时装周[J].时尚北京,2012(12).

[65] 诺玛·埃文逊，缪淇，王瑞珠.现代巴黎的建筑管理[J].国外城市规划，1991(3).

[66] 翁泽坤.巴黎建筑[J].文苑，2009(2).

[67] 刘少才.巴黎:带不走的建筑文化超市[J].中外建筑，2011(2).

[68] 尹明明.巴黎文化政策初探[J].现代传播（中国传媒大学学报），2010(12).

[69] 汪莎.音乐剧《巴黎圣母院》的美学特征[J].乐府新声（沈阳音乐学院学报），2013(2).

[70] 卢伟.大众媒体与我国城市品牌传播[D].中南大学硕士学位论文，2011.

[71] 张尚宜.巴塞罗那——地中海精神的凝聚之地[M].北京:社会科学文献出版社，2004.

[72] 许赟程.大事件背景下的城市发展与更新——以巴塞罗那为例[J].企业技术开发，2012(13).

[73] 孙锦,郑向鹏.巴塞罗那:借奥运改造城市的典范[N].深圳特区报，2012-7-17(A07).

[74] 赵方珂.现代城市营销中的体育营销策略研究[D].南京师范大学硕士学位论文，2005.

[75] 肇文兵.西班牙世博会之"双城记"——巴塞罗那与塞维利亚的城市嬗变[J].装饰，2010(8).

[76] 罗杨.巴塞罗那俱乐部成功因素的研究[D].成都体育学院硕士学位论文,2012.

[77] 邓位,于一平.毕加索的记忆——巴塞罗那当代立体主义景观设计[J].世界建筑，2009(6).

[78] 刘凌,刘莉.从巴塞罗那城市案例探析知识经济时代城市更新发展趋向[J].建筑与文化，2011(12).

[79] 范建红,葛润南.从巴塞罗那模式谈文化政策和城市更新[J].工业建筑，2013(8).

[80] 方倩,崔功豪,朱喜刚.2000年东京都市区战略规划评介[J].国外城市规划，2003(5).

[81] 东京都官方网站，http://www.metro.tokyo.jp/Chinese/Links/links5.htm.

［82］日本奥组委官方网站，http://www.joc.or.jp/.

［83］东京观光官方网站，http://www.gotokyo.org/cn/index.html.

［84］东京马拉松官方网站，http://www.tokyo42195.org/2014/.

［85］东京国际汽车展官方网站，http://www.iaae-jp.com/.

［86］东京国际动画博览会官方网站，http://www.tokyoanime.jp/.

［87］日本富士摇滚音乐祭官方网站，http://www.fujirockfestival.com/.

［88］第26回东京国际映画祭官方网站，http://tiff.yahoo.co.jp/2013/jp/.

［89］程丽仙.东京国际动漫展中国招展启动［N］.中国文化报，2008-12-5.

［90］宋磊.2013东京国际动漫节落幕,海外参展企业减少［N］.中国文化报，2013-3-27.

［91］石秀梅.浅析1964年东京奥运会对日本社会经济的影响［J］.日本问题研究，2004(1).

［92］车维汉.日本经济周期研究［M］.沈阳:辽宁大学出版社，1998.

［93］经济统计年鉴［J］东洋经济，1969(34).

［94］如今.东京国际电影节主打商业牌［N］.中国电影报，2009(10).

［95］程丽仙.东京国际动漫展中国招展启动［N］.中国文化报，2008(12).

［96］宋磊.2013东京国际动漫节落幕,海外参展企业减少［N］.中国文化报，2013(3).

［97］刘向楠.中日传统节庆旅游比较研究［D］.暨南大学硕士学位论文，2008.

［98］刘彦平.城市营销战略［M］.北京:中国人民大学出版社，2005.

［99］悉尼官方网站，http://www.cityofsydney.nsw.gov.au/learn/global-sydney/sister-cities.

［100］悉尼歌剧院官方网站，http://www.sydneyoperahouse.com/About/09EventMediaRelease＿NewYearsEve.aspx.

［101］澳大利亚官方网站，http://library.thinkquest.org/J0113006/sydney＿opera＿house.htm.

［102］悉尼国际电影节官方网站，http://sff.org.au/public/about/2014-film-sub-missions.

［103］澳大利亚官方旅游网站，http://www.australia.cn/explore/cultural-events/sydney-mardi-gras.

［104］杨程.利用大型体育赛事开展城市旅游营销研究［D］.首都经济贸易大

学硕士学位论文,2012.

[105] 邹统钎,彭海静.奥运会的旅游效应分析——以悉尼奥运会及雅典奥运会为例[J].商业经济与管理,2005,162(3).

[106] 付磊.奥运会影响研究:经济和旅游[D].中国社会科学院研究生院硕士学位论文.2002.

[107] 轩绱.悉尼海港海上歌剧明年3月上演[N].澳洲新闻网,2011(11).

[108] 刘彦平."首尔模式"的营销学观察[J].决策,2007(2).

[109] 刘彦平.品牌发力 战略制胜——首尔(汉城)城市营销案例分析[J].中国市场,2006(11).

[110] 董锋,谭清美.东京、汉城奥运的经济意义及对中国的启示[J].现代经济探讨,2008(2).

[111] 首尔发展研究院.制定城市营销战略:首尔两件重大体育赛事的比较[J].北京规划建设,2009(2).

[112] 张明军,翁飙,唐鸣.2002年足球世界杯的营销与效益分析[J].体育科学研究,2005(2).

[113] 仝晓青.高筑墙、广积粮、练内功——韩国会展城市应对经济危机之道[J].中国会展,2009(19).

[114] 顾金俊.韩国会展业借大型国际活动连上台阶[N].经济日报,2009-5-6(16).

[115] 尹永硕.加强城市营销工作 促进中韩共同繁荣发展[A].中国传媒大学亚洲传媒研究中心,吉林省人民政府新闻办公室,韩国高等教育财团;2009第七届亚洲传媒论坛·第二届亚洲城市论坛论文集[C].中国传媒大学亚洲传媒研究中心,吉林省人民政府新闻办公室,韩国高等教育财团,2009.

[116] 孙强,许学工,段晓峰.城市绿色空间规划与设计——首尔的经验及其对北京的启示[J].安徽农业科学,2008(1).

[117] 李晓婷,黑小普.首尔软魅力[J].商务旅行,2010(10).

[118] 穆祥纯,杜孝民.考察韩国首尔城市建设的相关启示[J].特种结构,2006(2).

[119] 刘彦宏,聂艳梅,施寅娇,叶云,宋嵩,刘婕,漆婷婷.设计、人与都市——"设计之都"城市形象传播策略研究[J].广告大观(综合版),2011(5).

[120] 罗太洙.关于城市品牌与在电影中城市形象的研究[D].同济大学硕士学位论文,2008.

[121] 李君如，廖家瑜.以电影/戏剧作为推动地方旅游的策略与效应[J].旅游学刊，2009(10).

[122] 张荣刚.首尔的城市营销策略[J].对外传播，2009(6).

[123] 本刊记者.创意文化城市——首尔[J].国际人才交流，2010(8).

[124] 耿凯平，左前锋.城市如何营销自己[J].经理人，2008(7).

[125] 金世源.首尔，引领创意城建[J].上海经济，2011(11).

[126] 本刊作者.米兰国际展览的舞台[N].国际商报，2001-11-14.

[127] 王立勇.时尚的未来就在中意两国之间[N].中国商报，2013-7-12.

[128] 彭亮.全球创意设计与时尚美学的大教堂——2011米兰国际家具展设计趋势研究报告[J].家具与室内装饰，2011(6).

[129] 周艳阳.管窥设计之都——记米兰设计周[J].装饰，2011(6).

[130] 彭少虎.与米兰对话——2006意大利米兰科技展览周侧记[J].现代制造，2006(31).

[131] 张斌.走进世博 亲近米兰——访意大利米兰市政府旅游、城市营销和形象局局长玛丽亚·基耶帕[N].中国旅游报，2010-7-9.

[132] 韩林飞，刘延枫，高萌.北京VS米兰——城市异质空间的可塑性与再融合[J].北京规划建设，2009(3).

[133] 彭亮.揭秘米兰创意产业的幕后推手[J].创意设计园，2012(3).

[134] 郭义铭.米兰的城市结构[J].全球科技经济瞭望，2000(5).

[135] 冯永福.米兰足球刍议[J].科教文汇（上旬刊），2011(6).

[136] 吴建喜.意大利足球甲级联赛发展环境与内部运作研究[J].北京体育大学学报，2009(7).

[137] 毛里齐奥·卡尔塔，胡敏.意大利创意城市：新景象与新项目[J].国际城市规划，2012(3).

[138] 韩林飞，刘延枫，高萌.北京VS米兰——城市异质空间的可塑性与再融合[J].北京规划建设，2009(3).

[139] 感悟咖啡文化 到维也纳"泡"咖啡馆[EB/OL].http://jjckb.xinhua-net.com/whsh/2008-01/16/content=81766.htm.

[140] 卢长宝，石占伟.音乐元素与城市营销-基于维也纳与厦门的比较研究城市问题，2010(4).

[141] 沈宏.维也纳 绿色的海洋[J].道德与文明，1995(1).

[142] 维也纳缘何能成为最宜居的城市？[EB/OL].http://jjckb.xinhuanet.

com/gjxw/2010-06/04/content _224460. htm.

[143] 邵春. 关于城市营销的思考——以宁波为例探讨目的地营销中的一个关键问题[N]. 中国旅游报,2005(6).

[144] 陈阳. 城市需要什么样的形象代言人? [N]. 中国青年报,2005(9).

[145] 李南筑,姚芹,张颖慧. 上海市体育赛事发展的国际比较——以与纽约、伦敦、墨尔本的比较为例[J]. 体育科研,2010(1).

[146] 周良君,陈小英,周西宽. 上海市体育竞赛表演业竞争力的核心——与世界城市纽约、伦敦、巴黎的比较分析[J]. 体育科研,2007,28(2).

[147] 李晓萍. 实用主义大赢家——从纽约时装周的人气说起[J]. 中国服饰,2009(10).

[148] 张敏. 2012 中外会展业动态评估年度报告[M]. 北京:社会科学文献出版社,2013.

[149] 祝碧衡. 借纽约制作 纽约重谋电影之都. 上海情报服务平台,http://www. istis. sh. cn/list/list. aspx? id=2724.

[150] 吴卓群. 城市品牌与公共资产:纽约市营销开发公司的经营支点. 上海情报服务平台. http://www. istis. sh. cn/list/list. aspx? id=4181.

[151] 林广. 浅论美国纽约的城市印象[J]. 城市问题,1998(3).

[152] 周洋. 文化是城市营销的最高境界——纽约城市意象札记[J]. 营销管理,2012(7).

[153] 屠启宇. 城市营销管理的战略规划、组织机制和资源配置[J]. 社会科学,2008(1).

[154] 徐颖,殷娟娟. 城市形象资源对城市品牌塑造的作用机理研究[A]. 中国地质大学(北京),国际区域科学学会,中国地质大学(武汉),国土资源部资源环境承载力评价与规划重点实验室. Proceedings of International Conference on Sustainable Development and Policy Decision of Mineral Regions & the 3rd Annual Meeting of the Regional Science Association International[C]. 中国地质大学(北京),国际区域科学学会,中国地质大学(武汉),国土资源部资源环境承载力评价与规划重点实验室,2012.

[155] 罗青,温基眰. 全球化体育事件与国家营销传播——以 2006 世界杯德国,韩国为例[A]. 中国传媒大学广播电视研究中心,美国宾夕法尼亚大学安南堡传播学院;奥林匹克的传播学研究[C]. 中国传媒大学广播电视研究中心,美国宾夕法尼亚大学安南堡传播学院,2006.

[156] 卢长宝，于然海.体育元素与城市营销——印第安纳波利斯与郴州的比较研究[J].中国城市经济，2009，(S1).

[157] 惠民，孔国强，褚跃德.体育营销的内涵、特征及其影响因素的探讨[J].武汉体育学院学报，2006(11).

[158] 乔小燕，胡平.中德会展中心城市的比较分析——以上海、慕尼黑和法兰克福为例[J].上海经济研究，2010(10).

[159] 续慧颖，谢煌.玩转新加坡四大地标[J].厦门航空，2011(5).

[160] 田纪鹏.国际大都市旅游产业结构优化经验及其对上海的借鉴[J].现代管理科学，2013(6).

[161] 陈瑞民.新加坡城市包装和促销[N].北方经济时报，2005(10).

[162] 伍琴琴，刘连银.进入新世纪以来新加坡旅游业发展战略研究[J].东南亚纵横，2009(7).

[163] 夏心愉."非常新加坡"——从新加坡旅游宣传文本看国家整体认同的建构[J].新闻大学，2008(3).

[164] 乐琰.营销"国家符号"[N].第一财经日报，2010-8.

[165] 张洵涛.北京中旅推出"非常新加坡"产品[N].中国旅游报，2004(8).

[166] 李玲.新加坡推深度游新主题[N].中国旅游报，2008(9).

[167] 周春雨.新加坡商务会展业领跑东南亚[N].中国贸易报，2013(3).

[168] 陈雪钧.新加坡——目的地营销理念塑造的会展旅游胜地[N].中国旅游报，2006(3).

[169] 辜应康，曾学慧，杨杰.新加坡与杭州政府主导型会展产业发展比较研究[J].企业经济，2011(3).

[170] 郭国庆，刘彦平，钱明辉.城市营销的机会分析[J].财贸经济，2006(1).

[171] Kevin.日内瓦车展——无国界的汽车盛宴[J].重庆与世界，2006(3).

[172] 王进富，张道宏，成爱武.国外城市营销理论研究综述[J].城市问题，2006(9).

[173] 侯智勇.走出日内瓦——走进世界电信展[J].中国新通信，2006(4).

[174] 单蕾.和平之城的战斗——日内瓦国际音乐比赛[J].音乐生活，2007(1).

[175] 周定国，杨帆."国际会议之都"日内瓦[J].中国测绘，2007(2).

[176] 王山河，陈烈.西方城市营销理论研究进展[J].经济地理，2008(1).

[177] 李代红，廖娅.城市营销的城市品牌策略分析[J].改革与战略，2009(8).

[178] 司若.电影与城市营销[J].当代电影，2011(1).

[179] 杨青山.日内瓦市大力发展城市轨道交通[J].人民公交，2011(12).

[180] 马丁.杭州、日内瓦城市发展比较研究[J].中共杭州市委党校学报，2004(3).

[181] 蔡天新.万国之都：日内瓦[J].地图，2012(1).

[182] 张征东.国际会议城日内瓦的魅力[J].经济世界，1995(5).

[183] 陶伟，岑倩华.历史城镇旅游发展模式比较研究——威尼斯和丽江[J].城市规划，2006(5).

[184] 维雷娜·辛德勒，冯东勤.威尼斯建筑双年展[J].世界建筑，2006(11).

[185] 龚彦.超越与潜行——第11届威尼斯建筑双年展综述[J].建筑学报，2008(12).

[186] 魏春雨，张光，沈昕.共同基础——第13届威尼斯国际建筑双年展综述[J].建筑学报，2012(10).

[187] 高洁.艺术在艺术之外——第54届威尼斯双年展光照国家[J].美术观察，2011(8).

[188] 彭锋.观念、文化与实验策划——第54届威尼斯国际艺术双年展中国馆的几点体会[J].艺术评论，2011(10).

[189] 张春华.论威尼斯装饰艺术中的色彩及对绘画的影响[J].装饰，2009(3).

[190] 于钒.浪漫水城——威尼斯[J].城市发展研究，2009(10).

[191] 黄专.威尼斯的怀旧神话[J].读书，2010(5).

[192] 马尔西亚·韦特罗克，绿雨.充足的世界——第53届威尼斯双年展[J].世界美术，2010(2).

[193] 李成林.意大利文艺复兴时的一面旗帜——威尼斯画派[J].小说评论，2010(2).

[194] 王镛.目击第50届威尼斯双年展[J].美术观察，2003(7).

[195] 刘迎胜.威尼斯——广州海上丝绸之路考察简记[J].中国边疆史地研究，1992(1).

[196] 唐甜甜.威尼斯电影节：70岁生日的期待[J].世界知识，2013(7).

[197] 袁泉，赵影.威尼斯建筑双年展对品牌效应的节点构建——中日双年展比对研究[J].艺术百家，2012(2).

[198] 严敏.亚洲选片人谈今届威尼斯电影节[J].电影评介，1994(10).

[199] 无言.潮起潮落话金狮威尼斯金狮奖 DVD 影展（二）[J].电影评介，2004(12).

[200]朱静.论旅游危机营销管理系统的构建[J].学术论坛,2008(3).

[201]彭未然.公关危机环境下有效实施危机营销[J].科技促进发展,2010(5).

[202]朱珊.游戏营销攻略[J].成功营销,2013(4).

[203]张淑媛,王佳,李青山.思维创新与旅游实践[M].上海:东华大学出版社,2007.

[204]张艳.节日营销,如何走向"赢销"[N].经理日报,2008-9-7.

[205]黄定华.体育营销与品牌战略关系研究[J].商场现代化,2007(1).

[206]惠民,孔国强,褚跃德.体育营销的内涵、特征及其影响因素的探讨[J].武汉体育学院学报,2006,40(11).

[207]卢爽,王霆.关系营销[M].北京:中国纺织出版社,2003.

[208]张志斌.城市标志性形象整合开发研究——以兰州市为例[J].西北师大学报(社会科学版),2009,46(2).

[209]朴世镇.文化营销的战略及模式探究[J].商业时代,2007(8).

[210]张党利,郗芙蓉.文化营销的概念及其实施研究[J].中国管理信息化,2008,11(1).

[211]陈雯.希腊神话在电影《诸神之战》中的嬗变[J].文学教育,2012(8).

[212]贺康庄.我国城市营销存在的问题及对策分析[J].营销策略,2008(547).

[213]杨章贤,刘继生.城市文化与我国城市文化建设的思考[J].人文地理,2002,17(4).

[214]任致远.关于城市文化发展的思考[J].城市发展研究,2012,19(5).

[215]陈章旺.我国城市营销的问题及对策[J].中国城市经济,2006(3).

[216]康宇航,王绪琨.论我国城市营销的现状及其策略[J].江淮论坛,2004(3).

[217]陈章旺.我国城市营销的现状、问题及对策[J].福州大学学报(哲学社会科学版),2006(1).

[218]中华人民共和国驻迪拜总领事馆网站,http://dubai.chineseconsulate.org/chn/.

[219]宿春礼.星级酒店营销手册[M].北京:光明日报出版社,2005.

[220]蒋传瑛.阿联酋旅游业发展模式研究[J].阿拉伯世界研究,2011(5).

[221]朱婷,卢照,梅洁.宿主题酒店 聆听城市的心跳——主题酒店与城市形象传播策略探析[J].广告大观,2013(2).

［222］胡小武.传承与升华——城市旅游开发与营销战略［M］.南京：东南大学出版社，2008.

［223］车效梅，杜雁平.迪拜的崛起与走向［J］.西亚非洲，2008(6).

［224］王春雷，梁圣蓉.会展与节事营销［M］.北京：中国旅游出版社，2010.

［225］罗拜迪.令人炫目的迪拜建筑［J］.决策与信息，2010(1).

［226］张艳芳.体验营销［M］.成都：西南财经大学出版社，2007.

［227］江水.迪拜机场观察［J］.空运商务，2009(24).

［228］黄景清.城市营销100［M］.深圳：海天出版社，2003.

［229］谭昆智.营销城市［M］.广州：中山大学出版社，2004.